KB156134

# 함경북도 육진방언의 종결어미

# 함경북도 육진방언의 종결어미

남 명 옥

역락

## 머리말

세상을 살아가면서 자기가 하고 싶은 일을 할 수 있는 것만큼 행복한 일은 없을 것이다. 아내가 되고 엄마가 된 나이에도 유학 갈 수 있는 행운을 지닌 나는 참 행복한 사람이다. 7년 전, 늦은 나이에 공부를 한답시고 남편과 아들애를 집에 둔 채 무작정 한국으로 떠났을 때, 그 용기가 어디서 생겼는지 지금도 궁금하다. 이미 석사학위도 받았고 대학교에서 전임강사로 있는, 그것도 어린 아들애가 있는 엄마가 박사 공부를 한다고 외국으로 떠난다고 했으니 주위의 반대를 받을 만 했다. 하지만 이번이 마지막 기회라는 생각에 큰 결심을 하고 주저 없이 한국행 비행기에 몸을 실었다. 그래서일까 한국에 있는 5년 동안 정말 열심히 공부했다. 나를 향한 그 어떤 오해나 편견 때문에 더 악착스럽게 공부했고 그 무엇인가를 증명하기 위해 남보다 더 노력했던 것 같다. 더욱이 박사학위를 꼭 따야 한다는 강박감에 숨 쉴 새도 없이 앞만 보고 달리다보니 주위에 신경 쓸 겨를조차 없었다. 나이로 치면 나보다도 훨씬 어린 선후배들 앞에서 자신감을 잃고 "과연 내가 이 나이에 해낼 수 있을까" 하고 고민한 적도 한두 번이 아니지만 "가장 늦었다고 생각할 때가 바로 가장 빠른 때"라는 한 교수님의 충고 덕분에 다시 자신감을 가지게 되었다. 그때로부터 공부하는 과정을 즐기게 되었고 자신을 되돌아볼 수 있는 여유도 가지게 되었다. 그러는 사이에 5년이란 시간도 눈 깜짝할 사이에 지나가고 순조롭게 석, 박사학위를 받을 수 있었다.

이 책은 2012년 8월에 전남대학교 대학원에 제출했던 논문을 다시 다듬은 것이다. 구체적으로 함경북도 육진방언의 종결어미 목록과 체계를 밝히고 그들의 통사적 특성과 의미적 특성을 살펴보고자 노력했다. 특히 이 지역 종결어미의 목록을 확인하고 종결어미의 다양한 통합관계, 제약조건과 의미적 특성을 규명하였다.

함경북도 육진방언은 두만강 연안에 위치한 함경북도 북부의 온성, 종성, 회령, 경원, 경흥, 부령에서 쓰이는 동북 방언의 한 하위 방언을 말한다. 육진 지역은 지리적으로 정치, 문화의 중심지에서 가장 먼 거리에 위치하여 있으면서 함경도의 다른 지역과 오랫동안 교류를 하지 않았다. 이러한 원인으로 육진방언은 국어의 여러 방언 중에서 가장 보수적인 성격을 지니고 있으며, 다른 방언에서는 볼 수 없는 이질적인 요소를 많이 가지고 있다. 특히 음운과 어휘 면에서 다른 방언과 이질적인 요소를 많이 지니고 있으며, 음운체계와 종결어미는 함경북도 방언과도 일정한 차이를 보인다. 따라서 이 지역 방언은 국어 방언학적 측면에서 독특한 지위를 차지하고 있다.

그러나 북한 지역의 방언에 대한 조사와 연구가 불가능한 까닭으로 북한 지역 방언에 대한 실제 조사와 연구는 구체적으로 이루어지지 못하고 있다. 더욱이 북한의 육진방언에 대한 연구는 동북방언이나 함경도 방언에 대한 연구에서 단편적으로 소개되었을 뿐, 그에 대한 구체적인 연구는 거의 이루어지지 않고 있다. 지금까지의 연구 역시 대부분 중국의 육진방언에 대한 연구이며 북한의 육진방언에 대한 연구는 매우 적은 편이다. 연구 내용에 있어서도 주로 문헌자료와 방언자료를 이용한 음운 연구가 위주이고 문법 형태에 대한 연구는 인상적인 기술에 머물고 있다. 이 글은 현재 육진 지역에서 실제 사용되고 있는 방언에 대한 연구로서 이 지역 방언의 구체적인 면모를 알아볼 수 있다는 점에서 큰 의의를 가진다. 특히 실제 사용되고 있는 언어 자료를 연구 바탕으로 했다는 점에서 국어 방언학 연구에 크게 기여할 수 있을 것으로 기대된다.

이 글의 내용은 크게 두 부분으로 나뉜다. 하나는 기존 논의에 대한 검토를 통하여 육진방언의 종결어미 목록의 변화 및 그 변화 원인을 분석하는 것이고, 다른 하나는 구어 자료를 바탕으로 육진방언 종결어미의 통사적 특성과 의미적 특성을 밝히는 것이다. 종결어미는 문말에 위치하면서 서술어 기능뿐만 아니라 각 문장성분에도 영향을 미치면서 문장 전체를 끝맺어주는 기능을 한다. 따라서 이 글에서는 종결어미를 서술어를 포함한 문장 전체 속에서 다루고자 하였다. 또한, 종결어미가 문말에 위치하면서 문장종결법을 실행하기도 하고 청자에 대한 높낮이를 통하여 청자높임법을 나타내기도 하는 특성을 고려하여 문장종결법과 청자높임법에 대해서도 두루 살펴봄과 동시에 문장종결법을 서술법, 의문법, 명령법, 청유법의 네 가지로 분류하고 청자높임법을 합쇼체, 하오체, 해라체, 반말로 분류하여 기술에 편리하도록 하였다. 제3장~제4장에서는 구어 자료를 바탕으로 이 지역 종결어미 목록의 변화 양상 및 변화 원인에 대하여 논의하였고 종결어미의 통사적 특성과 의미적 특성에 대해서 살펴보았다. 따라서 종결어미를 문장종결법과 청자높임법에 따라 분류한 후, 종결어미와 기타 문장 성분들과의 다양한 통합관계, 제약 조건 그리고 의미적 특성을 규명하였다. 그리고 제5장에서는 육진방언의 종결어미에 대한 총체적인 요약과 함께 본 연구의 의의와 남은 문제들에 대해서 논의하였다.

원래는 논문을 대폭 수정하고 보완하여 논문 작성 당시의 여러 아쉬움들을 덜어내려고 했지만 유감스럽게도 이루어지지 못했다. 하기에 이 책을 세상에 내놓기에는 부족한 점이 너무 많다. 여기서 미처 다루지 못한 문제들은 향후 연구를 계속할 것을 약속하며 많은 연구자분들의 따끔한 조언 부탁드린다.

이 책이 나오기까지 많은 분들의 도움을 받았다. 조건에 맞는 탈북자를 찾느라 애를 태울 때, 불편함과 오해를 감수하면서 여러 정보를 제공해주고 30여 명의 탈북자분들을 만나게 해준 박지혜 양, 그리고 시끄러움도 마다하지 않고 기꺼이 설문조사에 응해주신 네 명의 제보자 할머니들도 너무 고맙다. 갈 때마다 손수 담그신 맛좋은 북한식 김치까지 내어주시고 잠자리까지 걱정해주시던 양금숙 할머니는 지금도 건강하신지, 그동안 안부 전화 한 번도 드리지 못한 게 마음에 걸린다.

그리고 이 기회를 빌려 한국 유학생활 동안 많은 어려움을 이겨낼 수 있도록 격려해주시고 아낌없는 도움을 주신 지도교수 윤평현 교수님께 특별히 감사 말씀 드린다. 또한 5년 동안 많은 도움과 가르침을 주시고 끝까지 응원해주신 이진호 교수님께도  감사의 인사를 전하고 싶다. 그 외에도 손희하 교수님, 송하진 교수님, 이미란 교수님 등 국어국문학과 교수님들과 논문 심사를 맡아주시고 조언을 해주신 목포대학교 이기갑 교수님, 조선대학교 강희숙 교수님께도 진심으로 감사의 인사를 드린다. 또한 육진방언에 대한 자료를 제공해주시고 하찮은 질문에도 꼼꼼히 답변해주신 곽충구 교수님, 소신애 선생님 역시 너무 고마운 분들이다. 뿐만 아니라 5년을 함께 공부하면서 서로 힘이 되어주고 의지했던 동기들 모두 고맙고 또 고맙다. 이 고마운 분들이 없었으면 내가 과연  5년을 버틸 수 있었을지 하는 의문이 든다. 이 분들의 도움과 격려가 없었다면, 지금의 내가 없었을 것이라고 감히 말씀드리며 머리 숙여 깊은 감사를 표하고자 한다.

또한 그 동안 걱정 없이 공부할 수 있도록 뒷바라지 해주신 양가 부모님들과 큰 힘이 되어준 두 언니와 형부, 늦은 공부를 하는 엄마 때문에 어리광 한 번 제대로 부려보지 못하고도 늘 박사 엄마가 제일이라는 우리 아들, 후회 없는 인생을 살라며 주저하는 나의 등을 떠밀어주고 끝까지 묵묵히 지지해 준 남편에게도 미안함과 고마운 마음을 전한다.

끝으로 요즘 출판업계 사정이 어려움에도 불구하고 이 책의 출판을 흔쾌히 허락해주신 역락출판사 이대현 사장님과 꼼꼼하게 편집을 해주신 권분옥 편집장님께도 감사의 인사를 드린다.

한국에서의 5년이란 유학생활은 내 일생에서 가장 보람 있고 가장 기억에 남는 추억들이다. 더욱이 그 모든 것이 오늘날 내가 즐겁게 하고 있고 자신 있게 하고 있는 일들의 밑거름이 되고 있음을 새삼스레 느낄 때 이 모든 것이 그저 고맙기만 하다.

2014년 9월

남 명 옥

# 차 례

# 제1장 서론

이 글은 함경북도 육진방언의 종결어미 목록과 체계를 밝히고 그들의 통사적 특성과 의미적 특성을 살펴보는 것을 목적으로 한다. 구체적으로 이 지역 종결어미의 형태를 밝히고 이를 바탕으로 이들의 다양한 통합관계, 제약 조건과 의미적 특성을 규명하고자 한다.

함경북도 육진방언은 두만강 연안에 위치한 함경북도 북부의 온성, 종성, 회령, 경원, 경흥, 부령에서 쓰이는 동북 방언의 한 하위 방언을 말한다.[1] 육진 지역은 지리적으로 정치, 문화의 중심지에서 가장 먼 거리에 위치하여 있으면서 함경도의 다른 지역과 오랫동안 교류를 하지 않았다. 이러한 원인으로 육진방언은 국어의 여러 방언 중에서 가장 보수적인 성격을 지니고 있으며, 다른 방언에서는 볼 수 없는 이질적인 요소를 많이 가지고 있다(곽충구, 2000ㄱ : 328). 특히 음운과 어휘 면에서 다른

1) 함경북도 육진방언에는 현재 북한의 육진 지역 외에도 중국의 연변 지역과 중앙아시아의 한인 지역에서 쓰이는 육진방언의 변종이 포함된다. 이 글에서 말하는 '함경북도 육진방언'은 그 범위를 '북한의 육진방언'으로 한정한다.

방언과 이질적인 요소를 많이 지니고 있으며, 음운체계와 종결어미는 함경북도 방언과도 일정한 차이를 보인다. 따라서 이 지역 방언은 국어 방언학적 측면에서 독특한 지위를 차지하고 있다.

그러나 북한 지역의 방언에 대한 조사와 연구가 불가능한 까닭으로 북한 지역 방언에 대한 실제 조사와 연구는 구체적으로 이루어지지 못하고 있다. 더욱이 북한의 육진방언에 대한 연구는 동북방언이나 함경도 방언에 대한 연구에서 단편적으로 소개되었을 뿐, 그에 대한 구체적인 연구는 거의 이루어지지 않고 있다. 지금까지의 연구도 대부분 중국의 육진방언에 대한 연구이며 북한의 육진방언에 대한 연구는 매우 적은 편이다. 연구 내용에 있어서도 주로 문헌자료와 방언자료를 이용한 음운 연구가 위주이고 문법 형태에 대한 연구는 인상적인 기술에 머물고 있다.

북한에서는 이 지역 방언에 대하여 1950~60년대에 여러 차례에 걸쳐 집중적인 조사를 진행하였지만 그 자료를 공개하지 않고 있으며, 1970년대 이후부터는 문화어 운동을 진행하면서 순수 방언학적인 연구가 거의 이루어지지 않고 있다.[2] 그러므로 이 지역어에 대하여 체계적으로 정밀하게 조사하고 이를 바탕으로 육진방언의 문법적 특성과 의미 기능 등을 밝혀내는 작업이 매우 중요하다고 생각된다. 더욱이 근래에 와서 언어의 외적 영향과 내적 변화로 인하여 육진방언은 이전의 보수성을 점

2) 한진건(2000 : 4)에서는 1958년에 조선사회과학원에서 여러 사람을 조직하여 육진 지역에 가서 오랫동안 방언 조사를 진행하였고, 1960년에 김일성종합대학 어문학부의 교수와 학생들도 이 지역에 가서 조사를 했다고 서술하고 있다. 하지만 당시 녹음 수단이 없어 문자 자료만 남기고 음성 자료는 남기지 못하였다. 대부분 조사 자료는 지금까지 공개되지 않고 있다가, 2011년에 와서 그 중 일부(김일성종합대학 어문학부에서 조사한 것)가 중국의 황대화 교수에 의해 〈1960년대 육진방언 연구(자료편)〉이라는 책으로 출간되었다.

차 상실해 가고 있다. 따라서 사라져가는 육진방언에 대한 조사와 연구가 하루빨리 이루어져야 할 것으로 사료된다.

이 글에서는 현재 육진 지역에서 실제 사용되고 있는 종결어미에 대한 연구를 통하여, 이 지역 종결어미의 문법적 특성과 의미적 특성에 대해서 알아보고자 한다. 문법 형태 중 종결어미는 시대나 지역에 따라 다양한 변화를 나타내며, 형태와 의미 기능에서 지역별 변이 특성을 잘 보여주고 있다. 특히 육진방언의 종결어미 중에는 다른 지역에서 볼 수 없는 특이한 형태들이 많이 있어 이 지역 방언의 특색을 잘 드러낼 수 있다. 따라서 이 글은 지역 방언의 구체적인 면모를 알아볼 수 있다는 점에서 큰 의의를 가진다. 특히 실제 사용되고 있는 언어 자료를 연구 바탕으로 했다는 점에서 국어 방언학 연구에 크게 기여할 수 있을 것으로 기대된다.

현재 육진방언은 함경북도뿐만 아니라 두만강 일대의 중국 연변과 중앙아시아의 카자흐스탄, 우즈베키스탄 등에도 그 변종이 분포되어 있다. 이러한 까닭으로 이 방언은 그동안 국내외 학자들의 관심을 받아 왔으며 북한, 연변, 중앙아시아 에 분포한 육진방언에 대한 조사와 연구도 꾸준히 이루어져 왔다. 지금까지 이루어진 선행 연구를 북한의 육진 지역, 중국의 연변 지역, 중앙아시아의 한인 거주 지역으로 분류하여 살펴보면 다음과 같다.

북한의 육진방언에 대한 최초의 연구는 小倉進平(1927)에 의해 이루어졌다고 할 수 있다. 小倉進平(1927)은 육진방언을 포함한 함경도 방언의 종결어미를 지역에 따라 제시한 것으로 1920년대의 육진방언의 모습을 보여주고 있다. 이 논문에서는 육진방언에서 나타나는 종결어미를 서술법, 의문법, 명령법, 청유법의 네 가지로 나누고 이들을 다시 존대, 평대, 하대로 나누어 기술하였다. 그리고 종결어미의 활용형을 현재형, 과거형, 미래형, '이다'와의 결합형으로 나누어 구체적으로 기술하였다.

북한 학자들에 의해 이루어진 연구로는 김병제(1959), 한두복(1962), 한영순(1967), 김영황(1982, 1991), 정용호(1988) 등을 들 수 있다.

김병제(1959)에서는 국어 방언권을 동부방언과 서부방언으로 나누고, 동부방언을 동북방언과 동남방언으로 나눈 후, 동북방언을 다시 함경도 방언과 육진방언으로 나누어 기술하였다. 이 논문에서는 육진방언의 음운체계를 중세국어와의 비교 속에서 살펴보았다. 한두복(1962)는 육진방언의 음운, 형태 분야에 대한 공시적 및 통시적 연구이다. 이 논문에서는 육진방언을 동북방언에서 분리하여 하나의 독립방언권으로 구획할 것을 제안하고 언어지리학적인 측면에서 이 방언의 형성 배경을 분석하였다. 그리고 논문의 부록에 약 1000개의 어휘를 수록하였다. 한영순(1967)에서는 육진방언의 음운론적 특성, 문법적 특성, 어휘론적 특성에 대한 기술을 통하여 육진방언이 함경도 방언과 가장 비슷하고 제주도방언, 평안도방언과 차이가 가장 많음을 밝히고 있다. 그밖에 김영황(1982), 정용호(1988)에는 육진방언의 특징이 단편적으로 소개되어 있다. 이들 연구는 주로 육진방언의 방언 구획에 있어서 의견 차이를 보이고 있는데, 김영황(1982)에서는 육진방언이 억양과 문법구조 면에서 동북방언과 유사한 점이 많지만, 방언의 여러 특징으로 볼 때 동북방언에 귀속시키는 것이 적절하지 않다고 하였다. 이와 반대로 정용호(1988)에서는 육진방언이 이루어진 역사적 과정과 방언적 특성으로 볼 때, 함경도 방언과 훨씬 가깝기 때문에 육진방언을 함경도 방언에 속하는 하나의 방언섬으로 보는 것이 타당하다고 하였다.

남한에서의 연구 성과로는 김태균(1981, 1982, 1986)을 들 수 있다. 김태균(1981)에서는 종성 출신의 제보자를 통해 수집한 자료를 바탕으로 함경북도 종성 지역어를 제시하였고, 김태균(1982)에서는 육진방언에 관한 문헌을 통하여 육진방언이 음운사적으로 보수적임을 밝힌 후, 함경북도 방언의 하위 구획을 시도하였다. 이러한 조사와 연구를 토대로 김태균(1986)을 편찬하였는데, 이 사전에는 육진방언의 어휘가 실려 있고 권말에 부록으로 육진방언의 구어체 문장이 수록되어 있다.

북한 육진 지역의 화자들에 대한 연구가 이루어지기 어려운 시점에서 직접 이 지역에서 육진방언을 조사한 연구가 있는데, 주로 중국학자들에 의한 연구이다. 이러한 연구들로는 황대화(1986), 전학석(1993), 한진건(2000) 등이 있다. 황대화(1986)에서는 동해안의 육진, 함남북, 강원 북부 지역의 음운체계와 형태에 대한 연구를 통하여 문법 형태의 통시적인 변화에 대해 기술하였고, 전학석(1993)에서는 함경북도 회령과 경성, 함주 지역의 성조를 폭넓게 조사하여 이 지역 방언의 성조 변동을 체계적으로 논의하였다. 그리고 최근 들어 육진방언을 전면적으로 조사, 연구한 한진건(2000)을 들 수 있는데 이 연구에서는 1958년에 조선사회과학원에서 조사한 자료, 1960년에 김일성종합대학 어문학부의 교수와 학생들이 조사한 자료, 그리고 1996년에 저자가 직접 조사한 자료를 바탕으로 육진방언의 어음론적 특성, 형태론적 특성, 품사적 특성, 문장론적 특성에 대해 구체적으로 논의하였다.

중국의 두만강 일대는 조선족 자치주로서 19세기에 이주한 초기 이주민들에 의해 개척된 곳이다. 북한의 경흥과 마주하고 있는 '훈춘시 회룡봉촌', 온성・경원과 마주하고 있는 '훈춘시 밀강', 종성과 마주하고 있는 '도문시 월청', 회령과 마주하고 있는 '용정시 삼합'은 육진방언 화자들이 거주하는 대표적인 곳이다. 이 지역 주민은 대체로 동향인들이며 개혁개

방 이전까지는 주로 농업에 종사하였기 때문에 전통적인 육진방언을 보존하고 있다. 북한이 오랫동안 문화어 운동을 전개해 오면서 언어외적 변화를 많이 겪은 점을 고려하면 이 지역의 육진방언은 북한의 그것보다 더 보수적이라 할 수 있다(곽충구, 2000ㄱ : 335). 따라서 중국 연변 지역의 육진방언은 전형적인 육진방언을 연구할 수 있는 귀중한 자료이다.

이 지역 육진방언에 대한 연구는 중국 조선족 출신의 학자와 남한 학자들에 의해 1990년대 이후부터 꾸준히 진행되어 왔다. 중국사회과학원 민족연구소 언어연구실과 동북3성 조선어문사업 협력소조판공실에서는 1981년과 1982년에 이 지역에 대한 방언 조사를 통하여 〈조선어방언조사보고〉(1990)와 〈중국조선어실태조사보고〉(1985)라는 책을 간행하였다. 전자에는 훈춘시 회룡봉(원 육진 경흥지역)의 육진방언이 수록되어 있고, 후자에는 연변 지역 육진방언의 음운, 어휘, 문법적 특징이 소개되어 있다. 전학석(1998ㄴ)은 연변 방언을 '육진방언'과 육진방언을 제외한 '함경북도 방언'으로 나누고 음운, 형태, 문장, 어휘 등을 통하여 육진방언의 가장 기본적인 특징에 대해서 논의하였다.

남한 학자들에 의한 연구로는 소강춘(1998, 1999), 최명옥 외(2002), 소신애(2002, 2005), 김서형(2003) 곽충구 외(2008) 등이 있다. 소강춘(1998, 1999)에서는 중국 무주촌의 육진방언의 음운 변화를 살폈으며, 소신애(2002, 2005)에서는 연변 육진 지역의 진행 중인 음운 변화에 대해서 논의하였다. 최명옥 외(2002)에서는 연변 육진방언의 음운, 문법, 어휘 등 특징에 대해서 논의하였고, 김서형(2003)에서는 선행 연구들의 성과를 토대로 육진방언의 종결어미에 대해서 논의하였다. 그 밖에 곽충구 외(2008)에서는 훈춘 지역 육진방언의 구술 발화 자료를 토대로 원 함경북도 경흥방언의 모습을 보여주고 있다.

중앙아시아 지역에는 함경북도 출신의 고려인들이 많이 살고 있다. 그들은 대부분 함경북도 육진 지역 이주민의 후대들로서 지리적으로 볼 때 그들이 사용하고 있는 육진방언은 본토 한국어의 영향을 가장 덜 받은, 순수한 육진방언의 형태를 유지하고 있을 가능성이 많다. 그러한 점에서 이 지역 육진방언에 대한 연구는 남다른 의의를 지닌다고 할 수 있다.

이 지역 육진방언에 대한 최초의 문헌 자료는 푸칠로의 〈로한즈뎐〉(1874)이 있다.[3] 그 후 1980년대 후반에 이르러 20세기 초 러시아에서 간행된 육진방언 관련 문헌자료를 발굴하여 소개하는 연구가 시작되었다. 곽충구(1986ㄱ, ㄴ)은 1904년에 러시아의 카잔에서 간행된 러시아어와 한국어 대역 회화서인 〈露韓會話〉에 대한 해제와 서지학적인 검토이다. 이 연구에서는 〈露韓會話〉와 〈露韓小辭典〉과의 관계 그리고 경흥방언의 음성특징에 대해 기술하였다. 곽충구(1987)은 핀란드 헬싱키 대학의 람스테트 문고에 소장되어 있는 〈試篇露韓小辭典〉에 대한 해제 성격의 연구이다. 이러한 연구들을 바탕으로 곽충구(1991)에서는 육진방언의 공시음운론, 통시음운론, 악센트 등에 대하여 논의하였다.

1980년대 후반부터 J.R.P. King 교수가 카잔에서 간행된 문헌자료와 19세기를 전후한 시기에 러시아에서 간행된 한국어 관련 문헌자료를 수집하고, 이를 바탕으로 J.R.P. King(1991)을 발표하였다. 또한, 중앙아시아 한인들의 함경도 방언(고려말)을 조사・보고하는 일도 이 시기에 시작되었는데, 고송무(1980)을 비롯한 J.R.P.King(1987)이 이에 속한다.

3) 곽충구(1991)에서는 이 문헌 자료에 함경도 여러 지역의 방언이 뒤섞여 있어 육진방언이라고 단정 지을 수 없다고 하였다.

그 밖의 연구 성과로는 J.R.P. King & 연재훈(1992), 박넬리(1997), 이기갑 외(2000), 권재일(2010) 등이 있다.

이상에서 살펴본 바와 같이 육진방언에 대한 논의들은 다양한 측면에서 진행되어 왔으며 그 과정에서 많은 성과를 이루었다. 그러나 여러 가지 한계를 지니고 있는 것도 사실이다. 지금까지의 연구는 주로 문헌 자료와 방언 자료를 수집하고 체계화하면서 음운이나 문법적 특징을 소개하는 것이었다. 음운론적 특성에 대해서는 비교적 폭넓게 연구된 편이나 문법적, 의미적 특성에 관한 연구는 단편적인 기술에 머물러 있다. 또한, 중국의 육진방언에 관한 연구 성과는 많은 편이지만, 한진건(2000) 이후로는 북한의 육진방언에 관한 연구가 거의 없는 실정이다.

이 글의 연구 대상인 종결어미에 관한 연구도 그다지 많지 않으며 한두복(1962), 한영순(1967), 김영황(1982), 정용호(1988), 곽충구(1998), 한진건(2000), 최명옥 외(2002), 김서형(2003), 이기갑(2003) 등에서 단편적으로 소개되었을 뿐이다. 최근 들어 육진방언의 문법적 특징에 대한 관심이 높아지면서 정향란(2008), 남명옥(2011, 2012) 등에서 종결어미와 관련된 구체적인 연구가 이루어졌다. 정향란(2008)은 연변 육진방언의 조사와 어미의 목록을 제시하고 이들의 통합과정에서 나타나는 음운현상을 기술하였다. 이 연구는 자연 발화를 위주로 조사와 어미에 대한 형태론적, 음운론적 접근이라는 데 의의가 있다고 할 수 있지만, 체계적이고 깊이 있는 논의는 이루어지지 못하였다. 남명옥(2011, 2012)은 실제 방언 자료를 토대로 종결어미의 사용 양상 및 의미 기능을 밝히고자 하였다. 그러나 종결어미 목록을 제시하고 그 용법과 기능을 제시하는 데 그쳤을 뿐, 형태 분석이나 통사 특성에 관한 구체적인 논의가 이루어지지 못한 한계가 있다.

선행 연구의 또 다른 문제점은 문헌에 나타나는 종결어미의 형태와 실제 방언형에 나타나는 형태가 다르고, 이전 시기의 형태와 현재 형태가 뒤섞여 있어 이 지역 종결어미에 대한 전반적인 이해가 어렵다는 점이다. 이런 점들을 감안한다면 육진방언의 종결어미에 대한 종합적인 연구가 이루어져야 할 것이다.

이 글은 현재 함경북도 육진 지역에서 사용되는 육진방언을 주요 연구자료로 삼는다. 그 중에서도 온성, 회령, 경원 지역의 구어체에서 쓰이는 종결어미로 그 범위를 한정한다. 다음은 본고의 조사 지점과 조사 일시, 제보자 및 조사 방법에 대한 구체 내용이다.

육진(六鎭)은 조선 세종 때 동북 면의 여진족 내습(來襲)에 대비하여 두만강의 하류 남안에 세워진 국방상의 요지인 여섯 지역을 일컫는다. 본래 이 지역에 대한 경략은 태조의 아버지 이자춘(李子春) 때부터 시작하여 태조 때에 이르러서는 두만강까지의 지역이 모두 조선의 영토로 편입되었다. 그 뒤 야인들의 침입이 잦아지자 세종 때 김종서로 하여금 이 지역에 대한 경략에 적극적으로 종사케 하였다. 그 결과 종성·온성·회령·경원·경흥·부령의 6진이 세워졌고, 그 후부터 이 지역을 통틀어 '육진(六鎭)', 또는 '육읍(六邑)'이라 부르게 되었다.

육진 개척 당시, 세종대왕은 북부 지역을 개척하고, 그 국경선을 지키기 위하여 전국 각 도의 장정들을 뽑아서 육진 지역에 보냈는데, 육진을 비롯한 함경도 지대에 4차에 거쳐 6,000여 세대를 이주시켰다. 이와 관련하여 〈세종실록〉에 다음과 같은 기록이 있다.

함경도 관찰사 김종서가 제의하기를 '경원과 녕북진에 각각 이주할 1,100호에서 매호마다 4-5명 이상의 장정을 가지고 있는 것으로 잡아도

인구가 6-7천명 아래로는 내려가지 않을 것입니다……'

'만일 본도에서 이주시킬만한 백성들이 2,200호가 차지 못할 경우에는 충청도, 강원도, 경상도, 전라도 등에서 자원하는 사람들을 뽑아서 이주시킬 것이며 양인이면 상으로 이 고장의 토관벼슬을 주고 고을아전이나 역참아전이면 그 신역을 영영 벗겨주며 노비이면 길이 양인으로 만들어 줄 것입니다.' (〈세종실록〉 63권 18)

위의 기록에서 보는 바와 같이 육진 지역은 먼저 함경도에서 1,100호를 이주시킨 후, 부족한 인원을 경상도와 강원도, 전라도와 충청도를 비롯한 다른 도에서 이주시켰다. 따라서 육진 지역에는 원래의 방언과 함경도 방언, 그리고 다른 지역 방언들이 혼합되어 새로운 방언인 육진방언이 형성되었다.

육진이 세워진 이후로 500여 년 동안 이 지역은 그 구획과 명칭이 여러 차례 변하였다. 특히 해방 이후 북한이 여러 차례 행정구역을 개편하면서 경흥군은 은덕군, 선봉군으로, 경원군은 새별군으로 되었다. 그리고 1974년에 종성군을 해체하여 경원군, 회령군, 온성군에 편입시키면서 원래의 6개 군에서 현재의 5개 군으로 재편성되었다. 그중에서도 부령은 그 음운 특징이 다른 지역과 달라 육진방언권에서 제외되기 때문에 지금의 육진방언 지역은 온성, 회령, 새별(경원), 은덕(경흥) 네 곳뿐이다.[4)]

4) 북한 학자들은 경흥군의 남부도 육진방언권에서 제외한다.

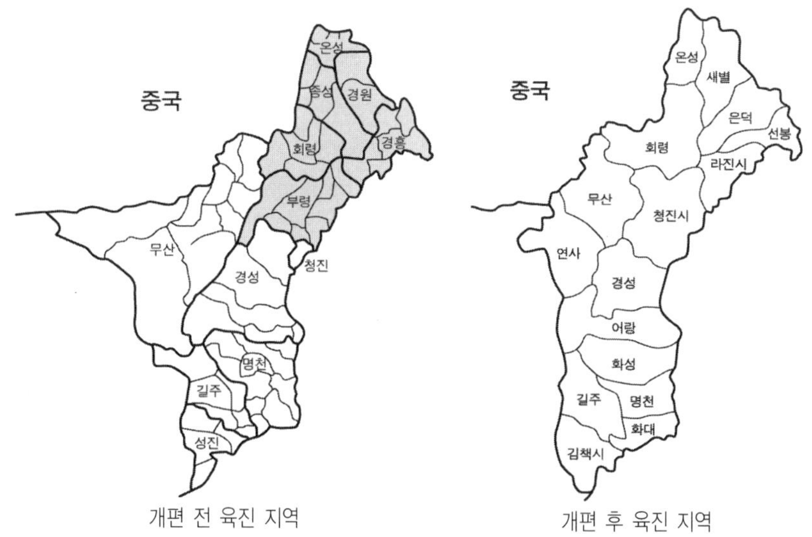


[그림 1] 함경북도 육진 지역 지도

이 글에 이용된 자료는 필자가 2011년 8월부터 11월까지 4차례에 거쳐 중국 연변과 남한에서 조사 수집한 자료이다.5) 조사 대상은 북한 거주자와 탈북자를 대상으로 선정한 육진방언 화자들이다. 조사과정과 제보자들에 대한 구체적인 정보는 다음과 같다.

**1차 조사**

조사일시 : 2011년 8월 17일~2011년 8월 26일

제 보 자 : 박옥희, 여, 1947년생, 함경북도 경원군 출생, 양친 모두 함경북도 경원군 출생이며 귀화한 지 2년 됨.

**2차 조사**

조사일시 : 2011년 9월 10일~2011년 9월 18일

---

5) 육진방언의 종결어미를 조사하기 위해서는 직접 북한에 가서 조사하는 것이 가장 이상적이지만 현실적으로 여러 어려움이 있다. 북한 현지에서의 조사가 거의 불가능한 상황에서, 필자는 중국과 남한에서 제보자들을 만나 구체적인 조사를 진행하였다.

제 보 자 : 한정화, 여, 1945년생, 함경북도 경원군 출생, 양친 모두 함경북도 경원군 출생이며 귀화한 지 2년 됨.

3차조사

조사일시 : 2011년 10월 15일~2011년 11월 12일

제 보 자 : 양금숙, 여, 1945년생, 함경북도 회령군 출생, 양친 모두 회령군 출생이며 남편은 온성군 출생, 귀화한 지 2년 됨.

제 보 자 : 이귀남, 여, 1939년생, 함경북도 온성군 출생, 부친 강원도 출생 모친 경원 토박이, 귀화한 지 1년 됨.

방언 조사 과정에서 좋은 제보자를 선정하는 일은 무엇보다 중요하며 조사의 성패와 밀접한 관계를 맺고 있다고 할 수 있다. 일반적으로 제보자의 선정 요건으로 'NORMs'-한곳에 정착한 사람(Nonmobile), 나이 많은 사람(Older), 시골(Rural) 출신의 남자(Males)-라는 기본 조건을 설정한다.[6] 그러나 이 글의 특성상 다음과 같은 구체적인 조건에 근거하여 제보자를 선정하였다.

(1) ㄱ. 제보자 본인 출생지와 성장지 : 함경북도 육진 지역
ㄴ. 제보자 부모 출생지와 성장지 : 함경북도 육진 지역 혹은 기타 지역
ㄷ. 연령 : 60~80세[7]
ㄹ. 성별 : 여[8]

6) 이러한 기본 조건 외에도 Sliva(1955 : 28-29)는 제보자 조건으로 ① 양호한 치아를 가질 것, ② 양친이 동일 지역 태생일 것, ③ 기혼자라면 그 배우자도 동일 지역 태생일 것, ④ 학교 교육을 전혀 받지 않은 무식한 사람일 것, ⑤ 원거리를 여행한 경험이 없고 군대에 장기간 복무를 하지 않았을 것, ⑥ 농부 또는 목동이거나 그들의 아들일 것, ⑦ 연령은 30-50세 사이일 것, ⑧ 영리할 것 등을 제시하고 있다(이상규, 2003 : 135에서 재인용).

7) 세대적 언어 차이를 고려하여 40~50대의 보조 제보자 세 명을 선정하였다.

8) 지리언어학적인 목적의 방언 조사에서 제보자로 남자가 적합한가, 여자가 적합한가

ㅁ. 학력 : 무학 또는 중졸이하

ㅂ. 직업 : 가급적 농사를 짓는 사람 혹은 무직

ㅅ. 신체조건 : 귀가 밝고 치아가 건강한 사람

ㅇ. 남한 거주 기간 : 2년 이내(해당자에 한함)[9]

이상의 조건에 근거하여 총 30여 명의 조사 대상자 중에서 육진 지역의 온성, 회령, 경원 출신을 제보자로 선정하여 조사를 진행하였다. 그 중, 주 제보자는 박옥희 할머니이고 기타 한정화, 양금숙, 이귀남 할머니는 보조제보자이다.

주 제보자 박옥희 할머니는 함경북도 경원군(현 새별군) 금동리에서 출생하여 줄곧 이 지역에서 거주하였고, 양친 모두 경원 토박이다. 제보자는 어려서부터 조부모와 함께 살면서 늘 방언을 사용하였으며, 지금도 예전에 사용하던 방언형들을 기억하고 있었다. 발음이 정확하고 질문에 대한 이해력이 뛰어나 조사 과정에서 필자가 미처 언급하지 못한 부분을 일러주는 경우도 있어 조사에 큰 도움이 되었다.

보조제보자 한정화 할머니는 1945년생이며 고향은 함경북도 경원군(현 새별군)이다. 양친 모두 경원 토박이며 남편은 온성 출신이다. 한국에

---

에 대해서 견해가 엇갈리고 있다. 일반적으로 여자는 외지의 말에 영향을 받기 쉽고 말을 우아하게 꾸미려는 경향이 있어 적합하지 않다는 주장이 있으나, 여자가 남자보다 언어에 민감하고 외부와의 접촉이 적어 순수한 방언을 더 잘 간직한다는 점에서 여자가 더 적절하다는 주장도 있다. 하지만 북한과 같은 경우 조건에 맞는 남자 제보자를 찾기가 매우 힘들다. 북한에서 성인 남자들은 군복무가 필수로 되어 있고 그 기간도 길기 때문에(10년 이상) 타 지역 언어의 영향을 받지 않을 수가 없다. 이러한 원인으로 이 글에서는 여성 제보자를 주 제보자로 선정하였다.

9) 이 글의 조사 과정에서 귀화한지 여러 해 되는 탈북자들은 한국어의 영향으로 더는 순수한 육진방언을 사용하지 않음을 발견하게 되었다. 따라서 제보자를 선정할 때 가급적이면 귀화한 지 2년 이내 혹은 2~3년 되더라도 외부와 거의 접촉이 없는 사람을 선정하였다.

오기 전까지 줄곧 농사일에 종사하였으며 토박이말을 잘 구사하고 기억력이 상당히 좋은 편이였다. 귀화 후 집에서 가족들과만 지내면서 외부와 거의 접촉이 없었기 때문에 남한 표준어의 영향을 크게 받지 않은 것으로 판단된다.

보조제보자 이귀남 할머니는 1939년생이며 고향은 함경북도 온성군 온탄구이다. 부친은 강원도에서 태어나 어려서부터 온성에서 생활하였으며, 모친은 경원 토박이다. 온화한 성격에 발음도 정확하고 기억력도 좋아 조사에 큰 도움이 되었다. 귀화 후 외부와 거의 접촉이 없었기 때문에 남한 표준어의 영향을 크게 받지 않은 것으로 판단된다.

보조제보자 양금숙할머니는 1945년생이며 고향은 함경북도 회령군이다. 양친은 경기도 출신이며 어렸을 때 북으로 이민을 간 후 줄곧 회령에서 생활하였다. 제보자는 어렸을 때부터 한국에 오기 전까지 회령에서 생활하면서, 농사를 위주로 하였기 때문에 함경북도 토박이말을 잘 구사하는 편이다. 귀화한 지 2년이 넘었으나 외부와 크게 접촉을 하지 않아 표준어의 영향을 크게 받지 않은 것으로 판단된다.

자료 조사는 이상의 제보자를 대상으로 필자가 현장에서 직접 조사를 진행하였다. 조사는 두 가지 방법으로 진행되었다.

한 가지는 필자가 사전에 준비한 질문지를 사용한 설문조사 방법이다. 질문지는 국립국어원의 〈지역어 조사 질문지〉(2006)을 사용하였고 부족한 부분은 항목을 추가하여 조사하였다. 질문 방식은 주로 직접 질문법과 치환식 질문법을 사용하였으며 필요시에는 대담식 질문법과 역질문법을 사용하였다.

다른 한 가지는 자연스러운 발화를 통해 구어 자료를 수집하는 방법이다. 문법 항목은 어휘나 형태 항목과는 달리 질문하기 까다로운 형태가 아주 많기 때문에, 질문지의 내용만으로는 원하는 방언형이 잘 도출되지 않는 경우가 많다. 특히, 종결어미는 방언 어휘 조사에서 흔히 사용하는 지시식 질문법이나 시늉식 질문법을 사용하기 어려운 점이 있다. 그래서 제보자에게 자연스러운 발화 환경을 만들어주어 부담감 없이 방언을 구사하도록 하였다.

필자는 설문 조사를 포함한 모든 조사 과정에서 녹음기를 사용하였는데, 설문 조사 과정에서 미처 확인하지 못한 부분을 보충할 수 있어서 조사에 큰 도움이 되었다.[10] 또한, 제보자와 사전에 상의를 거쳐 일상생활에서의 대화를 녹음하도록 하였는데, 녹음한 내용을 정리하면서 한편, 면담 조사에서 발견하지 못했던 방언형들이 나타나기도 하였다. 가령 질문지를 통해 기본적인 방언형을 조사했다면, 자연 발화를 통해서는 조사 목록에 없는 방언형까지 이끌어낼 수 있었다.

위의 방언 자료 외에도 다음과 같은 보조 자료를 참고로 하였다.

(2) ㄱ. 小倉進平(1927), '함경남북도방언', 조선어 2, 조선교육연구회, 1-34.
ㄴ. 김태균(1986), 함북방언사전, 경기대학교 출판부.
ㄷ. 한진건(2000), 육진방언연구, 역락.
ㄹ. 황대화(2011), 1960년대 육진방언 연구(자료편), 역락.

小倉進平(1927)은 육진방언을 비롯한 동북방언의 방언적 특징을 소개한 최초의 조사 보고서로서 음운사적인 주제와 어법상의 문제에 대하여 논의하였다. 김태균(1986)은 남한에 거주하는 함경북도 출신들을 제보자

10) 이 글에서 사용된 녹음 장비는 'SONY ICD-UX512F형' 디지털 녹음기와 'SHURE SM11형' 소형 마이크이다.

로 삼고 방언 조사를 하여 편찬한 사전이다. 한진건(2000)은 함경북도 육진방언에 대한 최초의 종합적인 연구이다. 이 연구는 1958년에 조선사회과학원에서 조사한 자료와 1960년 김일성종합대학 어문학부의 교수, 학생들이 조사한 자료, 그리고 1996년에 저자가 직접 현지에서 조사한 자료를 바탕으로 한 연구로서 광복 이후의 육진방언에 대해서 상세히 알아볼 수 있다. 황대화(2011)은 1960년에 김일성종합대학 어문학부 4학년 학생들이 조사한 〈륙진방언자료〉를 판독하고 표준어 대역을 붙인 연구로서 반세기 전 육진방언의 음운, 어휘, 문법적 특징을 보여 주고 있다. 형태 차원이 아닌 문장 단위로 전사되었기에 육진방언의 전 국면을 고루 관찰할 수 있다. 근 반세기동안 공개되지 않았던 자료라는 점에서 큰 의의를 가진다.

이 글은 육진방언의 종결어미에 대한 공시적 연구이다. 방언 연구에서의 일반 언어학적 방법에 따라 육진방언을 하나의 독립된 체계로 보고, 먼저 이 지역 종결어미의 목록과 체계를 밝힌다. 다음 형태 분석을 통해 종결어미를 단일 형태와 복합 형태로 나누고, 이를 바탕으로 이 지역 종결어미의 다양한 통합관계, 제약 조건, 의미적 특성 등을 규명한다.

하나의 방언을 대상으로 한 연구는 그 방언에 나타나는 개별성뿐만 아니라, 다른 방언과의 공통성을 밝히는 것도 중요하다. 따라서 이 글에서는 국어 전체의 구조적 기술을 염두에 두고, 육진방언을 중부방언과의 비교를 통해 살펴보도록 한다. 또한, 공시적 기술을 위주로 하면서 필요한 경우에 한정하여 통시적 기술을 병행하도록 한다. 이 글은 서론과 결론을 포함하여 총 5장으로 이루어졌으며 크게 두 부분으로 나뉜다. 하나는 이론적인 문제와 관련된 부분이고 다른 하나는 구체적인 방언 자료를 분석하는 부분이다. 이론적인 부분에서는 현대국어 어미 체계에 대한 기술을 통하여 종결어미의 개념, 문장에서의 지위에 대하여 살펴보고 종결어미와 관련된 여러 범주들을 논의할 것이다. 이론적인 논의가 끝나면 이를 바탕으로 구체적인 자료 분석을 하게 된다. 여기서는 육진방언의 종결어미 목록을 확정한 후 종결어미 체계를 작성하고, 개별 종결어미를 대상으로 문법적 특성과 의미적 특성을 고찰할 것이다. 구체적으로 살펴보면 다음과 같다. 2장은 종결어미 연구를 위한 기본 논의로서 현대 국어 종결어미와 관련된 개념과 관련 범주들을 논의할 것이다. 먼저 어미 체계와 종결어미에 대한 기술을 통하여 국어 문법에서의 종결어미의 지위를 확인하고, 종결어미와 밀접한 관련을 맺고 있는 문장종결법과 청자높임법에 대하여 살펴보고 육진방언의 문장종결법과 청자높임법의 분류 체계를 제시한다. 3장은 육진방언의 종결어미 체계 확립과 형태적 특성에 대한 분석이다. 기존 체계에 대한 검토를 통하여 육진방언의 종결어미 목록이 어떻게 변화되었는지 살펴보고 이를 바탕으로 육진방언의 종결어미 목록 및 체계를 제시한다. 다음, 육진방언의 종결어미를 단일 형태와 복합 형태로 나눈 후, 복합 형태를 다시 형태적 구성과 통사적 구성으로 나누어 이 지역 종결어미의 형태적 특성에 대하여 살펴본다. 4장은 종결어미의 통사와 의미에 대한 논의이다. 여기서는 종결어미를 문장종결법에 따라 서술법, 의문법, 명령법, 청유법으로 분류한 후, 다시 청자높임법에 따라 합쇼체, 하오체, 해라체, 반말로 하위분류한다. 다음 각각의 종결어미를 대상으로 종결어미와 서술어와의 통합관계, 주어와의 공기관계를 살펴보고 종결어미가 문장의 여러 구성 요소와의 통합 과정에서 받는 제약에 대해서 살펴본다. 아울러 종결어미의 의미적 특성과 화용론적 특성에 대해서도 살펴본다. 마지막으로 제5장에서는 앞에서 기술한 논의에 대한 요약과 함께 앞으로의 연구 과제를 제시한다.

# 제2장 종결어미 연구를 위한 기본 논의

종결어미는 문장의 끝에 위치하면서 여러 가지 기능을 한다. 우선, 종결어미는 서술어의 구성 요소로서 문장을 끝맺어주는 역할을 할 뿐만 아니라, 각 문장성분에도 영향을 미치면서 문장 전체를 끝맺어주는 기능을 한다. 따라서 종결어미는 서술어 내의 요소가 아니라 문장 전체와 관련되는 요소라고 볼 수 있다. 또한 화자는 이 종결어미에 의하여 자기의 의향을 여러 가지 방식으로 표현하면서 여러 가지 문장종결법을 실현하며, 청자에 대한 높낮이를 통하여 청자높임법을 실현하기도 한다. 이처럼 종결어미는 문장의 맨 끝에 위치하면서 화자가 청자에 대한 전달 방식, 대우 정보 등을 담고 있다고 볼 수 있다.

이 장에서는 어미와 종결어미에 대한 논의를 통해 종결어미가 문장에서 차지하는 지위를 확인하고 종결어미와 밀접한 관계를 갖는 문장종결법, 청자높임법에 대해서 기술하기로 한다.

## 1. 종결어미 개관

국어의 문장 성분 중에서 서술어는 가장 핵심적인 성분이라고 할 수 있다. 서술어에 의해 그 문장의 논항이 결정되며 각 논항에 따라 격이 할당된다. 서술어의 어간 뒤 마지막 부분에 결합하는 종결어미는 문장을 끝맺는 기능과 청자를 대우하는 기능을 동시에 수행한다. 그만큼 문장에서 필수적 역할을 담당하는 문법 형태가 바로 서술어에 결합하는 종결어미이다. 종결어미 연구를 위한 기본 논의에 앞서 어미 체계에서의 종결어미와 문장에서의 종결어미의 지위에 대해서 살펴보도록 한다.

국어의 어미는 그 분포와 위치에 따라 선어말어미(prefinal ending)와 어말어미(final ending)로 나뉜다. 선어말어미는 그것으로 한 단어가 끝나지 못하고 반드시 그 뒤에 다른 어미를 필요로 하는 것을 말하고, 어말어미는 그 자체로 단어가 완성되는 것을 말한다. 어말어미는 다시 그것으로 한 문장을 완전히 끝맺느냐, 그렇지 않느냐에 따라 종결어미와 비종결어미로 나뉘는데, 종결어미는 문장의 끝에 위치하면서 그것으로 한 문장을 끝맺을 수 있으나, 비종결어미는 단어의 끝에 위치하되 문장을 끝맺지는 않는다. 한 문장을 종결한다는 의미에서 종결어미는 문말 어미라고도 할 수 있으며 서술법, 의문법, 명령법, 청유법, 감탄법 등과 같은 문장종결법과 아주높임, 예사높임, 예사낮춤, 아주낮춤, 반말 등의 청자높임법을 동시에 실현한다. 비종결어미는 기능에 따라 연결어미와 전성어미로 나뉜다. 연결어미는 두 개의 문장을 이어 주는 기능을, 전성어미는 한 문장을 명사나 관형사와 같이 자격을 바꾸어 주는 기능을 한다. 연결어미에는 문장을 대등적으로 이어 주는 대등적 연결어미, 앞의 문장을 뒤의 문장에 종속시키는 종속적 연결어미와 본용언에 보조용언을 이어 주는 보조적 연결어미가 있고, 전성어미에는 관형사형 어미와 명사형 어미가 있다.

지금까지 논의한 국어의 어미 체계를 표로 제시하면 다음과 같다.[1)]

〈표 1〉 국어의 어미 체계

<table>
<tr><td rowspan="11">어미</td><td colspan="4">선어말어미</td></tr>
<tr><td rowspan="10">어말어미</td><td rowspan="5">종결어미</td><td colspan="2">서술법 종결어미</td></tr>
<tr><td colspan="2">감탄법 종결어미</td></tr>
<tr><td colspan="2">의문법 종결어미</td></tr>
<tr><td colspan="2">명령법 종결어미</td></tr>
<tr><td colspan="2">청유법 종결어미</td></tr>
<tr><td rowspan="5">비종결어미</td><td rowspan="3">연결어미</td><td>대등적 연결어미</td></tr>
<tr><td>종속적 연결어미</td></tr>
<tr><td>보조적 연결어미</td></tr>
<tr><td rowspan="2">전성어미</td><td>관형사형 전성어미</td></tr>
<tr><td>명사형 전성어미</td></tr>
</table>

다음으로 문장에서의 종결어미의 지위를 살펴보기로 한다. 종결어미는 문장의 맨 끝에 놓여 서술어를 구성하는 요소의 역할을 하는 외에도, 문장 전체를 끝맺어주는 역할도 하고 있다. 다시 말해서 종결어미의 문법적 기능은 서술어 범위 내에서만 일어나는 것이 아니라 문장 전체 내지 각 문장성분에도 영향을 미치게 된다. 이는 종결어미가 문장의 맨 끝에 나타나지만 문장의 구조를 고려할 때 가장 위의 자리에 놓인다는 것을 말한다.

---

1) 국어의 어미 체계는 남기심・고영근(2007 : 159)을 참조한 것임.

국어의 문장을 구성할 때 제일 나중에 나타나는 요소에 대한 구조적 처리에는 세 가지 가능성이 있다. '영희가 책을 읽는다'라는 국어의 문장을 구절구조 규칙으로 기술하고 수형도로 나타내면 다음과 같다(여기서 SE는 문장 맨 끝에 실현되는 요소를 가리킴).2)

(3) ㄱ. S → NP - VP, VP → NP - V
V → Vst - PE - SE
ㄴ. S → NP - VP - SE
ㄷ. S → X - SE

(4)
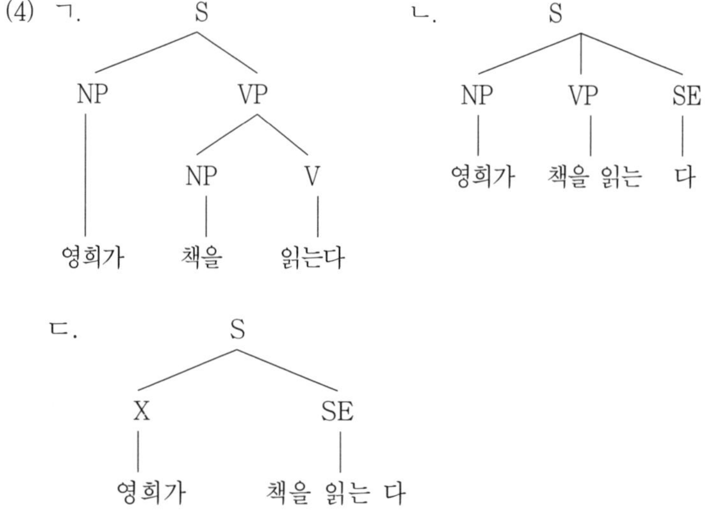


(3ㄱ, 4ㄱ)은 국어의 문말에 실현되는 요소를 동사의 일부로 인식하는 것으로, 변형생성문법이 도입되기 전 국어의 전통적인 연구들이 이

2) 이 예문은 윤석민(2000 : 22)를 그대로 가져온 것이다.

에 해당된다. 이러한 방식은 국어의 문말의 위치를 단순히 다른 성분의 끝과 동일하게 인식하는 견해로서 어미를 용언의 부수적인 것으로 보았다.

(3ㄴ, 4ㄴ)은 어미를 문장에서 핵의 자격을 가지고 독립적인 투사를 이루는 것으로 보는 견해인데 이익섭·임홍빈(1983), 임홍빈(2005)이 이에 해당된다. 이와 같은 경우는 어미가 문장 구성에서 가장 상위에 위치하여 다른 성분을 지배하는 것을 인식한 결과로 볼 수 있다.

(3ㄷ, 4ㄷ)은 앞의 두 견해를 발전시켜 문말에 실현되는 요소의 기능이 그 밖의 다른 모든 것과 대등한 자격을 지니고 인식한 결과이다. 이 견해는 X′ 이론이 도입된 후 S를 CP 또는 C″로 하고 SE를 C로 분석하며 중간 단계로 C′를 설정하는 구조를 보이고 있는데, 이 역시 문말의 위치에서 실현되는 요소가 문장의 구성 조직 가운데 다른 요소보다 훨씬 상위에 있음을 보여 준다. 이 견해에 따르면 문말(SE)은 문장의 생성이라는 측면에서 볼 때 '제일 먼저' 생성되는 자리라고 볼 수 있다.

위의 논의를 통해 국어의 문장 구조는 위계적인 구조를 이루고 있으며 문말은 문장의 구성에서 '제일 먼저'—적어도 나머지 것들 모두로 분화하기 이전의 성분, 즉 위(3ㄷ, 4ㄷ)의 X와 대등하게— 생성됨을 알 수 있다.

종결어미가 문장의 구성에서 가장 중요한 자리인 상위에 위치한다는 점을 명시하기 위해, 임홍빈(2005 : 22)은 '철수가 밥을 먹는다'의 구조를 다음과 같이 나무 그림으로 제시하였다.

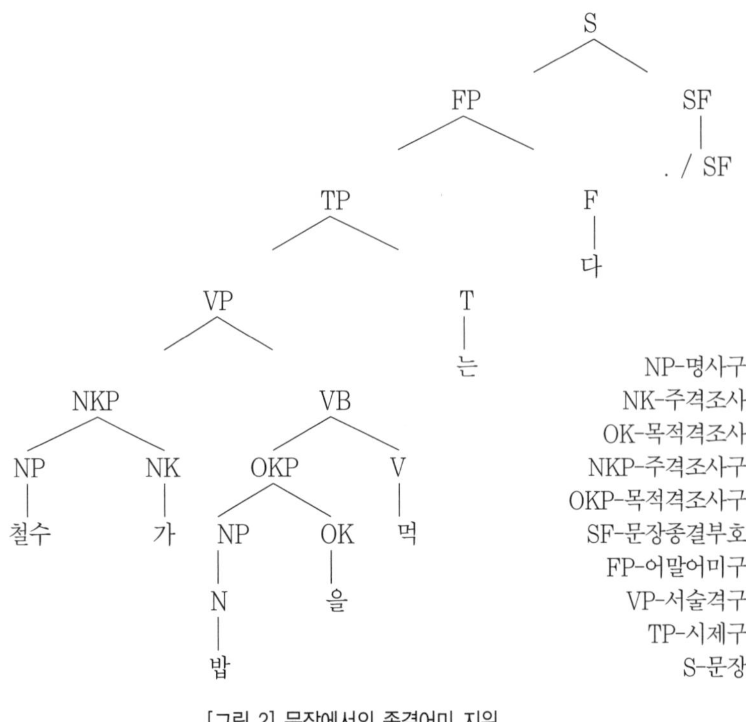


[그림 2] 문장에서의 종결어미 지위

위의 나무 그림은 국어의 문장 구조를 층위별로 나누어 명시적으로 보여준 것이다. 이 그림으로부터 문장의 맨 끝에 나타나는 종결어미 F는 문장의 생성적 측면에서 볼 때, 가장 먼저 생성되는 자리에 위치하고 있음을 알 수 있다. 따라서 종결어미는 서술어를 끝맺어주는 기능뿐만 아니라, 문장 전체를 끝맺어 주는 기능을 동시에 수행하고 있는 것이다. 그러므로 국어에서 문말의 위치에 실현되는 종결어미는 발화에 쓰이면서 화자가 청자에 대한 전달방식, 화자가 청자를 대우하는 정보 등을 담고 있다.

## 2. 종결어미와 관련 범주

국어의 문장은 화자가 어떤 종결어미를 선택하여 발화하느냐에 따라서 그 유형이 결정되며 청자에 대한 화자의 심리적 태도를 알 수 있다. 따라서 종결어미는 문장종결법, 청자높임법과 밀접한 관계를 지닌다. 여기에서는 기존 연구에 대한 검토를 통해 문장종결법과 청자높임법의 분류 기준을 살펴보고 이 지역의 어형에 맞는 분류 체계를 제시하고자 한다.

### 2.1. 문장종결법

종결어미는 발화에서 명제 내용에 대하여 화자의 청자에 대한 태도를 실현하는 문법 범주인 문장종결법[3)]을 나타낸다. 현대 국어의 문장종결법 종류는 연구자에 따라 차이를 보이는데, 대체로 네 가지에서 열 가지 종류의 분류가 가능하다. 이러한 차이가 나타나게 된 원인은 문장종결법 분류 기준의 차이, 즉 문장종결법을 분류함에 있어서 종결어미의 문법적 기능에 초점을 맞춘 것인지 아니면 종결어미의 의미 기능에 초점을 맞춘 것인지의 차이로 나타났다.

---

3) 문장종결법의 용어 사용에 있어서 여러 가지 견해가 있는데 대체로 '의향법'(허웅, 1995), '문장마침법'(김석득, 1992), '서법'(한길, 1991), '문말 서법'(서정수, 1996) 등으로 다양하게 사용되고 있다. 이 글에서는 그중에서도 종결어미의 문장 종결 기능을 잘 드러내고 다른 범주와의 혼동을 피할 수 있는 '문장종결법'이란 용어를 사용하기로 한다.

### 2.1.1. 기존 논의에 대한 검토

현대 국어의 문장종결법 종류는 연구 논저에 따라 네 가지부터 열 가지에 이르기까지 아주 다양하게 나타난다. 이와 같은 여러 가지의 종류가 제기된 까닭은 문장종결법 분류 기준의 차이에 있다.

우선, 문장종결법 체계 가운데 네 가지 종류를 설정한 연구로는 최현배(1937 : 855), 허웅(1999 : 225), 권재일(1992 : 112)를 들 수 있다. 최현배(1937 : 855)에서는 '풀이말(서술어)'의 '바탈(성질)'을 기본적인 기준으로 하여 월의 갈래를 베풂월, 시킴월, 물음월, 꾀임월의 네 가지로 나누었다.

(5) 최현배(1937 : 855)의 분류 기준
ㄱ. 따따로(개별적)
① 단독적 태도 ·························· 베풂월
② 관계적 태도
말하는 이 중심 ······················ 시킴월
듣는 이 중심 ························· 물음월
ㄴ. 함께(공동적) ······························ 꾀임월

허웅(1999 : 225)에서도 2분법에 따라 세 가지 기준을 적용하여 네 가지로 분류하였다. 이를테면, 곧 들을이에게 '요구 있음/없음', 요구함이 있는 경우 '대답 요구냐 행동 요구냐의 기준', 행동을 요구하는 경우 '들을이만이냐 말할이와 들을이가 함께하냐의 기준'을 적용하여 다음의 예와 같이 서술법, 물음법, 시킴법, 꾀임법의 네 가지 분류 체계를 세웠다.

(6) 허웅(1999 : 225)의 분류 기준

ㄱ. 들을이에게 요구 없음 ·················· 서술법

ㄴ. 들을이에게 요구 있음

① 대답을 요구 ···························· 물음법

② 행동을 요구

들을이만의 행동 ······················ 시킴법

함께 함 ·································· 꾀임법

위 예는 들을이(청자)에 대한 요구 여부를 기본적인 기준으로 삼은 것으로 볼 수 있다. 최현배(1937)이 화자가 개별적이냐 공동적이냐에 일차적인 관심을 가지는 데 대하여 허웅(1999)는 청자에 일차적인 관심을 두고 있다는 점에서 차이가 있다. 그러나 모두 행위 참여자(화자나 청자)에 일차적인 관심을 두고 있다는 점에서는 동일하다.

권재일(1992 : 112)은 두 가지 기준을 적용하여 네 가지 종류로 체계화한 점에서는 허웅(1999 : 225)와 동일하지만, 서술법을 다시 '행동 수행성의 있음/없음'의 기준에 따라 평서법, 감탄법, 약속법으로 나눈 점에서는 차이를 보인다.

(7) 권재일(1992 : 112)의 분류 기준

〔기준〕 1. 청자에 대하여 요구함이 있음/없음

2. 행동 수행성이 있음/없음

〔하위 범주 체계〕

〔기본 의향법〕 〔행동 수행 주체〕

요구함(−) ················ ① 서술법

행동 수행성(−) ······ 평서법

감탄법

행동 수행성(+) ······ 약속법 ······· 〔화자〕

요구함(+)
행동 수행성(−) … ② 의문법
행동 수행성(+) …. ③ 명령법 …………………………… 〔화자〕
④ 청유법 ……………………… 〔화자+청자〕

이상의 네 가지 분류는 주로 종결어미의 문법적 특성에 초점을 두어 분류한 경우라 할 수 있다.4)

문장종결법 체계 가운데 다섯 가지 종류를 설정한 연구는 정인승(1956 : 99), 남기심・고영근(1985 : 341), 서태룡(1985 : 443), 서정수(1994 : 250) 등이 있다.

정인승(1956 : 99)에서는 문장종결법을 '말끝을 마치는 형식이니, 그 마치는 방법으로서 ① 베풂법(서술법), ② 물음법(의문법), ③ 시킴법(명령법), ④ 이끎법(청유법), ⑤ 느낌법(감탄법)의 다섯 가지로 다르다'고 하였다. 문장종결법을 네 가지로 설정한 체계와 다른 점은 '느낌법(감탄법)'을 따로 세운 점인데, 이 다섯 가지 분류 체계는 학교문법에도 그대로 적용되었다. 남기심・고영근(1985 : 341)에서는 문장종결법을 '평서문, 의문문, 감탄문, 명령문, 청유문'의 다섯 가지로 분류하였다. 이와 달리 서태룡(1985 : 443)에서는 문장종결법을 '서술형, 의문형, 명령형, 청유형, 약속형'의 다섯 가지 종류를 설정하였고, 서정수(1994 : 250)에서는 국어의 문말 서법 형태를 명제적 서법과 행위적 서법의 두 가지 기준으로 분류

4) 남기심(1973 : 52)에서도 "종래 문법에서 감탄형 어미로 불리던 '-구나', 약속형 어미로 불리기도 하는 '-마'는 모두 간접화할 때 서술형으로 귀착하며, 허락형 어미 '-려무나'는 명령형 어미 '-라'로 간접화한다"고 하고, "이와 같은 사실은 용언의 종지법 어미로써 서술형, 의문형, 명령형, 청유형의 네 가지 이상을 설정하는 것은 불합리하다고 말해준다"라고 하여 종결어미가 간접 인용문에서 변이하는 유형에 따라 문장종결법을 분류하였다.

하였다.

(8) 서정수(1994 : 250)의 분류 기준
명제적 서법 ………… ① 서술법 : 평서술, 감탄 서술, 확인 서술
행위적 서법 ………… ② 약속법
③ 의문법 : 평의문, 확인 의문
④ 명령법 : 지시, 청원, 허락
⑤ 청유법

서태룡(1985 : 443)과 서정수(1994 : 250)의 분류는 '느낌법' 대신 '약속법'을 설정한 점에서 정인승(1956 : 99)와 차이를 보인다. 특히 서정수(1994 : 250)에서는 서술법, 의문법, 명령법을 형태와 의미에 따라 다시 두 가지 하위 범주로 분류하였는데 이와 같은 분류는 다른 연구와 비교해 볼 때 특징적이라고 할 수 있다.

문장종결법 체계를 여섯 가지로 보는 연구는 김석득(1992 : 395)이 있다. 이 연구에서는 2분법과 네 가지 기준을 적용하여 문장종결법을 다음과 같이 여섯 가지로 분류하였다.

(9) 김석득(1992 : 395)의 분류 기준
〈말할이의 의향〉
요청 없음 … ① 서술법 … 감동 없음 … 수의적 상대(풀이) … 풀이법
절대적 상대(약속) … ② 약속법
감동 있음 ……………………… ③ 느낌법
요청 있음 … 대답 …………………………………………… ④ 물음법
행위 … 공동 ……………………………… ⑤ 권유법
개별 ……………………………… ⑥ 시킴법

위의 여섯 가지 종류는 네 가지 종류의 분류법에 '약속법'과 '느낌법'을 추가 설정한 것이다. 이 분류법은 '말할이의 의향'을 기준으로 하여 문장종결법을 '요청 있음'과 '요청 없음' 두 가지로 나눈 후, 이들을 다시 〔±감동〕, 〔±대답〕, 〔±행위〕와 같은 의미 자질에 따라 하위분류한 것이다.

문장종결법 체계 가운데 일곱 가지 종류를 설정한 연구는 이희승(1957 : 98), 노대규(1983 : 15)가 있다. 이희승(1957 : 98)에서는 문장종결법을 '문체법'이라 부르고 '설명법, 의문법, 명령법, 공동법, 약속법, 허락법, 감탄법'의 일곱 가지 종류를 설정하였다. 노대규(1983 : 15)에서도 '문장의 문법적 서법 형태를 중심으로 국어 문장의 유형을 분류하면 서술문, 의문문, 명령문, 청유문, 감탄문, 허락문, 약속문 등의 일곱 가지로 나눌 수 있다'고 하였는데, 이 연구는 이희승(1957 : 98)의 분류와 비슷하다.

문장종결법 체계 가운데 여덟 가지 종류를 설정한 연구는 고영근(1976 : 18), 윤석민(2000 : 79)가 있다. 고영근(1976 : 18)에서는 '설명법, 의문법, 감탄법, 명령법, 허락법, 공동법, 약속법, 경계법'의 여덟 가지를 설정하였는데, 이는 이희승(1957 : 98)의 분류에 '경계법'을 더 설정한 셈이 된다. 윤석민(2000 : 79)는 고영근(1976 : 18)의 여덟 가지 분류 내용과 동일하나, 2분법적 분류 방식에 따라 네 가지 기준을 적용하여 다음과 같이 체계화하였다.

(10) 윤석민(2000 : 79)의 분류 기준

〈현대 국어 문장종결법의 체계〉

상태 … 화자 … 전달 … −정감적 ……………… ① 설명법

+정감적 ……………… ② 감탄법

청자 … 요구 ……………………………… ③ 의문법

행동 … 화자 … 전달 ………………………………… ④ 약속법
청자 … 전달 … −정감적 ……………… ⑤ 허락법
+정감적 ……………… ⑥ 경계법
요구 ………………………………… ⑦ 명령법
화자와 청자 … 전달과 요구 ………… ⑧ 공동법

여기서는 문장종결법의 분류 기준을 명제 내용, 화자 혹은 청자 중심, 전달 혹은 요구 등으로 설정하고 있음을 고찰할 수 있다.

문장종결법 체계 가운데 열 가지 종류를 설정한 대표적인 연구로는 김민수(1960)이 있는데, 이 연구에서는 '설명형, 의문형, 질문형, 응락형, 명령형, 소원형, 경계형, 청유형, 추측형, 감탄형'의 열 가지를 설정하였다. 이는 위의 여덟 가지 종류에 '소원형'과 '추측형'을 더 설정한 셈이다.

이상의 논의에서 언급된 국어의 문장 종결법의 분류 체계를 하나의 표로 제시하면 다음과 같다.

〈표 2〉 현대 국어의 문장종결법 분류 체계

| 구분 | 연구 논저 | 문장종결법 |
|---|---|---|
| 4종류 | 최현배(1971) | 베풂월, 물음월, 시킴월, 꾀임월 |
| | 허 웅(1999) | 서술법, 물음법, 시킴법, 함께법 |
| | 권재일(1992) | 서술법, 의문법, 명령법, 청유법 |
| 5종류 | 정인승(1956) | 베풂법, 물음법, 시킴법, 이끎법, 느낌법 |
| | 남기심 · 고영근(1985) | 평서법, 의문법, 감탄법, 명령법, 청유법 |
| | 서태룡(1985) | 서술법, 의문법, 명령법, 청유법, 약속법 |
| | 서정수(1994) | 서술법, 의문법, 명령법, 청유법, 약속법 |
| 6종류 | 김석득(1992) | 풀이법, 약속법, 느낌법, 물음법, 권유법, 시킴법 |
| 7종류 | 이희승(1957) | 설명법, 약속법, 감탄법, 의문법, 명령법, 공동법, |

| | | 허락법 |
|---|---|---|
| | 노대규(1983) | 서술법, 의문법, 명령법, 청유법, 감탄법, 허락법, 약속법 |
| 8종류 | 고영근(1976) | 설명법, 약속법, 감탄법, 의문법, 명령법, 공동법, 허락법, 경계법 |
| | 윤석민(2000) | |
| 10종류 | 김민수(1960) | 설명형, 의문형, 질문형, 응락형, 명령형, 경계형, 청유형, 감탄형, 추측형, 소원형 |

위의 표를 살펴보면, 네 가지 종류에서 열 가지 종류에 이르기까지의 공통점은 네 가지 기본 분류의 유형(서술법, 의문법, 명령법, 청유법)을 모두 포함한다는 것이다. 이 네 가지 기본 분류의 유형에 '느낌법'이나 '약속법'을 추가하면 다섯 가지 종류, '느낌법'이나 '약속법'을 모두 추가하면 여섯 가지 종류, 여기에 허락법을 더하면 일곱 가지 종류, 여기에 또 '경계법'을 추가하면 여덟 가지 종류가 된다. 이 여덟 가지 종류에 '소원법'과 '추측법'을 추가하면 열 가지 종류가 됨을 알 수 있다.

### 2.1.2. 현대 국어의 문장종결법 분류 체계

지금까지 논의된 바와 같이 현대 국어의 문장종결법은 네 가지로부터 열 가지 종류에 이르고 있다. 이와 같은 여러 가지 종류가 제기된 원인은 문장종결법 분류 기준의 차이에 인한 것으로 볼 수 있다. 곧 문장종결법을 구분할 때 문법적 특성에 초점을 맞추느냐, 아니면 의미 기능에 초점을 맞추느냐에 따라 문장종결법의 분류 내용이 달라진다.

서술법, 의문법, 명령법, 청유법을 포함하는 네 가지 종류는 주로 문법적 특성에 초점을 둔 경우라 할 수 있다. 이 밖의 분류법은 네 가지 종류에 감탄법, 약속법, 허락법, 경계법, 추측법, 소원법 등의 일부나 전체를 더한 경우이다. 여러 분류법들의 공통점은 네 가지 기본형이 모두 포함되었다는 것이며, 나머지 유형들을 어떻게 첨삭하느냐에 따라 분류가 달라진다. 따라서 문장종결법을 몇 가지 종류로 정하는가 하는 문제는 네 가지 기본형을 제외한 다른 유형들을 어떻게 분류하느냐에 달려있다. 하지만 네 가지 분류법이 문법적 특성에 초점을 둔 것과는 달리, 다른 분류법들은 문법적 특성보다는 해당 종결어미의 의미 기능에 초점을 맞춘 것으로 볼 수 있는데, 문제는 의미 기능을 기준으로 하여 문장종결법을 분류한다면 이들 외에도 여러 가지 유형의 문장종결법을 추가 설정할 수 있다는 점이다. 그러므로 의미 기능에 따라 분류된 여러 유형들을 모두 독립된 문장종결법으로 설정하기에는 다소 무리가 따른다고 볼 수 있다.[5)]

문장종결법 분류에서 감탄법을 포함하느냐 안 하느냐에 따라 네 가지 종류 혹은 다섯 가지 종류로 나누게 되는데 전자의 대표적인 견해에는 최현배(1937), 허웅(1995)가 있고 후자의 대표적인 견해에는 정인승(1956), 노대규(1983)이 있다. 최현배(1937 : 865)에서는 "느낌을 나타냄은 비단 이른바 느낌꼴만의 일이 아니라 베풂꼴 속에 붙인 것들로써도 느낌을 나타낼 수 있을 것"이라고 하면서 "그뿐 아니라 느낌꼴이란 아주 불비하여 '-구나', '-도다', '-구려'의 셋뿐이오, 아주 낮춤과 예사낮춤에 쓰일 따름인 즉, 특히 하 갈래를 이룰 것까지는 못된다"고 하였다. 나아가 "느낌꼴과 베풂꼴 사이에는 엄밀한 말본스런 구분이 있지 아니하다"라 하

5) 종결어미마다 대체로 의미가 다르기 때문에 의미 기능에 따라 문장종결법을 세밀하게 구분한다면 문장종결법의 수효는 종결어미 수효만큼이나 많아질 것이다. 그러므로 의미의 유사성 정도에 따라 그리 큰 차이가 없는 경우에는 하나로 묶는 것이 바람직하다.

여, 문법적으로나 의미적으로나 감탄법을 따로 설정할 필요가 없이 서술법에 포함되어야 한다고 하였다.

그러나 감탄법을 따로 설정한 노대규(1983 : 15)에서는 감탄문이 독특한 통사, 의미, 화용적 특성을 가지고 있음을 근거로 감탄법을 독립된 문장종결법으로 설정하였다. 하지만 감탄법이 위에서 제시한 특성을 가지고 있다고 하더라도 감탄법을 설정하는 것과 하지 않는 것 사이에 그리 큰 차이가 없다고 볼 수 있다. 왜냐 하면 문장종결법은 화자가 청자에 대한 태도를 나타내는 것이기 때문에 서술이나 느낌, 약속을 나타내는 경우에는 화자가 청자에게 아무런 요구가 없다는 점에서 공통성을 지닌다. 이와 같이 감탄법이 통사, 의미, 화용상 서술법과 공통되는 부분이 많다는 데에 착안을 하면 감탄법을 서술법에 포함시킬 수 있다.

감탄법과 아울러 약속법, 허락법, 경계법도 간접 인용문에서의 중화형태나 청자높임법 체계 등분의 빈칸 여부에 비추어 볼 때, 서술법, 의문법, 명령법, 청유법과 같은 층위에서 대립되는 것으로 보기 어렵다. 약속법, 허락법, 경계법이 간접 인용문에서 서술법의 중화형과 동일하게 실현되며, 의미적 특성에서도 서술법과 공통점이 많은 점에 착안하면 일차적으로 서술법의 범주에 포함시킬 수 있다.

#### 2.1.3. 육진방언의 문장종결법 분류 체계

육진방언의 문장종결법 체계는 대체로 북한의 문법서를 기준으로 하여 분류되었는데, 구체적으로 살펴보면 다음과 같다.

우선, '조선어문법'(1949 : 176)에서는 문장종결법을 진술 목적에 따라 '서술법, 의문법, 명령법, 권유법'으로 나누었다. 감탄법을 따로 설정하지 않았지만 강렬한 감정을 동반할 경우 '서술법, 의문법, 명령법, 권유법'이 모두 '감탄법'을 나타낼 수 있다고 보고 있다. 김수경(1954 : 136)도 문장 종결법을 '서술법, 의문법, 명령법, 권유법, 감탄법'으로 나누어 감탄법을 따로 설정한 듯 했으나, 여기서 설정한 감탄법은 감탄 어미에 의하여 분류되는 것이 아니라 서술법, 의문법, 명령법, 권유법 등이 화자의 억양에 따라 감탄법으로 실현되는 것을 가리키는 것으로 '조선어문법'(1949 : 176)과 내용을 같이한다.

한편 김용구(1960 : 187)에서는 문장이 결코 한 가지 유형으로만 쓰이는 것이 아니라 사상, 감정의 내용에 따라 여러 가지 유형으로 쓰일 수 있음을 강조하면서 문장종결법을 서술의 목적에 따라 '서술법, 의문법, 명령법, 권유법'으로 나누었다. 그리고 서술 내용의 성격에 따라 말하는 사람의 감동적 정서가 전면에 나올 수 있는 문장을 감탄문으로 분류하고 위에 예시한 문장종결법이 모두 감탄법이 될 수 있음을 강조하였다.

이상의 연구들에서 보는 바와 같이, 이 시기 북한에서는 감탄법을 따로 설정하지 않고 있다.[6] 그러나 '감탄법'이나 '약속법'을 별개의 문장종

---

6) 조선어형태론(2005 : 231-232)에서는 이 시기 감탄법을 설정하지 않은 이유를 다음과 같이 설명하고 있다. "법의 형태로 약속법과 감탄법을 한 계열에 놓은 것은 바로 행동과 현실과의 관계를 이야기하는 사람과 행동과의 관계에 뒤섞어 놓은 결과에 인한 것이다. 이른바 약속법은 행동와 현실과의 관계에 대한 이야기하는 사람의 관계가 나타나 있기 때문에 법 범주의 한 개 형태라고 말할 수 있으나, 감탄법은 그렇지 못하다. 어떤 행동이나 상태가 현실화되는데 대한 이야기하는 사람의 '감탄'은 문법적인 것이 아니라 감탄 그것으로 그치는 현실긍정인 것이다. 이는 양태성의 의미인 추측이나 요구, 희망, 가정, 현실성, 가능성 등의 의미와도 구별되는 것이다. 또한 조선어에서 감탄법의 표현 수단도 약속법과 마찬가지로 대응되는 형태 계열을 가지고 있지 않는다. 그러므로 조선말에서 법과 양태성을 뒤섞으면서 감탄법과 같은 법 형태를 더 설정한다면 맺음토가 나타내는 희망, 동경, 청원, 양보, 허용, 가정 등의 여러 가지 의미에 따라 수많은 법 형태를 설정할 수 있다. 이것은 법 형태의 번잡성을 조성하는 결과를 가져올 수 있다." 이상의 논의로부터 이 시기 북한에서는 문장종결법의 분류 기준을 의미적 특성이 아닌 문법적 특성에 착안하고 있음을 알 수 있다.

결법으로 보고자 하는 시도가 전혀 없었던 것은 아니다. '조선어문법(1964 : 176)'에서는 문장종결법을 '서술법, 의문법, 명령법, 권유법, 감탄법, 약속법'의 여섯 종류로 분류하고 있다. 다만, 이러한 분류 체계가 그 시기에는 큰 호응을 얻지 못한 것으로 보인다.[7)]

문화어 운동이 시작된 후부터 북한의 문장종결법 체계는 그 분류 기준에서 변화를 보이기 시작한다. 특히 문법적 기준에 의한 분류로부터 의미적 기준에 의한 분류로 바뀐 것이 이 시기의 가장 큰 변화라 하겠다.

문화어 운동이 시작된 후 새로 출판된 '문화어문법규범'(1972 : 178)에서는 '말하는 목적과 내용의 성질'에 근거하여 문장종결법을 '알림법, 물음법, 추김법, 시킴법, 느낌법'으로 나누고 있다. 우선 용어가 한자어에서 고유어로 바뀐 것과 문장종결법을 형식적인 기준에 의해 분류하던 것을 의미론적인 기준에 의하여 분류하기 시작했다는 점에서 이전과 차이를 보이고 있다. 그리고 김갑준(1988 : 87)에서도 문장종결법의 의미적 특성을 기준으로 '알림법(약속법), 물음법, 시킴법, 추김법'의 네 가지 종류로 분류하였다.

하지만 이 시기 의미적 특성에만 너무 초점을 맞추다보니 문장종결법을 지나치게 세분화하는 문제점이 생기게 된다. 요컨대, 김갑준(1988 : 87)에서는 '물음 문장'(의문문)을 그 의미에 따라 '의문-물음의 문장', '알림의 물음 문장', '시킴의 물음 문장', '추김의 물음 문장', '감정-정서의 물음 문장'으로 나누고 이들을 다시 '직접 의문문', '일반 의문문', '말하는 사람의 태도를 나타내는 의문문'으로 하위분류하고 있다. 김영황(1983 : 92)에

7) 이러한 경향은 김병제(1965 : 117)을 통해서도 알아볼 수 있다. 이 연구에서는 조선어의 문장종결법이 '서술법, 의문법, 명령법, 권유법' 외에 약속법도 고려해볼 수 있다고 하였지만 실제 기술에서는 약속법을 권유법에 포함시켜 논의하고 있다.

서도 진술의 목적과 내용에 따라 '알림법, 물음법, 추김법, 시킴법, 느낌법'을 설정하고 '물음법'을 다시 '질문의 물음법', '수사학적 물음법', '추동의 물음법', '양태의 물음법' 등으로 하위분류하고 있다.[8] 이와 같이 북한의 문장종결법 분류 기준 역시 적지 않은 문제점을 갖고 있음을 알 수 있다. 이상에서 논자에 따라 다르게 분류된 북한의 문장종결법 분류 체계를 표로 제시하면 다음과 같다.

〈표 3〉 북한 문화어의 문장종결법 분류 체계

| 구분 | 연구 논저 | 문장종결법 | 특징 |
|---|---|---|---|
| 4종류 | 조선어문법(1949) | 서술법, 의문법, 명령법, 권유법 | 감탄법이 감탄 어미에 의하여 분류되는 것이 아니라 서술법, 의문법, 명령법, 권유법 등이 화자의 억양에 따라 모두 감탄법으로 실현될 수 있음. |
| | 김수경(1954) | 서술법, 의문법, 명령법, 권유법, (감탄법) | |
| | 김용구(1960) | 서술법, 의문법, 명령법, 권유법 | |
| | 김병제(1965) | 서술법, 의문법, 명령법, 권유법 | 약속법을 권유법에 포함시킴. |
| 5종류 | 문화어문법규범(1972) | 알림법, 물음법, 추김법, 시킴법, 느낌법 | '느낌법'(감탄법)을 설정함. |
| | 정필운(1976) | 알림법, 물음법, 추김법, 시킴법, 느낌법 | 물음법을 의미를 기준으로 '의문-물음', '알림'의 물음, '시킴'의 물음, '추김'의 물음, '감정-정서'의 물음으로 하위분류함. |

8) 이런 문제점은 한진건(2000 : 174)에서도 찾아볼 수 있다. 여기서는 우선 종결어미를 '진술형, 의문형, 명령형, 권유형'으로 나누고 이들을 종결어미의 의미적 특성에 근거하여 다시 '순수긍정, 추측, 단정, 객관화, 강조, 접속긍정' 등으로 하위분류하였는데, 이 역시 북한 문법의 영향을 받은 것으로 분석된다. 이러한 분류 방법은 종결어미의 의미적 특성을 치밀하게 분석했다는 장점이 있으나, 종결어미의 또 다른 중요한 기능인 청자대우 등급에 대한 정보를 제시하지 않았다는 한계가 있다.

| | 김영황<br>(1982) | 알림법, 물음법, 추김법, 시킴법, 느낌법 | '물음법'을 의미를 기준으로 '질문의 물음법', '수사학적 물음법', '추동의 물음법', '양태의 물음법' 등으로 하위분류함. |
|---|---|---|---|
| | 김갑준<br>(1988) | 알림법(약속법), 물음법, 시킴법, 추김법 | 약속법을 설정함. |
| 6종류 | 조선어문법<br>(1964) | 서술법, 의문법, 명령법, 권유법, 감탄법, 약속법 | 감탄법, 약속법을 설정함. |

위의 분류표에서 보는 바와 같이, 북한에서는 문장종결법 분류 기준을 문법적 특성으로부터 의미적 특성으로 착안하는 변화를 겪는다. 분류 기준이 바뀌게 된 원인은 알 수 없으나 이러한 분류 기준이 여러 가지 문제점을 지니고 있는 것만은 사실이다. 우선, 의미적 특성을 기준으로 함으로써 문장종결법을 지나치게 세분화 하여 그 수효가 많아지게 된다는 점이다. 특히, 각각의 문장종결법마다 다시 하위분류되다보니 기준이 모호하고 공통점과 차이점이 잘 드러나지 않는다. 다음으로, 이 지역 방언에서 '감탄법'이나 '약속법'은 다른 네 종류와 달리 일부 등급에서만 나타나기 때문에 이들을 '서술법, 의문법, 명령법, 청유법'과 같은 층위에서 보는 것은 적합하지 않다고 본다. 따라서 이 글에서는 문장종결법의 문법적 특성을 기준으로, 육진방언의 특성에 맞는 분류 체계를 세우기로 한다.

우선, 감탄법과 같은 경우 문법적으로 서술법과 큰 차이가 없기 때문에 서술법에 포함시키기고, 약속법 역시 의미적 특성에서 서술법과 공통된 점이 많기 때문에 일차적으로 서술법의 범주에 포함시킨다.

다음, 기존 연구들에서 크게 언급을 하지 않았지만 이 지역에서 나타나고 있는 경계법, 허락법 등도 약속법과 같은 경우로 보고 서술법과 명령법에 각기 포함시킨다. 따라서 육진방언의 문장종결법은 '서술법(감탄법, 약속법, 경계법)', '의문법', '명령법(허락법)', '청유법'의 네 가지로 분류할 수 있다.

〈표 4〉 육진방언의 문장종결법 분류 체계

| 문장종결법 | 종결어미 |
|---|---|
| 서술법(감탄법, 약속법, 경계법) | 서술법 어미 |
| 의문법 | 의문법 어미 |
| 명령법(허락법) | 명령법 어미 |
| 청유법 | 청유법 어미 |

## 2.2. 청자높임법

청자높임법[9]은 문장종결형에 기대어 담화상황에서 화자가 청자에 대한 높임의 정도를 나타내는 문법 범주이다. 청자높임법은 문장종결법을 실현하는 종결어미에 의해서 실현되게 되므로 종결어미를 다룸에 있어서 청자높임법을 떠날 수 없다. 여기서는 기존의 연구에서 청자높임법의 하위 범주를 어떻게 설정했는가를 살펴보고 이 지역의 어형에 맞는 새로

9) 국어의 높임법(학자에 따라 '경어법, 존대법, 공손법, 대우법, 존비법' 등 용어를 사용하기도 함)은 흔히 주체높임법, 객체높임법, 청자높임법 등 세 종류로 나뉜다. 주체높임법은 선어말어미 '-시-'에 의하여 표현되므로 비교적 단순하다 할 수 있다. 객체높임법은 현대 국어에서 문법 범주로서는 존재하지 않고, 여격조사 '께', 그리고 몇몇 특수한 낱말 '모시다', '드리다', '뵈다' 등에 의해서 표현되고 있을 뿐이다. 청자높임법은 종결어미에 의하여 표현되며, 주체높임법과 객체높임법보다 더 세분화되어 있다(이익섭 외, 1997 : 49~63).

운 청자높임법 체계를 제시하기로 한다.

### 2.2.1. 기존 논의에 대한 검토

현대 국어의 청자높임법 체계는 대체로 1원적 체계와 2원적 체계로 나뉜다. 1원적 체계는 청자에 대한 높임 정도를 기준으로 청자높임법을 여러 등급으로 분류한 것으로 주로 3등급 체계로부터 시작하여 6등급 체계까지 있다. 2원적 체계는 청자에 대한 높임을 격식체와 비격식체로 나눈 후, 다시 여러 등급으로 분류한 것으로 6등급에서 7등급 체계가 있다.

먼저, 1원적 체계에 관한 논의에는 최현배(1937), 이희승(1964), 장석진(1973), 김민수(1972), 이익섭(1974), 서상준(1996) 등이 있는데 구체적으로 살펴보면 다음과 같다.

**최현배(1937 : 264)에서 제시한 1원적 4등급 체계**

| 높임등분 | 대이름씨 | 마침법 |
|---|---|---|
| 아주높임(極尊稱) | 어르신, 어른, 당신 | 합쇼 |
| 예사높임(普通尊稱) | 당신, 그대 | 하오 |
| 예사낮춤(普通卑稱) | 자네 | 하게 |
| 아주낮춤(極卑稱) | 너 | 해라 |
| 등외-반말(反語) | | |

최현배(1937 : 264)에서는 높임의 정도를 아주높임, 예사높임, 예사낮춤, 아주낮춤으로 분류하고 이들을 '합쇼', '하오', '하게', '해라'로 지칭하였다. 그리고 반말에 대해서는 '해라'와 '하게', '하게'와 '하오'의 중간에 있는 말로서 '그 등분의 말맛을 흐리게 하려는 경우에 쓰이는 것'으로 보

았다. 그리하여 반말을 등외로 처리하고 그 높임의 정도를 예사높임, 예사낮춤, 아주낮춤에 두루 걸친 것으로 보았다.

다음은 이희승(1964 : 256)의 1원적 5등급 체계에 대한 논의이다.

| 높임등분 | 명칭 |
|---|---|
| 더 아주높임 | 하소서체 |
| 아주높임 | 합쇼체 |
| 예사높임 | 하오체 |
| 예사낮춤 | 하게체 |
| 아주낮춤 | 해라체 |

이희승(1964 : 256)에서는 높임 정도를 더 아주높임, 아주높임, 예사높임, 예사낮춤, 아주낮춤에 이르는 것으로 보고 이들을 각각 '하소서체', '합쇼체', '하오체', '하게체', '해라체'에 대응시켰다. 반말의 높임 정도를 예사높임에서 아주낮춤에 이르는 것으로 본 점과, 아주높임보다 더 높은 등분으로 '하소서체'인 '더 아주높음'을 설정한 점이 특이하다.[10)]

10) 1원적 5등분 체계 가운데 서술어의 종결어미에 의해 표시되는 청자에 대한 높임을 높낮이로 표시하지 않고 정식용어, 평교용어, 중간용어 등으로 표시한 경우가 있는데 박창해(1964)가 이에 속한다.

| 표현형식 | 서술형 | 명령형 |
|---|---|---|
| 정식용어 | -ta(-pnita) | -o |
| 정식용어의 반말 | -u/-o/-ayo | -u/-o/-ayo |
| 중간용어 | -e | -e |
| 평교용어 | -ta | -la |
| 평교용어의 반말 | -a | -a |

이 연구는 청자높임법을 정식과 평교 둘로 나누고 여기에 각각 반말을 배분하여 그 격식성을 누그러뜨리는 것으로 처리한 점과 '하게'를 중간으로 본 점이 특이하다.

장석진(1973 : 145) 역시 다음의 예와 같이 1원적 5등급 체계로 분류하였다.

| 높임등분 | 시킴꼴 |
|---|---|
| 아주높임(formal) | 합시오 |
| 예사높임(blunt) | 하오 |
| 예사낮춤(familiar) | 하게 |
| 두루낮춤(intimate) | 해 |
| 아주낮춤(plain) | 해라 |

장석진(1973 : 145)에서는 높임 등분을 아주높임, 예사높임, 예사낮춤, 두루낮춤, 아주낮춤으로 설정하고 이들을 각각 '합시오체', '하오체', '하게체', '해체', '해라체'에 대응시켰다. 반말을 예사낮춤과 아주낮춤 사이에 해당하는 두루낮춤으로 본 점과 반말에 '요' 통합형의 높임 정도를 등분 안에서 다루지 않은 점이 특이하다.

다음은 김민수(1972 : 189)의 1원적 6등급 체계에 대한 논의이다.

| 높임등분 | 보기 |
|---|---|
| 극칭 | 신령님께 축수하나이다./ 제가 억울하오이다. |
| 상칭 | 선생님께 보고합니다./ 제가 억울합니다. |
| 중칭 | 형에게 부탁하오./ 제가 억울하오. |
| 평칭 | 자네가 알아서 하게./ 내가 억울하이. |
| 반칭 | 네가 어서 이야기해./ 내가 억울해. |
| 하칭 | 네가 꼭 성공해라./ 내가 억울하다. |

김민수(1972 : 189)에서는 높임 등분을 '극칭, 상칭, 중칭, 평칭, 반칭,

하칭'으로 설정하고 그 구체적인 쓰임을 제시하고 있다. 특히 극칭은 '보통 잘 쓰이지 않으며, 축원이나 정중한 문자에서나 쓰인다'고 하면서도 등분으로 설정하였다. 또한 반말을 '반칭'이라 하고 높임의 정도를 '하게'와 '해라' 사이에 넣은 점과 반말에 '요' 통합형을 등분 안에 포함시키지 않은 것, 그리고 가장 높은 등분으로 '하나이다'를 설정한 점이 특이하다.

이익섭(1974 : 156) 역시 다음과 같이 1원적 6등급 체계로 분류하고 있다.

| 청자의 자질 | | | 결과 |
|---|---|---|---|
| 〔하대(평대)〕 | 〔존대〕 | 〔친밀(격식)〕 | |
| + | − | +(−) | 해라체 |
| + | − | −(+) | 반말체 |
| − | − | +(−) | 하게체 |
| − | − | −(+) | 하오체 |
| − | + | +(−) | 해요체 |
| − | + | −(+) | 합쇼체 |

이익섭(1974 : 156)에서는 높임등급을 '청자의 자질'에 따라 '하대(평대)', '존대'로 나누고 이를 다시 '친밀(격식)'도에 따라 분류하였다. 반말과 반말에 '요' 통합형을 등분 안에 포함시키고 청자의 자질에 따라 '하다'의 명령형으로 등분을 명명하였다.

서상준(1996 : 127)에서 제시한 1원적 6등급 체계는 다음과 같다.

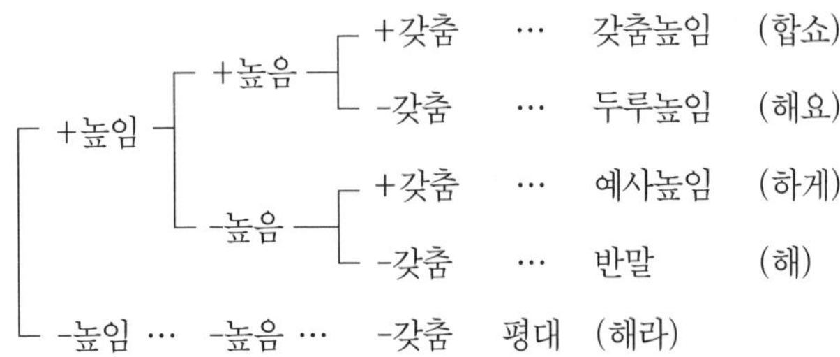


서상준(1996 : 127)에서는 〔±높임〕의 자질을 기준으로 하여 높임등급을 갖춤높임, 두루높임, 예사높임, 반말로 분류하고 이들을 '합쇼체', '해요체', '하게체', '해체'에 대응시키고 있다. 여기서는 '하오체'를 따로 등분 설정을 하지 않고 '하게체'를 예사높임에 넣은 점과, '해라체'를 낮춤으로 보지 않고 평대로 보고 '하라'를 '해라'의 이형태로 본 점이 특이하다.

청자높임법을 2원적 체계로 설정한 논의로는 고영근(1974), 황적륜(1976), 성기철(1985), 서정수(1994) 등이 있다.

먼저 고영근(1974 : 86)에서 제시한 2원적 체계이다.

| | 높임등분 | 씨끝 |
|---|---|---|
| 4원적 체계 | 합쇼체・하소서체 | -ㅂ니다, -ㅂ시오, -ㅂ나이다 |
| (격식체) | 하오체 | -(으)오, -소, -우 |
| | 하게체 | -네, -게 |
| | 해라체 | -다 |
| 2원적 체계 | '요' 통합 가능형 | |
| (비격식체) | '요' 통합형 | |

고영근(1974 : 86)에서는 격식체를 4원적 체계로 설정하고 비격식체를 2원적 체계로 설정하였다. 격식체에는 '합쇼체(하소서체)', '하오체', '하게체', '해라체'가 포함되고 비격식체에는 "'요' 통합 가능형"과 "'용' 통합형"이 포함된다. 반말을 "'요' 통합 가능형"이라 하고 반말에 '요'가 통합된 것을 "'요' 통합형"이라 하여 4원적 체계에 포함시키지 않고 별도로 분리하였다.

다음은 황적륜(1976 : 117)의 2원적 체계이다.

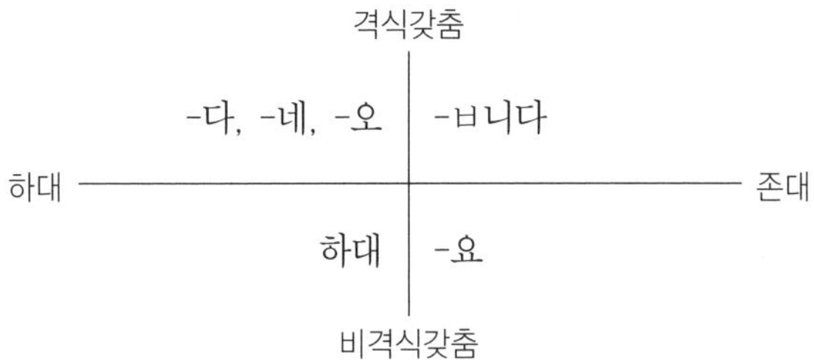


황적륜(1976 : 117)에서는 청자높임법을 '격식갖춤'과 '비격식갖춤' 두 가지로 설정하고 '격식갖춤'은 대우 정도에 따라 '-ㅂ니다, -오, -네, -다' 등 네 개의 화계를 설정하고, '비격식갖춤'은 '-요, -ㅂ니다'의 비격식변이형, 반말은 '-네, -다'의 비격식변이형의 두 화계를 설정하였다.

성기철(1985 : 136)에서 제시한 2원적 체계는 다음과 같다.

| | 등분 | 등외 |
|---|---|---|
| 높임(존대) | 아주높임(하십시오) | 두루높임(해요) |
| | 예사높임(하오) | |
| 낮춤(하대) | 예사낮춤(하게) | 두루낮춤(해) |
| | 아주낮춤(해라) | |

성기철(1985 : 136)에서는 높임등분을 '등분'과 '등외'로 분류하여 '등분'에는 아주높임, 예사높임, 예사낮춤, 아주낮춤의 네 가지를 포함시키고 '등외'에는 두루높임과 두루낮춤을 포함시켰다. 여기서는 '-아/어'체와 '-아/어요체'를 '두루낮춤'과 '두루높임', 즉 '등외'라 해서 '등분'과 구별한 점이 특징적이다.11)

서정수(1994 : 907)에서도 다음과 같이 2원적 체계를 제시하였다.

| | 등급 | 존대[+Respect] | 비존대[-Respect] |
|---|---|---|---|
| 격식체 | 아주높임(합쇼체) | + | |
| | 예사높임(하오체) | + | |
| | 예사낮춤(하게체) | | + |
| | 아주낮춤(해라체) | | + |
| 비격식체 | 두루높임(해요체) | | + |
| | 두루낮춤(해체, 반말) | | + |

서정수(1994 : 907)에서는 대우 등급을 격식체와 비격식체로 나눈 후, 격식체를 다시 존대(아주높임, 예사높임)와 비존대(예사낮춤, 아주낮춤)로, 비격식체를 다시 존대(두루높임)와 비존대(두루낮춤)으로 하위분류하였다.

이상에서 청자높임법 체계에 대한 다양한 논의들을 살펴보았는데, 이들 주요한 논의 내용을 표로 제시하면 다음과 같다.

11) 현대 국어의 청자높임법에서 '두루높임'과 '두루낮춤'이라는 용어가 발달되어 청자높임 체계에 변화를 가져 오게 된 것을 지적한 것은 성기철(1970)이었다. 이 연구에서는 현대 국어에서 '해요체'와 '해체'가 일반 대화에서 널리 쓰임을 밝히고 그것을 그 전의 대우법 등급과 따로 다루었다. 그 뒤로 서정수(1972, 1984) 들에서는 설문 조사 연구 결과를 바탕으로 하여 두루높임과 두루낮춤의 형태를 비격식체라 하고 전통적 등급 구분 체계는 격식체라 보기에 이르렀다.

〈표 5〉 현대 국어의 청자높임법 분류 체계

| 구분 | 연구 논저 | 등급 | 분류 체계 | 특징 |
|---|---|---|---|---|
| 1원 체계 | 최현배 (1937) | 4등급 체계 | 아주높임, 예사높임, 예사낮춤, 아주낮춤 | 반말을 '등외'로 처리. |
| | 이희승 (1964) | 5등급 체계 | 더 아주높임, 아주높임, 예사높임, 예사낮춤, 아주낮춤 | '하소서체'인 '더 아주높임'을 설정. |
| | 장석진 (1973) | 5등급 체계 | 아주높임, 예사높임, 예사낮춤, 두루낮춤, 아주낮춤 | 반말을 두루낮춤으로 설정. |
| | 김민수 (1972) | 6등급 체계 | 극칭, 상칭, 중칭, 평칭, 반칭, 하칭 | 극칭을 등분으로 설정. |
| | 이익섭 (1974) | 6등급 체계 | 해라체, 반말체, 하게체, 하오체, 해요체, 합쇼체 | 반말을 '해라체'와 '하게체' 사이에 설정. |
| | 서상준 (1996) | 6등급 체계 | 갖춤높임, 두루높임, 예사높임, 반말 | '하게체'를 예사높임으로, '해라체'를 평대로 설정. |
| 2원 체계 | 고영근 (1974) | 4원적 체계 | 합쇼체·하소서체 하오체, 하게체, 해라체 | 격식체를 4원적 체계, 비격식체를 2원적 체계로 설정, 반말을 별도로 분리. |
| | | 2원적 체계 | '요' 통합 가능형 '요' 통합형 | |
| | 황적륜 (1976) | 격식갖춤 | '-ㅂ니다, -오, -네, -다' | 격식갖춤과 비격식갖춤으로 분류. |
| | | 비격식갖춤 | '-요', 반말 | |
| | 성기철 (1985) | 등분 | 높임(아주높임, 예사높임) 낮춤(예사낮춤, 아주낮춤) | 높임등분을 '등분'과 '등외'로 분류하고 기존의 등급은 격식체로, 두루높임과 두루낮춤은 비격식체로 분류. |
| | | 등외 | 높임(두루높임) 낮춤(두루낮춤) | |
| | 서정수 (1994) | 격식체 | 존대(아주높임, 예사높임) 비존대(예사낮춤, 아주낮춤) | 격식체와 비격식체를 다시 존대와 비존대로 하위분류. |
| | | 비격식체 | 존대(두루높임) 비존대(두루낮춤) | |

위의 표에서 보다시피 논의들 사이에는 청자높임법의 분류 면에서 현저한 차이가 있을 뿐 아니라 또한 비슷한 점도 있다. 특히 격식체와 비격식체, 그리고 반말에 대한 분류가 다양하다. 청자높임법을 등분함에 있어서 대체로 1차적인 기준은 1원 체계로 분류하느냐 아니면 2원 체계로 분류하느냐고, 2차적인 기준은 격식체와 비격식체의 분류, 그리고 반말에 대한 처리에 있는데, 어느 기준을 어떻게 적용하느냐에 따라 청자높임법의 분류 체계가 네 가지로부터 여섯 가지로 나뉜다는 것을 알 수 있다.

### 2.2.2. 현대 국어의 청자높임법 분류 체계

현대 국어의 청자높임법은 대체로 두 가지로 분류된다. 하나는 청자높임법을 1원적 체계로 보고 높임등급에 따라 분류하는 것이고, 다른 하나는 청자높임법을 2원적 체계로 보고 격식체와 비격식체로 나누어 분류하는 것이다.

1원적 체계는 격식체와 비격식체의 구분이 없으며 반말을 등분에 포함시키는 것과 등외로 보는 것의 차이가 있다. 2원적 체계에는 여러 가지 분류 기준이 있는데 주로 격식체와 비격식체의 설정, 그리고 반말의 등급 설정에서 차이를 보인다. 특히 반말의 등급 설정에 의하여 2원적 체계가 여러 종류로 나뉘고 있는데 이는 현대 국어의 청자높임법 체계의 변동과 관련된다고 할 수 있다.

20세기 전반기의 청자높임법 체계는 주로 1원적 4등급 체계와 이를 보완하는 반말이 있었는데, 여기에서 4등급은 '합쇼체, 하오체, 하게체, 해라체'를 말하고 반말은 '요' 결락형(혹은 '요' 통합 가능형)을 말한다. '합쇼체'와 '하오체'는 높이는 등분으로, '하게체'와 '해라체'는 낮추는 등분으로 묶을 수 있고 높임과 낮춤에도 단계적 차이가 있었다. 또한 '합쇼체'는 '아주높임', '하오체'는 '예사높임', '하게체'는 '예사낮춤', '해라체'는 '아주낮춤'으로 세분할 수 있었고 반말은 해라체부터 하오체까지 3등분에 두루 쓰이면서 두루낮춤의 역할을 하였다.

한편, 반말에 종결보조사 '요'가 붙게 되면 '요' 통합형이 되는데, '요' 통합형은 1930년대까지만 해도 어린이나 여성 계층 등 일부 계층에서 사용되면서 독자적인 대우를 받지 못하였다. '요' 결락형과 '요' 통합형이 4등급 체계와 대립하여 독자적인 등분의 대우를 받게 된 것은 사회 제도의 변화와 관련이 큰 것으로 볼 수 있다(고영근 외, 2008 : 452). 재래의 봉건적인 수직적 사회 제도가 서서히 붕괴되고 민주적인 수평적 사회 제도가 자리를 잡음에 따라 청자대우법에도 변화가 일어나면서 기존의 1원적 4등급 체계가 2원적 체계로 자리를 잡아가게 된 것이다. 광복 이후 서구의 민주주의 사조 및 그것을 바탕으로 한 문화 양식이 유입되면서 종래의 신분상의 상하관념이 점차 줄어들고 평등사상이 보급되어 청자높임법의 등분 체계에 많은 영향을 미치게 된 것이다(서정수, 1984 : 129). 그리하여 격식체가 주류를 이루던 청자높임법의 등분 체계가 점차 비격식체인 반말과 반말에 '요' 통합형이 확대되어 쓰이게 되었다.[12)]

지금은 1원적 4등급 체계가 위축되고 2원적 체계가 지배적이기는 하나 4등급 체계가 선호되는 상황에서는 2원적 체계가 두루높임과 두루낮춤의 기능을 띠고서 4등급 체계를 보충하기도 한다. 그러나 지역과 세

12) 서정수(1984 : 40)에서는 청자높임법의 등분을 격식체와 비격식체로 나누고 격식체는 주로 공식적인 자리, 상하관계를 분명히 해야 할 자리, 잘 모르거나 그리 친하지 않은 사이 따위에 쓰이는 말이고, 비격식체는 사적인 자리, 대등한 관계가 위주 되는 자리, 서로 친하고 허물없는 경우 쓰이는 말을 가리킨다고 하였다.

대, 남녀 성별에 따라 변이의 폭이 심하고 같은 지역이라 하여도 직업 공동체와 혈연 공동체에 따라 변수가 많이 나타나기에 어디에 기준을 두고 분류해야 하는가는 쉬운 일이 아니다. 특히 방언에 따라 높임의 등분 체계가 다르게 나타나기도 하고, 경우에 따라서는 동일한 형태가 다른 높임의 표시를 하기도 하면서 세대, 계층, 성, 위계, 친밀도, 대우 정도 등 변수에 의해 결정되는 청자높임법은 방언에 따라 많은 차이를 보이고 있다(이기갑, 2003 : 196).

### 2.2.3. 육진방언의 청자높임법 분류 체계

북한 문화어의 청자높임법은 현대 국어와 비슷한 양상을 보이면서도 그 나름의 특징을 지니고 있다. 북한의 청자높임법은 1960년대의 문법서에서는 '계칭'이라는 이름으로 전통적인 4등급 체계와 반말을 세우고 있어 남한과 크게 차이가 없었다. 그러나 1970년대의 문화어문법에서는 '계칭'을 '말차림 범주'로 바꾸고 청자높임법을 예의적 관계의 표현으로 보았다. 가령 문화어 운동이 시작되기 전에는 청자높임법을 단순히 화자와 청자 사이에 성립하는 사회적 관계의 표현으로 보았다면, 문화어 운동 이후에는 청자높임법을 예의적 관계의 표현으로 보게 된 것이다.

북한의 청자높임법은 김병제(1965), 한영순(1967), 정용호(1988), 정순기 외(2001) 등에서 구체적으로 살펴볼 수 있다.

우선, 김병제(1965 : 118)에서는 '계칭'은 '이야기 하는 사람(화자)가 이야기 듣는 사람(청자)에 대하여 가지는 손우, 손아래의 관계 또는 대우하는 예의적 정서성과 관련된 관계를 나타내는 문법적 범주'를 가리킨다고 하였다. 따라서 '계칭'은 사람들의 사회적 관계와 중요한 관련을 맺고 있으며 사회적 관계가 변화될 경우, 계칭도 함께 변하게 된다고 지적하였다. 또한 "봉건적으로 맺어진 인간관계가 청산된 만큼 지나치게 올려 바쳐서 쓰이던 '-나이다', '-로소이다', '-나이까', '-ㅂ소서' 등과 같은 계칭이 더는 쓰이지 않을 뿐만 아니라" 오늘날에 와서 '하게' 계칭도 별로 생산적으로 쓰이지 못하고 그 대신 '존대', '하오', '반말'이 다양하게 쓰이고 있다고 하였다. 이러한 것을 근거로 김병제(1965 : 118)에서는 계칭 범주를 '존대', '하게', '하오', '반말', '해라'의 다섯 가지로 분류하였다.

한편 한영순(1967 : 171)에서는 '계칭'을 '말을 듣는 사람에 대하여 말을 하는 사람이 맺는 예의적 관계를 나타내는 문법적 범주'로 정의하고 있는데, 이는 '계칭'을 사회적 관계의 문법적 표현으로 본 김병제(1965 : 118)과 차이를 보이고 있다. 여기서는 '계칭'을 '존대', '해요', '하오', '반말', '해라'의 다섯 가지로 분류하고 국어의 여러 방언들이 '계칭'에서 큰 차이가 있음을 구체적으로 비교, 분석하였다.

〈표 6〉 조선어 방언의 '계칭' 범주(한영순, 1967 : 174)

| 사투리<br>계칭 | 문화어 | 중부 조선 | 평안도 | 황해도 | 륙진 | 함경도 | 경상도 | 전라도 | 제주도 |
|---|---|---|---|---|---|---|---|---|---|
| 존대 | ㅂ니다 | ㅂ니다 | ㅂ와요 | ㅂ시 | ㅂ꾸마 | ㅂ- | ㅂ니 | ㅂ라오 | ㅂ수 |
| 해요 | 요 | 유 | 요 | 요 | - | - | 요 | 유 | - |
| 하오 | 오, 요 | 우, 유 | 우, 무, 요 | 우, 무, 요 | 오, 요 | 오, 요 | 오, 요 | 오, 유 | 오, 요 |
| 반말 | 지 | 지 | 디 | 지 | 디 | 지 | 지 | 지 | 지 |
| 해라 | 야 | 여 | 야 | 야 | 야 | 야 | 야 | 여 | 야 |

위의 표에서 보는 바와 같이 육진방언은 함경도 방언과 마찬가지로 '해요' 계칭을 갖고 있지 않으며 '해요' 계칭을 제외한 '존대', '하오', '반말', '해라'의 네 가지 체계로 이루어져 있다.13)

계칭을 다섯 가지로 분류한 것과는 달리 정용호(1988 : 228), 정순기 외(2001 : 91)에서는 계칭을 '높임', '같음', '낮춤'의 세 가지로 분류하고 있다.

함경도 방언의 문법적 특성을 구체적으로 다룬 정용호(1988 : 228)에서는 함경도 방언에는 세 가지 등급의 '계칭' 즉 '높임', '같음', '낮춤'이 있다고 기술하였다. 일반적으로 '높임'은 '존대'와 '해요'를, '같음'은 '하오'와 '하게'를, '낮춤'은 '반말'과 '해라'를 포함하지만, 함경도 방언에서는 '높임'에 해당하는 '존대'와 '해요', '같음'에 해당하는 '하오'와 '하게'가 내용상으로 더 세분화되지 않으므로 실제로는 '높임'의 '존대', '같음'의 '하오'와 '낮춤'의 '반말', '해라'만 나타난다고 기술하고 있다.

정순기 외(2001 : 91)에서도 계칭 범주를 '높임', '같음', '낮춤'의 세 가지로 분류하고 있다. 정용호(1988 : 288)과 다른 점이라면 '높임'에는 '하십시오'와 '해요'가, '같음'에는 '하오'와 '반말', 그리고 '낮춤'에는 '해라'만 포함된다는 것이다.

이상에서 논의된 북한에서의 청자높임법 분류 체계를 하나의 표로 제시하면 다음과 같다.

13) 한영순(1967 : 174)에서는 육진방언이 역사적으로 '해요'체가 존재하지 않기 때문에 '요'를 사용하여 계칭을 나타내는 경우가 젊은이들에게 많이 나타나는 것은 문화어의 영향을 받은 것으로 볼 수 있다고 하였다.

〈표 7〉 북한 문화어의 청자높임법 분류 체계

| 구분 | 연구 논저 | 분류 체계 |
|---|---|---|
| 5등급 체계 | 김병제(1965) | 존대, 하게, 하오, 반말, 해라 |
| 5등급 체계 | 한영순(1967) | 존대, 해요, 하오, 반말, 해라 |
| 3등급 체계 | 정용호(1988) | 높임(존대) |
| 3등급 체계 | 정용호(1988) | 같음(하오) |
| 3등급 체계 | 정용호(1988) | 낮춤(반말, 해라) |
| 3등급 체계 | 정순기 외(2001) | 높임(하십시오, 해요) |
| 3등급 체계 | 정순기 외(2001) | 같음(하오, 반말) |
| 3등급 체계 | 정순기 외(2001) | 낮춤(해라) |

위 표는 북한의 청자높임법 분류 체계를 5등급과 3등급으로 구분하여 살펴본 것이다. 이와 같은 분류를 통해, 남한의 청자높임법 체계가 광복 전후를 기준으로 1원적 체계에서 2원적 체계로 변화하는 과정을 겪은 것과 달리, 북한의 청자높임법 체계는 20세기 전반기의 1원적 체계를 거의 그대로 보존하고 있음을 알 수 있다. 따라서 청자높임법을 격식체와 비격식체로 나누거나, 반말을 등급 혹은 등외로 볼 것인가 등의 문제가 나타나지 않는다. 이는 이 지역의 청자높임법 체계가 상대적으로 단조롭다는 것, 즉 이 지역에서 높임을 나타내는 종결어미가 그 쓰이는 범위가 좁아진 것과 표준어의 예사높임과 예사낮춤이 이 지역에서 잘 분화, 발달되지 못한 것과 관련된다.[14]

14) 이 지역 방언의 청자높임법이 표준어에 비하여 상대적으로 단조로운 특징은 실제 조사 과정에서도 확인할 수 있었다. 특히 육진방언은 '-ㅂ/-습'과 결합된 아주높임의 형태가 발달되어 있으나, '예사높임'이나 '예사낮춤'의 등분이 잘 분화되지 못하고 두루 쓰이고 있다. 황대화(1986 : 123)에서도 이 지역 방언의 '예사높임'(하오체)는 중부 방언의 하오체보다는 그 쓰임의 폭이 넓어, 중부방언의 하오체와 하게체를 포괄

이상의 논의들을 종합해 보았을 때 육진방언의 청자높임법 분류 체계를 설정함에 있어서 이 지역 방언의 특성을 고려하지 않을 수 없다. 이 글에서는 육진방언의 청자높임법 등급을 '아주높임', '예사높임(예사낮춤 포함)', '아주낮춤'의 세 등급으로 설정하고 여기에 '반말'을 덧붙이고자 한다. 논의의 편의를 위하여 위의 청자 대우 등급을 각각 합쇼체, 하오체, 해라체라 부르기로 한다.[15)]

형태상으로 볼 때, 육진방언에는 표준어의 해요체와 하게체에 해당하는 종결어미가 존재하지 않기 때문에 청자대우등급을 설정함에 있어서 반말에 해당되는 종결어미들을 해라체에 포함시켜 하압소체, 하오체, 해라체 혹은 존대, 평대, 하대의 3등급으로 나누는 것이 일반적이나[16)] 이 글에서는 반말을 따로 설정하여 논의하고자 하는바, 그 이유는 다음과 같다.

첫째, 반말에 대한 개념과 청자 높임 등급은 논자에 따라 서로 다른

하는 쓰임을 갖고 있다고 기술하고 있다.

15) 용어상 '존대, 평대, 하대'를 사용하지 않는 것은 이 지역에서 '대등'에 해당하는 하오체가 대등 관계뿐만 아니라 손윗사람에게도 사용할 수 있기 때문이다. 이 지역의 하오체는 표준어의 하게체와 하오체의 단순 통합으로 보기 어렵다. 그것은 표준어에서 하게체와 하오체는 청자를 대우하는 정도의 차이일 뿐 모두 아랫사람이나 친구를 대우하는 말투인 반면에, 이 지역의 하오체는 아랫사람이나 친구뿐만 아니라 화자와 가까운 관계에 있는 연상의 청자에게도 사용할 수 있다는 독특한 용법을 가지고 있기 때문이다.

16) 이러한 분류 방법은 연변의 육진방언 연구에서도 살펴볼 수 있다. 곽충구(2000 : 351)에서는 이 지역 청자높임법을 '존대', '평대', '하대'로 분류하였고, 최명옥 외(2002 : 142)에서도 청자높임법을 '존대', '평대', '하대'로 분류하고 '존대'는 표준어의 '합쇼체'에, '평대'는 '하게체'와 '하오체', 그리고 '하대'는 '해라체'에 대응한다고 기술하고 있다. 그밖에 이기갑(2003 : 313)에서도 이 지역 방언이 동북방언이나 서북방언의 요소를 많이 가지면서도 독자적인 방언 체계를 보인다고 하면서 육진방언의 청자높임법을 '아주높임, 예사높임, 아주낮춤'의 세 등분으로 분류하고 여기에 반말을 덧붙이고 있다.

견해를 보이고 있으나, 대체로 '화자와 청자의 관계를 분명히 하지 않거나 또는 아주 친밀한 사이에 쓰이는 것으로 안 높임 또는 두루 낮춤의 기능을 하는 말'로 볼 수 있다. 특히 이 지역에서는 상대방에게 '야야체'를 쓸지, '응응체'를 쓸지 애매할 경우, 혹은 아주 친밀한 사이에 굳이 안 높여도 된다고 생각하는 반말을 사용한다.17)

둘째, 이 지역의 반말은 해라체와 하오체에 두루 쓰이고 있다. 곧 여기에서 말하는 반말은 해라체나 하오체의 중간 등급이 아닌, 이 두 등급을 모두 아우른다는 뜻이다.

셋째, 이 지역어에서 나타나는 반말은 표준어의 반말과 일정한 차이를 보인다. 이 지역어에서 반말에 해당하는 종결어미는 표준어에서처럼 풍부하지 않으며, 반말체의 제일 전형적인 어미인 '-아(어)'가 존재하지 않는다. 또한 '-요'와 결합하여 해요체 등급을 형성하는 특성도 이 지역 방언에서는 드러나지 않는다. 그렇다고 해서 이 지역 방언에서 나타나는 반말 자체를 부정할 수는 없다고 본다. 이 지역에서 반말에 '요'가 통합하지 않는 것은 육진방언에 역사적으로 해요체가 없기 때문에 방언 화자들이 인지를 못하는 것이지, 결코 '요'와의 결합이 불가능해서가 아니다.

이상의 논의에서 보는바와 같이 이 지역에는 반말이 표준어에서처럼 널리 사용되지는 않고, 표준어와 약간의 차이를 보이긴 하지만, 반말에

17) '예예체', '야야체', '응응체'는 이 방언 화자들이 상대방의 질문에 대한 반응이나 상대방의 질문에 긍정적으로 대답하는 형식에 사용되는 '예, 야, 응'에 기원한 것으로 '예예체'는 합쇼체와 해요체를 아우르는 정도의 등급에 가깝고, '야야체'는 해요체와 하오체 및 반말체를 아우르는 정도의 등급에 가까우며, '응응체'는 반말체와 해라체를 포괄하는 정도의 등급이다. 여기에서 '예'는 기본적으로 지상사람의 물음에 지하사람이 대답하는 형식이고, '야'는 화자와 청자가 동급일 때 대답하는 형식이며, '응'은 지하사람의 물음에 지상사람이 대답하는 형식이다(박경래, 2003 : 47).

해당하는 어미가 분명히 존재하고 이 지역 화자들도 일상 회화에서 반말의 존재를 인지하는 점을 감안하여 반말을 따로 설정해서 논의하려고 한다. 다만, 하오체와 해라체에 통용되면서도 '-요'와 통합하는 않는 이 지역 반말의 특성상 하나의 등급으로 보지 않고 등외로 설정하고자 한다. 이는 반말을 해라체에 포함시킨 3등급 체계 및 반말을 대우 등급의 하나로 설정하여 4등급 체계로 설정한 기존 논의들과 모두 구별되는 점이라 하겠다.

지금까지의 논의들을 참고로 하여 육진방언의 청자높임법 체계를 제시하면 다음의 표와 같다.

〈표 8〉 육진방언의 청자높임법 분류 체계

| 청자 대우 등급 | | 종결어미 |
|---|---|---|
| 등급 | 아주높임 | 합쇼체 어미 |
| | 예사높임, 예사낮춤 | 하오체 어미 |
| | 아주낮춤 | 해라체 어미 |
| 등외 | 반말 | 반말체 어미 |

# 제3장 육진방언의 종결어미 체계 및 형태적 특성

이 장에서는 기존 논의에 대한 검토를 통하여 육진방언의 종결어미 목록과 체계가 어떻게 변화되어 왔는지, 그리고 이러한 변화를 가져오게 된 원인이 무엇인지에 대해서 분석해 보고자 한다. 아울러 종결어미를 구성하고 있는 형태들을 구체적으로 살펴보고 이 지역 종결어미가 어떤 형태적 특성을 지니고 있는지에 대해서 고찰하기로 한다.

## 1. 육진방언의 종결어미 체계

육진방언의 종결어미는 목록과 체계 및 그 쓰임에 있어서 큰 변화를 가져왔다. 이와 같은 변화는 언어내적인 원인에 의한 것도 있지만 주로 언어외적인 영향에 의한 것으로 분석된다. 특히 현재 함북의 육진방언은 그것이 처해 있는 사회 환경의 영향을 크게 받고 있다. 육진방언의 이러한 변화 양상을 다음의 기존 연구를 통해 살펴보고자 한다.

## 1.1. 기존 논의

기존 연구에서 함북의 육진방언의 종결어미에 대한 논의로는 小倉進平(1927), 김병제(1965), 한영순(1967), 김영황(1982), 황대화(1999), 한진건(2000) 등이 있다. 여기에서는 상위 연구 가운데서 小倉進平(1927), 김병제(1965), 한진건(2000)만을 대상으로 이 지역의 종결어미 목록이 변화된 모습과 그 변화 원인에 대해 구체적으로 알아보고자 한다. 이상의 자료들을 비교 대상으로 선정한 이유는 다음과 같다.

우선, 小倉進平(1927)은 육진방언을 비롯한 동북방언의 특징을 소개한 최초의 조사 보고서로서 주로 음운사적인 주제와 어법상의 문제를 다루었다. 이 연구에서는 육진방언을 포함한 함경도 방언의 종결어미를 지역에 따라 제시하면서 1920년대의 육진방언의 모습을 보여주고 있다. 특히 육진방언의 종결어미를 문장종결법과 청자대우등급에 따라 분류하고 구체적인 예문을 제시하였는데, 이는 그 시기에 이미 이 지역어의 대우등급에 대해서 정확히 파악하고 있었음을 말해준다.[1)]

다음으로, 김병제(1965)에서는 각 지역 방언의 형태적 특성을 표준어(북한)과의 비교 속에서 살펴보았다. 여기에 사용된 자료는 8·15를 전후로 하여 직접 현지에 가서 조사한 자료와 각 지역의 대학 및 중학교 교원들이 보내준 자료, 그리고 김일성 종합대학 어학과 학생들이 수집한 방언 자료(함경북도)들이다. 종결어미에 대해서는 1차적으로 문장종결법에 따라 서술법, 의문법, 명령법, 권유법으로 나누고, 이를 다시 계칭별

1) 원문에서는 '손윗사람에게 대답하는 경우', '손아래사람에게 물어보는 경우' 등 형식으로 기술되어 있으나, 논의의 편의를 위하여 본고에서는 이들을 '서술법', '의문법', '명령법', '청유법'과 '존대', '평대', '하대'에 대응시켜 논의하였다.

로 존대, 하게, 하오, 반말, 해라의 다섯 등급으로 나누어 기술하였다. 개별적인 경우를 제외하고는 육진방언을 따로 표시하지 않고 모두 동북방언으로 처리한 문제점이 있지만, 1960년대 육진방언의 모습을 상세하게 반영한 자료라는 점에서 참고 가치가 크다.[2)]

한편, 한진건(2000)은 함경북도 육진방언에 대한 최초의 종합적인 연구라고 할 수 있다. 여기에 사용된 자료는 1958년에 조선사회과학원에서 수집한 자료와 1960년 김일성종합대학 어문학부의 교수, 학생들이 수집한 자료, 그리고 1996년에 현지에서 직접 수집한 자료들이다. 이 연구에서는 육진방언의 어음론적 특성, 형태론적 특성, 품사적 특성, 문장론적 특성에 대해 상세하게 설명하였다. 이 가운데서도 형태론적 특성에서는 본고와 직접적으로 관련이 있는 문장의 종결형에 대해 구체적으로 다루고 있다. 이 책에서는 종결어미를 진술형, 의문형, 명령형, 권유형으로 나누고 이들을 다시 의미적 특성에 따라 순수긍정, 추측, 단정, 객관화, 강조, 접속긍정 등으로 나누어 기술하였는데(명령법 제외), 이는 종결어미를 청자 대우등급에 따라 분류하던 기존의 체계와 차이를 보인다. 이러한 분류 방법은 종결어미의 의미 기능을 구체적으로 제시했다는 점에서 의의가 있으나, 종결어미의 또 다른 중요한 기능인 청자대우 등급에 대한 정보를 제시하지 못한 점에서 한계를 보인다. 하지만 가장 최근에 이루어진 연구이고, 20세기 말의 육진방언의 모습을 그대로 보여주고 있다는 점에서 중요한 참고 가치가 있다.

2) 연구자도 이러한 문제를 염두에 두고 책의 머리말에 "이 책은 주로 방언의 형태론적 분석에 치중한 만큼, 개별적 단어가 해당한 방언 구역의 전역에 걸쳐 사용되지 않는 경우도 있을 것이며", "방언 자료 다음에 표시한 지명은 조사한 지점만을 염두에 둔만큼 표시하지 않은 지방에도 그러한 방언 현상이 없지 않다는 것을 고려해야 한다"는 설명을 덧붙이고 있다.

이상의 방언 자료 외에도 여러 연구들이 있지만 대부분은 종결어미의 목록이나 사용 양상에 대한 단편적인 기술로서 체계적인 연구라고는 보기 어렵다. 실제로 이상 세 편의 연구도 종결어미에 대한 체계적인 연구라고는 보기 어렵지만, 그 시기에 이루어진 다른 자료들과 비교했을 때, 육진방언의 종결어미를 비교적 자세하게 다루고 있어 그 시기의 연구를 대변할 수 있을 것으로 생각된다. 즉, 이상의 자료들은 지난 1세기 동안 육진방언 종결어미의 변화 양상을 어느 정도 반영했다고 판단된다.

단, 한 가지 문제점이라면 자료들마다 지역적인 정보를 제시하고 있으나, 방언 제보자에 대한 구체적인 정보(특히 연령)를 제시하지 않았다는 점이다. 따라서 제시된 자료가 실제 연구가 이루어진 그 시기의 방언 모습을 반영한 것인지, 아니면 그 이전 시기의 방언 모습을 반영한 것인지는 확인할 방법이 없다. 하지만 이 글에서는 이러한 문제들에 대한 논의는 잠시 뒤로 미루고 이상의 연구들이 20세기 20년대, 60년대 그리고 90년대의 육진방언의 모습을 보여주고 있다는 전제하에 구체적인 논의를 진행하고자 한다.

### 1.1.1. 종결어미 목록의 변화

#### 가. 서술법 어미

육진방언의 서술법 종결어미는 1920년대로부터 시작하여 지금까지 그 목록에서 큰 차이를 보이고 있다. 그 중에는 지금까지 계속 쓰이고 있는 어미도 있고 형태가 변화된 어미도 있으며, 현재 아예 쓰이지 않는 어미도 있는데 이를 표로 제시하면 다음과 같다.

〈표 9〉 서술법 어미[3]

| 小倉進平(1927) | 김병제(1965) | 한진건(2000)[4] |
|---|---|---|
| -꾸마(-꼬마) | -꾸마/-스꾸마 | -꼬, -꽁, -꼬마(-꾸마) |
| -ㅂ꿔니 | -꽈니(-꿔니) | -꼬이(-꿔이) |
| -네 | -ㅁ네 | -ㅂ네 |
| -디(-디요) | -디오, -디 | -디 |
| -오다/-소다 | -우다/-수다 | |
| | -오(-유), -우/-수 | -우/-수, -와/-수와 |
| | -네다, -ㅁ메 | -ㅁ메 |
| -오리(-우리) | | -우리/-수리 -우구리/-수구리 |
| -우례니 | | -우례니 |
| | -이 | -다니 |
| -마<br>-쟨일이 | -와, -두구만<br>-ㅂ데(-ㅂ디)<br>-ㅂ디다(-ㅂ데다) | -ㄹ기꼬마, -ㄴ갭쇼<br>-로다, -거던, -도구만<br>-지 애니꾸, -둥/-ㅂ둥 -구마니구요 |

3) 육진방언의 기존 체계를 살펴보려면 청자 대우 등급에 따라 다시 분류해야 하지만, 위의 연구들은 청자 대우등급 분류가 된 것도 있고, 안 된 것도 있다. 또한 설령 분류를 하였더라도 분류 기준이나 체계가 다르기 때문에 여기서는 대우 등급을 고려하지 않고 목록만 제시하기로 한다.

4) 한진건(2000 : 175~198)에서는 서술법을 순수긍정, 추측, 단정, 객관화, 강조, 접속긍정 등으로 나누고 이들을 다시 하위분류하였다. 직접순수긍정에는 '-우, -스(-수), -ㅁ메, ㅂ네, -꼬, -꼬마, -꽁, -꾸마, -꼬이, -꼬니, -꾸이, -꿔이, -꿔니, -꽈이, -와, -수와, -ㅁ둥, -ㅂ둥'이 있고, 간접순수긍정에는 '-ㅂ동, -ㅂ둥, -ㅂ덩', '-답동'류, '-랍동'류, '-다꼬마, -다꾸마, -대, -라꼬마, -랍누', '-답데, -랍데, -더랍데, -ㅂ데, -습데'가 있다. 추측의 서술법에는 '-우례니, -우리, -수리, -ㄹ기꼬마, -ㄹ게꼬마, -ㄴ갭쇼, -ㄴ갭쇼꾸마, -ㄴ갭습데, -ㄴ갭도구마, -ㄴ갭습도군, -ㄴ갭습도마'가 있고, 단정의 서술법에는 '-디, -ㅂ(습)지, -ㅂ(습)디, -ㅂ지요'가 있다. 객관화를 나타내는 어미는 '-로다, -우구리, -거던, -거덩, -거든요, -도구만, -ㅂ도구만, -답도구만, -ㅂ드라마'가 있다. 강조형의 어미에는 '-지 애니꾸, -구마니구요, -다니' 등이 있다. 종결어미를 음운론적으로 조건 된 이형태와 자유 변이 관계에 있는 이형태를 구분하지 않고 나열하였기 때문에 종결어미의 수효가 많다. 이 글에서는 같은 어형에 속한다고 판단

〈표 9〉에서 보는 바와 같이 서술법 어미에서 공통으로 나타나는 것은 '-꾸마'류, '-꿔니'류, '-오/-소'류, '-ㅂ네'류, '-우리/-수리'류, '-우례니', '-디(지)'이고, 개별적으로 나타내는 형태는 '-마', '-잰일이', '-와', '-이', '-두구만', '-ㅂ데', '-ㅂ데다', '-ㄹ기꼬마', '-ㄴ갭쇼', '-다니', '-로다', '-거던', '-도구만', '-지 애니꾸', '-구마니구요', '-둥/-ㅂ둥' 등이다.

위의 어미들 가운데서 현재에도 쓰이고 있는 것은 '-꾸마'류, '-꿔니'류, '-우/-수'류, '-ㅂ데'류, '-ㅁ메다'류, '-ㅁ네'류, '-ㄹ기꼬마'류, 그리고 '-다'와 '-다니', '-이', '-디', '-지 애니꾸', '-거던', '-도구만(-두구만)', '-잰일이' 등이다. '-꾸마'류는 현재의 '-으꾸마/-스꾸마'에 대응되고 '-꿔니'류는 '-으꿔니/-스꿔니'에, '-우/-수'는 '-오/-소'에, '-ㅂ데'류는 '-읍데/-습데'에, '-ㅁ네'는 '-읍네'에 대응된다. 표준어의 '-ㅂ니다'에 해당되는 '-ㅁ메다'는 노년층에서 주로 사용되는데, 이 어미는 원래 함경남도 홍원군, 북청군, 리원군, 덕성군과 함경북도의 김책시, 길주군, 명천군 일대에서 쓰이던 것이 점차 육진 지역에까지 영향을 준 것으로 판단된다(정용호, 1988 : 230).[5)]

'-ㄹ기꼬마(-ㄹ게꼬마)'는 '-ㄹ것이다'와 '-꼬마'의 통합형으로 볼 수 있으며, '-이' 혹은 '-다니(이)'는 '-다고 하니(까)'가 축약된 것으로 볼 수 있다. 그리고 '-거던'은 '-거든'으로, '-도구만(-두구만)'은 선어말어미 '-더-'에 '-구만'이 통합된 것으로 볼 수 있다. 한편 '-고 말고'의 의미를 나타내

되는 것들을 한 부류로 묶어 제시하였다.

5) 小倉進平(1927 : 17)에 의하면 "'-ㅁ매(-ㅁ메)'는 길주에서 홍원에 이르는 지역에서 쓰이며 길주 북쪽에 있는 명천에서 쓰인다. 그뿐만 아니라 경성 이북 지역에서는 '-꾸마'가 쓰이고 '-ㅁ메'가 쓰이지 않고, 명천, 길주 이남에서는 '-ㅁ메'가 쓰이지만 '-꾸마' 쓰이지 않고 있다"라고 기술하고 있다. 이로부터 '-ㅁ메(-ㅁ네)'가 원래는 육진 이남 지역에서 쓰이다가 점차 육진 지역에까지 영향을 준 것으로 볼 수 있다.

는 '-지 애니꾸(-재이쿠)'와 '-지 아니하리'의 의미를 나타내는 '-잰일이'는 원래 종결어미가 아닌 것이 종결형으로 쓰인 경우에 속한다. 그 밖에 '-디'는 구개음화되어 '-지'로 나타나는데, 이상의 형태들은 그 형태와 용법 면에서 현재와 약간의 차이를 보이고 있지만 이 지역에서 아직도 활발하게 쓰이고 있다. 이상의 서술법 어미들을 지금의 형태에 대응시키면 '-으꾸마/-스꾸마, -읍니다/-습니다, -으꿔니/-스꿔니, -읍데/-습데, -ㅁ네, -오/-소, -다, -다니, -지, -을라, -을께, -으마, -재이쿠, -재니리' 등이 된다.

위의 목록 중, 현재 쓰이지 않는 종결어미는 '-꼬/-스꼬', '-꿍', '-오다/-소다', '-우레니', '-우리/-수리', '-와/-수와', '-ㄴ갭쇼', '-로다', '-우구리/-수구리', '-ㅂ드라마', '-구마니구요', '-디요', '-ㅂ둥/-ㅂ동'이 있는데, 이들은 다시 두 가지 부류로 나눌 수 있다.

첫 번째는 기존에 사용되던 어미들이 오늘날에 와서 더는 쓰이지 않는 경우이다. 예컨대, 표준어의 '-ㅂ니다'에 해당하는 '-꼬/-스꼬', '-꿍'은 지금에 와서 더는 사용되지 않는다. 한진건(2000 : 177)에서 이 형태가 나타나긴 하지만 그 출처를 밝히지 않아 이 형태가 언제까지 사용되었는지에 대해서 알 수가 없다. 다만, 황대화(2011 : 379),[6] 한영순(1967 : 173)에서 '-꼬', '-꿍', '-꼼', '-꿈', '-꾸'가 나타난다는 점으로 미루어 이런 형태들이 1950~60년대에는 사용된 것으로 보인다.[7]

---

6) 황대화(2011)은 1960년에 김일성종합대학 어문학부 4학년 학생들이 조사한 자료를 판독하고 표준어 대역을 붙인 것으로, 한진건(2000)에서 참고한 자료와 동일한 자료에 속한다.

7) 한진건(2000)의 방언 자료는 두 부분으로 이루어졌다. 하나는 저자가 1996년에 북한의 육진 지역에서 직접 조사한 자료들이고, 다른 하나는 북한에서 1958년과 1960년에 이루어진 방언 조사에 의해 수집된 자료들이다. 하지만 이 논문에서 구체적인 어

다음으로, 표준어의 '-ㄹ게요'에 해당하는 '-우레니'는 이 지역에서 '가우레니(갈게요)'로 나타나며 같은 의미로 쓰인 '-우리/-수리'도 '아우리(알 것이요)', '했수리(했을 것이요)'로 나타난다. 小倉進平(1927 : 17)에도 미래를 나타내는 '-우레니', '-오리(-우리)'에 대한 기록이 있다. 하지만 본고의 조사 과정에서는 이런 형태가 나타나지 않았는데, 아마도 1970년대 이전까지는 부분적으로 쓰이다가 문화어 운동과 말 다듬기 운동이 시작되면서 자취를 감춘 것이 아닌가 싶다.[8] 그리고 감탄을 나타내는 '-로다', '-우구리/-수구리'('-으구려'의 변이형), '-더군'의 의미를 가진 '-ㅂ드라마', '-고 말고요'의 의미를 나타내는 '-구마니구요', '-는가 봅니다'의 의미를 나타내는 '-ㄴ갭쇼', '-ㄴ갭쇼꾸마'도 문화어 운동 과정에서 점차 사라진 것으로 보인다.

'-디요'는 '-디(지)'와 '요'의 통합형이다. 육진방언에 역사적으로 '해요체'가 존재하지 않았음을 고려한다면 '-디요'의 '요'는 '-오'의 변이형으로 볼 수 있다. 오늘날 젊은 층들이 사용하는 '-지요'는 '-지'와 '해요체'의 '요'가 통합된 것으로서 문화어 침투의 결과이다. 그 밖에 한진건(2000 : 185)

---

미를 제시함에 있어서 어느 자료에 근거했는지를 밝히지 않아 어미 형태가 사용된 시기를 판단하기 어렵다. 위에서 논의한 '-우레니', '-우리/-수리'와 같은 형태도 1958, 1960년의 자료에 나타났을 가능성이 크다.

8) '문화어 운동'은 한자어뿐만 아니라 외래어 단어를 찾아내서 정리하고 우리의 옛말이나 방언 중에서 좋은 말을 골라 문화어로 만들면서 '혁명적 문풍'을 따르는 문장체와 구어체를 일반대중에게 교육시키는 운동을 뜻한다. 1966년 김일성의 교시를 계기로 북한은 서울의 표준말과 구분하여 평양말을 위주로 하는 문화어를 제정하고 북한 전역에서 문화어 운동을 확산시켜 나가기 시작했다. 문화어 운동의 결과 1970년대 중반까지 방언 중에서 3100개 단어가 문화어로 바뀌게 되었다. '말 다듬기 운동'은 일상생활에 문화어를 쓰자는 취지에서 추진된 북한의 언어 정화운동으로, 1966년 5월 김일성이 주창한 '문화어 정책'에 따라 1970년대부터 본격적으로 추진되었다. '문화어 운동'과 '말 다듬기 운동'을 거치면서 북한에서는 많은 사투리가 사라지게 되었다.

에 나타나는 '-ㅂ둥(-ㅂ동)', '-랍동', '-답동' 등 형태는 현재 대부분 '-음두/-슴두'의 형태로만 나타난다. 그 쓰임에 있어서도 이 지역에서 의문법에만 나타나고 서술법에서는 확인되지 않았다.9)

두 번째는 애초부터 육진방언에 속하지 않는 형태가 잘못 기록되었거나, 혹은 다른 지역에서 사용되던 형태가 이 지역에서 잠깐 쓰이다가 사라진 경우이다.

예컨대, '-오다/-소다'(혹은 '-우다/-수다')는 양강도 일대에서 전형적으로 쓰이는 형태로, 함경남북도에서는 일부 지역에서만 쓰인다(정용호, 1988 : 235). 小倉進平(1927 : 17-18)에서도 '-오다/-소다'가 나타나지만 이 형태가 함경북도방언이 아닌 남쪽 지역 사람들에 의해 전해져 온 것으로 보았다. 특히 육진 남쪽에 위치한 홍원, 길주 등 지역에서 흔히 사용된다는 점에서 남쪽 계통의 말에 속할 가능성도 있다고 기술하고 있다. 현재 '-오다/-소다'는 이 지역에서 거의 쓰이지 않고 있다.

다음으로, '-ㅂ니다'의 뜻을 표시하는 '-와/-소와'도 이와 비슷한 경우에 속하는데, 정용호(1988 : 235)에 의하면 '-와/-소와'는 함경남도의 남부지방인 금야, 고원, 요덕 등 지역에서 주로 쓰이며 이 지역에서는 거의 쓰이지 않는다고 한다. 한진건(2000 : 185)에서도 '-와/-소와'가 이 지역에서 가끔씩 사용되고 있다고 기술하였다.

### 나. 의문법 어미

의문법 어미도 목록에서 큰 차이를 보이고 있는데, 그중에는 지금까지

9) 小倉進平(1927 : 17), 김병제(1965 : 160), 한영순(1967 : 189), 김영황(1988 : 160) 등에서는 '-ㅁ둥'이 모두 의문법에서만 쓰인다고 하였다.

계속 쓰이는 어미도 있고 형태가 변화된 어미도 있으며, 현재 아예 쓰이지 않는 어미도 있다. 다음의 표를 통해 의문법 어미의 양상을 살펴보기로 한다.

〈표 10〉 의문법 어미

| 小倉進平(1927) | 김병제(1965) | 한진건(2000)[10] |
|---|---|---|
| -ㅁ두(-ㅁ둥) | -ㅁ둥/-슴둥 | -ㅁ둥(-ㅂ둥, -ㄴ둥) |
| -지(-디) | -디오 | -는디, -던디, -ㅂ지 |
| | -ㅂ데 | -습데 |
| -느(-는), -는가 | | -ㄴ, -누, -ㅂ던가 |
| -니, -나, -냐 | -까 | -레니, -리~-리, -우/-수,<br>-ㅁ/-슴, -슴메(-슴네), -소꼬마 |

〈표 10〉에서 보는 바와 같이, 의문법 어미에서 공통으로 나타나는 형태는 '-ㅁ둥/-슴둥'류, '-지(디)'류, '-ㅂ데'류, '-ㄴ가'류이고, 개별적으로 나타나는 형태는 '-니', '-나', '-까', '-레니', '-리~-리', '-우/-수', '-ㅁ/-슴', '-슴메(-슴네)', '-소꼬마' 등이다.

위의 목록 중 현재 쓰이고 있는 어미는 '-ㅁ둥/-슴둥', '-우/-수', '-습데', '-까', '-는가(-는구)', '-ㅂ던가', '-ㅂ지' 등이다. '-ㅁ둥/-슴둥'은 지금의 '-음두/-슴두'에, '-우/-수'는 '-오/-소'에 해당하고 '-습데'는 '-읍데/-습데'에 해당한다. 그리고 '-ㅂ던가'는 '-읍/-습'+'-더-'+'-ㄴ가', '-ㅂ지'는

10) 한진건(2000 : 175~198)에서는 의문법 어미를 순수의문, 단정, 객관화, 접속의문의 네 가지로 나누어 기술하였다. 순수의문에는 '-ㄴ, -우/-수, -ㅁ(-슴), -슴메(-슴네), -ㅁ둥/-슴둥, -소꼬마, -습데, -ㅂ던가, -ㅂ둥'가 포함되고 단정에는 '-ㅂ지'가 포함된다. 또한 객관화에는 '-는구, -누'가, 접속의문에는 '-레니, -리…-리, -는구, -둥, -는디, -던디'가 포함된다.

'-읍/-습'+'-지'의 통합형으로 볼 수 있다. 그밖에 '-니'와 '-나', '-냐', '-누' 등이 있다. 이상의 의문법 어미들을 지금의 형태에 대응시키면 '-음두/-슴두', '-오/-소', '-읍데/-습데', '-을까', '-읍지/-습지', '-니', '-나', '-냐' 등이 된다.

의문법 어미 중 현재 쓰이지 않는 것은 '-ㄴ', '-ㅁ(-슴)', '-슴메(-슴네)', '-소꼬마', '-ㅂ둥', '-레니' 등이다. '-ㄴ'은 현재 더는 쓰이지 않는다. 한진건(2000 : 199)에서는 '-소꼬마', '-ㅂ둥'이 의문법 어미로 나타난다고 했는데, 이 글의 조사 과정에서는 그런 쓰임이 확인되지 않았으며 다른 자료들에서도 이에 대한 기록을 찾아볼 수 없었다. 따라서 이에 대해서는 충분한 검증 자료가 필요하다.

그리고 '-ㅁ(-슴)', '-슴메'는 함경북도 남쪽 지역에서 사용되던 것이 이 지역에 영향을 준 것으로 보인다(각주 4 참조). 또한 '어찌레니', '어찌 멕이레니' 등의 예문에 나타나는 '-레니'는 '-(어찌)려고 그러니'의 축약형이 아닌가 싶다.

나머지 '-리~-리', '-ㄴ둥', '-는디', '-던디'는 원래 접속 어미에 속하는 것을 종결형으로 기술한 것이다. 예컨대, '-리~-리'는 '좋으 놔 죽이리 어쩌리 하는판이란 말이요'와 같이 '-ㄹ가~-ㄹ가'의 의미를 나타내는 접속 어미에 속하며, '-ㄴ둥' 역시 '-는지~-는지'의 의미를 나타내는 접속 어미에 속한다.[11] '-는디', '-던디'도 '-는지', '-던지'의 의미를 나타내는 접속 어미에 속한다.

11) '-음둥/-슴둥' 혹은 '-은둥/-는둥'의 쓰임은 제4장을 참조.

### 다. 명령법 어미

명령법 어미 역시 현재와 다른 모습을 보이고 있는데, 그중에는 다음의 표에서처럼 지금까지 계속 쓰이는 형태도 있고 현재 아예 쓰이지 않는 형태들도 있다.

〈표 11〉 명령법 어미

| 小倉進平(1927) | 김병제(1965) | 한진건(2000) |
|---|---|---|
| | -ㅂ소(-ㅂ쇼) | -ㅂ소(-ㅂ서) |
| -꽈니(-까니) | -꽈니/-스꽈니 | -꿔이(-꽈니) |
| -게 | -께 | -께/-ㅂ께(-ㅂ꿰) |
| -라(-례) | -라 | |
| -ㅂ지 | | -우꼬/-스꼬, -꼬마<br>-나(-너), -우, -놔, -마 |

〈표 11〉에서 보는 바와 같이 명령법 어미에서 공통으로 나타나는 형태는 '-ㅂ소'류, '-꽈니(-까니)'류, '-ㅂ께'류, '-라'이고, 개별적으로 나타나는 형태는 '-ㅂ지', '-우꼬/-스꼬', '-꼬마', '-나(-너)', '-우', '-놔', '-마' 등이다.

위의 목록 중 대부분 어미는 현재에도 그 형태가 확인된다. '-나(-너)'는 '-너라'에 해당되고 '-놔'는 '놓아'에 해당된다고 볼 수 있다. 다만, 현재 주로 서술법과 의문법에 나타나는 '-ㅂ지'가 小倉進平(1927 : 17)에서는 명령법, 청유법에 두루 쓰인다고 기술되어 있는 점과, '-라'의 변이형인 '-례'가 다른 자료에서 나타나지 않는 것이 특이하다. 그리고 한진건(2000 : 211)에서 기술하고 있는 '-우꼬/-스꼬', '-꼬마'의 형태도 다른 자료 혹은 이 글의 조사 과정에서는 확인되지 않았다. 따라서 위의 목록 중 지금도 이 지역에서 쓰이는 명령법 어미는 '-ㅂ소', '-꽈니/-스꽈니', '-우', '-께/-ㅂ께', '-라' 등이 된다. 그 중 '-ㅂ소'는 현재의 '-읍소'에 해당하고 '-꽈니/-스꽈니'는 '-으꽈니/-스꽈니'에 해당하며, '-우'는 '-오/-소'에, '-께'는 '-으께'에, '-라'는 '-어(아)라'에 해당한다고 하겠다.

### 라. 청유법 어미

청유법 어미는 다른 어미와는 달리, 현재의 목록과 큰 차이를 보이지 않는다.

〈표 12〉 청유법 어미

| 小倉進平(1927) | 김병제(1965) | 한진건(2000) |
|---|---|---|
| -ㅂ쇼 | | -깁소 |
| | -ㅂ세다 | -ㅂ세(-ㅂ쉐)<br>-ㅂ세꼬마 |
| -ㅂ지<br>-기오 | -자 | |

〈표 12〉에서 보는 바와 같이 청유법 어미에서 공통으로 나타나는 형태는 '-ㅂ쇼'류, '-ㅂ세'류이고 개별적으로 나타나는 형태는 '-ㅂ지', '-기오', '-자' 등이다.

小倉進平(1927 : 17)에서는 해라체의 청유법 어미가 확인되지 않고 김병제(1965)에서는 합쇼체의 형태가 보이지 않으며, 한진건(2000)에서는 하오체와 해라체의 형태가 확인되지 않는다. 이런 빈칸이 생기게 된 원인은 그 시기 대응하는 어미가 존재하지 않은 것이 아니라, 조사가 불충분하게 이루어진 것으로 생각된다. 김병제(1965 : 188)에서 '-ㅂ세다'가 동북방언과 서북방언에서 쓰인다고 하였지만 구체적인 지역을 제시하지 않고 있어 '-ㅂ세다'가 과연 육진방언에서도 쓰였는지 의문이 든다. 한진건(2000 : 215)에서 제시한 '-ㅂ세(-ㅂ쉐)도 현재 이 지역에서는 쓰이지 않는데 이는 '-ㅂ세다', '-ㅂ세'가 원래부터 동북방언보다는 서북방언에서 더 많이 쓰였다는 것을 말한다. 그밖에 '-ㅂ세꼬마' 역시 그 형태가 확인되지 않았다. 따라서 위의 목록 중 현재 이 지역에서 쓰이는 청유법 종결어미는 '-깁소', '-기오', '-자'가 된다.

### 1.1.2. 변화 원인 분석

위에서 小倉進平(1927), 김병제(1965), 한진건(2000)에서 제시한 종결어미에 대한 검토를 통하여 육진방언의 종결어미 목록이 어떻게 변화되었는지에 대해서 구체적으로 살펴보았다. 육진방언의 종결어미는 1920년대부터 지금까지 거의 한 세기라는 시간을 겪으면서 그 형태나 쓰임 그리고 목록에서 다양한 변화를 가져왔다. 이러한 변화를 가져오게 된 데에는 언어의 내적 변화와 언어외적 요인에 의한 영향을 받은 것으로 분석되는데, 구체적으로 살펴보면 다음과 같다.

우선, 언어의 내적 변화에 의한 것으로 구개음화 현상을 들 수 있다. 이 지역에서는 근 1세기 동안 t구개음화 규칙이 발생, 확산되어 현재에 이르러 대부분 지역에서 구개음화가 완료된 것으로 나타난다. '-디', '-는디', '-대이쿠', '-대니리' 등이 현재 '-지', '-는지', '-재이쿠', '-재니리' 등으로 발음되는 것이 이에 속한다.[12)]

---

12) 곽충구(2000 : 343)에서는 연변의 육진방언에서 진행되고 있는 구개음화가 언어내적인 변화에 의한 것도 있겠지만 연변 조선어의 영향 즉 언어외적인 요인에 의한 것일 수도 있음을 시사하고 있다. 이러한 논의에 따르면 함북 육진방언의 구개음화

다음은 언어외적 요인에 의한 변화이다. 앞에서 본 바와 같이 북한의 육진방언의 종결어미는 현재에 와서 그 목록에서 큰 변화를 보이고 있는데, 현재의 모습을 지니게 된 데에는 언어 내적 변화보다는 언어외적 요인의 영향이 컸을 것으로 분석된다. 특이한 사회 제도와 강경한 언어 정책은 반세기 남짓한 과정에서 북한의 언어생활에 큰 영향을 미쳤다고 할 수 있다.

북한의 언어 정책은 1949년 국어 순화를 위해 한글 전용을 실시함으로부터 시작되는데, 이로써 한자가 폐지되고 고유어를 적극 찾아 쓰는 등의 노력을 하게 된다. 특히 방언 연구는 "좋은 우리말을 지켜나가기 위함"이기 때문에 이 시기 방언 연구에 대한 인식은 "문헌적 자료와 함께 조선어의 역사를 건설하기 위한 두 개의 기본 원천이 되며", "표준어에서 사라져버린 어음론적, 형태론적 및 어휘론적 고형을 보존하고 있다는 데만 머무르는 것이 아니라, 문헌 이전의 고형을 보유하고 있어 문헌의 결여를 보충하는 데 커다란 의의를 가진다."와 같이 적극적인 태도를 보인다(김병제, 1959 : 41).

그러나 방언에 대한 이러한 인식은 김일성의 1966년 5월 14일 교시를 시점으로 문화어 운동이 시작되면서 바뀌게 된다. 즉 김일성의 교시를 시점으로 기존의 사투리, 토박이말을 문화어로 순화하여 사용하도록 하였고, 방언 연구도 더는 순수 언어학적인 연구가 아닌, 방언을 극복하고 문화어를 보급하기 위한 하나의 수단으로 전락되었다.

---

도 단순히 언어내적인 변화에 의한 것으로 볼 수 있을지 의문이 든다. 왜냐하면 북한에서는 60년대 후반기부터 시작하여 문화어 운동과 말 다듬기 운동을 진행하면서 문화어를 보급하고 사투리를 제한하는 언어 정책을 실시하였다. 따라서 이러한 언어외적인 요소들이 구개음화에 미쳤을 영향을 간과할 수 없다고 본다.

이 시기 방언을 극복하기 위한 방도로 여러 가지 강경한 언어 정책을 제정하고 전국적인 범위 내에서 실시하도록 하였다. 요컨대, 방언을 쓰는 것은 "몰상식하고 수양이 없는 행동이란 것을 여러 가지 수단과 방법을 통하여 국민들에게 철저히 인식시키고", "전사회적으로 방언을 쓰지 않는 올바른 언어생활 기풍"을 세우도록 하였으며, 이를 위하여 학교를 비롯한 문학 작품, 영화, 방송, 출판, 보도 기관에서 문화어를 사용함으로써 대중들이 일상생활 속에서 문화어의 규범을 익히도록 하였다.

이외에도 방언을 극복하기 위한 방법을 음운, 문법, 어휘 등 여러 측면에서 구체화하고 그대로 실시하도록 하였다. 예를 들면 "어음 체계를 이루고 있는 모음과 자음의 발음에서 방언적인 특성을 극복하고", "구개음화, 자음 탈락, 전설모음화 등 방언적인 발음을 극복"하도록 규정하였고, 종결어미의 사용에서 나타나는 방언적인 특성을 극복하기 위하여 문화어에서 같은 의미나 쓰임을 가진 종결어미를 찾아 쓰도록 하였다.

특히, 함경도 방언은 서술법 어미가 다양하여 다른 문장종결법의 문법적 기능을 대체하여 사용되는 경우가 많은데 "서술법 어미를 억양만 바꾸어 의문법 어미로 쓰는 일이 없도록 해야 하며", "'-ㅁ말이'('~말이다'의 준말), '-재'('지 아니'의 준말) 등과 같이 품위를 낮추고 언어의 문화성을 낮추는 사투리는 반드시 극복"해야 한다고 거듭 강조하였다.

그밖에도 '-ㅁ메', '-지'와 같은 어미는 '-ㅁ메다', '-ㅂ지', '-ㅂ지비', '-ㅂ지오다'와 같은 다양한 형태들을 만들어낼 수 있기 때문에, 이런 유형의 어미 사용을 제한함으로써 그들에 의해 파생되는 다른 방언형들을 극복해야 한다고 강조하였다. 하지만 같은 의미나 기능을 가진 문화어를 찾을 수 없거나, 혹은 문화어로 인정할 필요가 있다고 생각되는 형태들에 대해서는 그 중의 일부를 문화어로 인상시키고 다른 형태들은 배제하는 방법을 취하기도 하였다. 이를테면 이 지역에서 방언으로 쓰이던 '-ㅂ세'가 문화어로 인정되어 활발히 쓰이게 되면서 같은 기능을 하던 '-습세'(먹습세)나 '-옵세'(하옵세)가 더는 쓰이지 않게 되었다.

이처럼 문화어 운동을 계기로 많은 방언들이 기존의 특성을 점차 잃어가게 되었는데, 이는 강한 보수성을 갖고 있던 육진방언에 큰 영향을 미친 것으로 분석된다. 이 영향으로 인하여 기존에 사용되던 토박이말들이 점차 사라지게 되었다.

## 1.2. 육진방언의 종결어미 체계

지금까지 기존 논의에 대한 비교·분석을 통하여 육진방언의 종결어미 목록이 이미 많은 변화를 가져왔음을 알 수 있었다. 앞에서 정리한 종결어미의 목록을 다시 제시하면 다음과 같다.

(11) ㄱ. 서술법 : -으꾸마/-스꾸마, -으꿔니/-스꿔니, -읍데/-습데, -읍지/-습지, -읍네/-습네, -다니, -오/-소, -다, -지, -을라, -을께, -으마, -재이쿠, -재니리

ㄴ. 의문법 : -음두/-슴두, -읍지/-습지, -오/-소, -읍데/-습데, -으까, -니, -나, -냐, -지, -ㄴ가

ㄷ. 명령법 : -읍소, -으꽈니/-스꽈니, -오/-소, -으께, -어(아)라, -지

ㄹ. 청유법 : -깁소, -기오, -자, -지

이상의 어미 외에도 현재 이 지역에서는 '-읍더구마/-습더구마', '-읍덤두/-습덤두', '-더라', '-재', '-야', '-데' 등 어미들이 사용되고 있다.[13] 또

한, 표준어의 영향으로 인하여 '-읍니다/-습니다', '-읍데다/-습데다', '-읍니까/-습니까', '-읍데까/-습데까'와 같은 어미들도 쓰이고 있는데, 이러한 종결어미의 체계를 육진방언의 문장종결법과 청자높임법을 고려하여 제시하면 다음의 표와 같다.

〈표 13〉 육진방언의 종결어미 체계

| 청자대우법 / 문장종결법 | 합쇼체 | 하오체 | 해라체 | 반말 |
|---|---|---|---|---|
| 서술법 | -으꾸마/-스꾸마<br>-읍더구마/<br>-습더구마<br>-으꿔니/-스꿔니<br>-읍지/-습지<br>-읍니다/-습니다<br>-읍데다/-습데다 | -오/-소<br>-다니<br>-읍데/-습데<br>-읍네/-습네 | -다<br>-더라<br>-을라<br>-으마 | -지<br>-으께<br>-쟤이쿠<br>-쟤니리<br>-개 |
| 의문법 | -음두/-슴두<br>-읍덤두/-습덤두<br>-읍지/-습지<br>-읍니까/-습니까<br>-읍데까/-습데까 | -오/-소<br>-읍데/-습데 | -니, -나, -냐<br>-야<br>-개<br>-데 | -지<br>-ㄴ가<br>-으까<br>-쟤 |
| 명령법 | -읍소<br>-으꽈니/-스꽈니 | -으께<br>-오/-소 | -어(아)라 | -지 |
| 청유법 | -깁소 | -기오 | -자 | -지 |

위의 표에서 보는 바와 같이, 육진방언의 종결어미 체계는 서술법에서

13) 종결어미를 설정하기 위한 방안으로는 일반적으로 분석적 방법과 분석하지 않는 방법의 두 가지가 있는데, 이 글에서는 후자의 입장을 선택하기로 한다. 따라서 '-읍더구마/-습더구마'와 같은 경우, '-읍구마/-습구마'에 선어말어미 '-더-'가 통합된 형태이지만, 이미 하나의 형태로 굳어져 쓰이므로 하나의 종결어미로 설정하였다.

청유법으로 가면서 그 수효가 현저하게 적어진다. 특히 청유법에서 대우 등급별로 종결어미가 각각 하나만 존재하는데, 이는 이 지역의 청유법 어미가 다른 어미들보다 덜 분화, 발달되었음을 설명한다. 그리고 각 등급별 형태를 살펴보면, '-깁소', '-기오'는 합쇼체와 하오체에서 형태적 대응을 보이고, 하오체의 '-읍지/-습지'와 반말의 '-지'도 형태적 대응을 보이고 있으나, '-으꿔니/-스꿔니', '-음두/-슴두'는 그에 대응하는 하오체의 종결어미가 존재하지 않는다. 그밖에 명령법 어미 '-읍소'와 '-으께'가 '소', '게'에 따라 높임의 차이를 나타내고 있는데 이는 동남방언과 같은 경우라 하겠다.

## 2. 종결어미의 형태적 특성

종결어미의 형태적 특성을 밝히기 위해서는 엄밀한 형태소 분석이 이루어져야 한다. 육진방언의 종결어미는 하나의 형태소로만 구성되어 있는 것보다 둘 이상의 형태소가 통합하여 하나의 어미구조체를 형성하고 있는 것이 훨씬 많다. 또한 이 지역 방언은 형태론적인 구성이나 통사론적인 구성의 언어 요소들이 재구조화[14]하여 하나의 통합형 어미를 이루는 형태가 많이 나타나기 때문에 종결어미의 형태적 특성에 대해서 구체

14) 종결어미의 어미 구조체를 이루는 둘 이상의 구성 요소가 결합하여 하나의 언어 단위로 인식되는 통합형 어미를 형성하는 것을 재구조화라 한다. 재구조화의 개념에 대한 논의는 서태룡(1988 : 19), 장윤희(1991 : 12) 등을 참조. 한편 최명옥(1991 : 241)에서는 형태·통사론적 재구조화를 '원래 상이한 형태·통사론적 기능을 가지던 형태소들이 자립성을 상실하고 하나의 문법 단위로 굳어지면서 일어난 재구조화'라고 하였다.

적으로 살펴볼 필요가 있다. 이는 종결어미의 문법적 특성과 의미적 특성을 정확하게 규명하는 데에도 도움이 될 것이다.

종결어미에 대한 형태소 분석의 입장에는 일반적으로 두 가지가 있다. 하나는 서태룡(1988), 한동완(1988), 고영근(1989), 김태엽(2001) 등과 같이 분석된 형태소가 독자적인 어미로 쓰일 수 있건 없건 최대한 분석하는 입장이고, 다른 하나는 최현배(1937), 김석득(1992), 한길(2004) 등과 같이 분석된 형태소가 독자적인 문법 기능을 수행한다고 판단되는 정도까지만 분석하는 입장이다.[15] 만일 더 분석하여 문법적 기능을 수행하지 못할 경우에는 그 형태가 앞이나 뒤에 오는 형태와 융합하여 하나의 새로운 형태소를 이룬다고 보는 것이다. 이 글에서는 후자의 입장을 수용하여 종결어미를 독자적인 문법적 기능을 수행하는 것으로 보고 종결어미에 대한 형태소 분석을 진행하고자 한다.

여기에서 종결어미가 '독자적인 문법적 기능을 수행한다'는 것은 종결어미 자체가 서술어 어간에 직결될 수 있고 뒤에 덧붙은 언어 형식을 제거하더라도 문법적 특성이 달라지지 않으며, 독자적으로 문장종결법을 실현할 수 있고 청자높임법의 등분을 나타낼 수 있음을 지칭한다. 이처럼 독자적으로 문법적 기능을 수행하여 최소의 문법 단위가 되면 단일 형태의 종결어미로 설정된다. 이를테면, 앞에 놓이는 선어말어미의 도움

15) 최현배(1937 : 270)에서는 '-나이다'와 '-노이다'는 형태 분석이 가능하지만 전체를 하나의 마침씨끝으로 보는 까닭에 대하여 "워낙 그 어우름이 밀착하였으므로, 도저히 따로 떼기가 어려운 점이 있다. 그래서 그것은 문장종결법의 한 씨끝으로 보았노라"라고 하였다. 또한 김석득(1992 : 520)에서는 독립적으로 말본의 기능을 발휘하는 특정한 형식을 '말본적 최소형'이라 하였고, 한길(2004 : 25)에서도 마침씨끝에 대하여 미시적 형태소 분석을 통한 단순 형태소로 보는 관점에 국한하지 않고 '말본적 최소형'의 관점을 고려하여 마침씨끝을 설정한다고 논의하였다.

없이도 문법적 최소형이 되며, 또한 뒤에 어떤 언어형식의 도움을 받지 않더라도 독자적으로 문법적 기능을 수행하는 종결어미가 이에 해당한다. 이 글에서 다루는 '-다', '-소', '-자', '-니', '-지' 등이 이에 속한다.

이와 달리 두 개 이상의 구성 요소들이 하나의 형태를 이루어 종결어미의 기능을 수행하는 경우가 있는데 이런 형태를 복합 형태라고 한다. 복합 형태는 다시 형태적 구성 형태와 통사적 구성 형태로 나뉜다. 형태적 구성 형태는 둘 이상의 형태소들이 결합되어 이루어진 것을 말하고, 통사적 구성 형태는 형태소와 단어가 구성 요소로 관여하여 형성된 것을 말한다.

형태적 구성 형태는 '-습니다'와 같이 통시적으로는 '-습-', '-니-', '-다'로 분석이 가능하지만 공시적으로는 이미 하나의 형태로 굳어져 종결어미의 기능을 하는 것을 말한다. 이 글에서 다루는 '-읍구마/-습구마', '-으꽈니/-스꽈니' 등이 이에 속한다. 본디 종결어미가 아닌 언어형식들이 축약되고 녹아 붙어 어말어미 자리에 놓여 종결어미로 쓰이는 경우가 있는데, 예컨대 이 지역에서 쓰이는 '-재이쿠', '-재니리', '-깁소', '-기오' 등과 같은 경우이다. 이 글에서는 이를 통사적 구성 형태에 포함시켜 논의하기로 한다. 따라서 이 글에서는 이 지역에서 나타나는 종결어미들을 1차적으로 단일 형태와 복합 형태로 나누고, 복합 형태를 다시 형태적 구성 형태와 통사적 구성 형태로 나누어 살펴보기로 한다.

### 2.1. 단일 형태

단일 형태의 종결어미는 공시론적이나 통시론적으로 볼 때, 그 어미의 형태에 대해 더 이상 분석할 수 없는 형태를 말한다. 이 지역에서 나타나는 단일 형태의 종결어미를 제시하면 다음과 같다.

(12) ㄱ. '-다', '-오/-소', '-지', '-니', '-나', '-자', '-데'
ㄴ. '-ㄴ가', '-으마', '-아(어)라', '-을라', '-으께'

(12ㄱ)의 '-다', '-오/-소', '-지', '-니', '-나', '-자'는 더 작은 형태소로 분석될 수 없는 단일 형태의 어미이다.

(12ㄱ)의 '-데'는 기원적으로 선어말어미 '-더'와 의문법 어미 '-니'가 결합한 형태이다. '더니>이>데'의 과정을 겪어서 형성된 것이므로 '-더-'와 '-니'의 결합형으로도 볼 수 있으나, 이미 하나의 어미로 굳어져 사용되고 있기 때문에 단일 형태의 어미로 보는 것이 적절하다.

(12ㄴ)의 '-ㄴ가'는 통시적으로 '-은(는)-'+'-가', '-으마'는 '-으-'+'-마', '-아(어)라'는 '-아(어)-'+'-라'로 분석이 가능하지만 이미 하나의 어미로 굳어져 쓰이고 있고, 더 이상 분석하게 되면 종결어미의 기능을 할 수 없기 때문에 단일 형태의 어미로 분류한다.

(12ㄱ)의 '-을라', '-으께(을게)'는 '-을-'을 공통으로 가지고 있다. 여기서 '-을-'을 분석해낼 수 있지만, '-을-'이 아주 제한적으로 쓰이고 다른 어미와 직접 결합할 수 없기 때문에 '-을라', '-으께(을게)'를 단일 형태의 어미로 분류한다.

## 2.2. 복합 형태

두 개 이상의 구성 요소들이 하나의 형태를 이루는 종결어미를 복합 형태라고 한다. 이 지역에서 나타나는 복합 형태의 종결어미는 그 구성 요소에 따라 다시 형태적 구성과 통사적 구성의 두 가지로 나눌 수 있다. 형태적 구성 형태는 둘 이상의 형태소들이 결합되어 이루어진 것을 말하고, 통사적 구성 형태는 형태소와 단어가 구성 요소로 관여하여 형성된 것을 말한다. 이 지역에서 나타나는 형태론적 구성 형태와 통사론적 구성 형태를 구체적으로 살펴보면 다음과 같다.

### 2.2.1. 형태적 구성

형태적 구성 형태는 '-읍-/-습-' 결합형과 '-더-' 결합형 두 가지로 분류할 수 있다. 여기서 '-읍-/-습-'은 높임의 선어말어미, '-더-'는 회상의 선어말어미를 가리킨다.

(13) ㄱ. '-읍-/-습-' 결합형 :
'-으꾸마(읍구마)/-스꾸마(습구마)', '-읍니다/-습니다', '-으꿔니(읍꿔니)/-스꿔니(습꿔니)', '-음두/-슴두', '-읍데/-습데', '-읍지/-습지', '-읍네/-습네', '-읍소', '-으께(읍게)'
ㄴ. '-더-' 결합형 :
'-읍더구마/-습더구마', '-읍데다/-습데다', '-읍덤두/-습덤두', '-읍데까/-습데까', '-더라'

(13ㄱ)은 높임의 선어말어미 '-옵(ᄋᆞᆸ/ᄉᆞᆸ)-'이 다른 형태와 결합되어 하나의 종결어미를 형성한 형태이다. '-옵(ᄋᆞᆸ/ᄉᆞᆸ)-'에 의존하여 존대를 나타내는 것은 이 지역 종결어미의 가장 중요한 특성이라고 할 수 있다.

'-으꾸마/-스꾸마'는 그 기원을 '-읍구마/-습구마'에서 찾아볼 수 있다. 즉, 이 지역에서 생산적으로 사용되던 '-옵(ᄋᆞᆸ/ᄉᆞᆸ)-'이 '구만>구마'의 변화를 겪은 '-구마'와 결합되면서 '-읍구마/-습구마'가 되고, '-읍구마/-습구마'가 다시 'ㅂ'탈락과 경음화를 거쳐 '-으꾸마/-스꾸마'로 된 것이다.

'-읍니다/-습니다'는 '-ᄉᆞᆸᄂᆞ니이다'가 변화되어 온 것으로 '-옵(ᄋᆞᆸ/ᄉᆞᆸ)-'과 'ᄂᆞ이+다'의 결합형으로 볼 수 있다. '-읍니다/-습니다'는 '-옵(ᄋᆞᆸ/ᄉᆞᆸ)-'이 현대 국어에 나타나는 불과 몇 개 되지 않은 형태 중의 하나로서, '아주높임'을 나타내는 종결어미로 쓰이고 있다.

'-으꿔이/-스꿔이'는 '-으꾸마/-스꾸마'와 비슷한 경우에 속한다. 즉, 높임의 선어말어미 '-옵(ᄋᆞᆸ/ᄉᆞᆸ)-'과 '-꿔니'가 결합하여 '-읍꿔니/-습꿔니'가 되고, 다시 'ㅂ'탈락을 거쳐 '-으꿔니/-스꿔니'로 된 것이다.

'-음두/-슴두'는 '-옵(ᄋᆞᆸ/ᄉᆞᆸ)-'과 '-는동'의 결합으로 볼 수 있다. 즉, 이 지역에서 조동사로 쓰이던 '-는동'이 종결어미로 쓰이다가 높임을 나타내는 선어말어미 '-옵(ᄋᆞᆸ/ᄉᆞᆸ)-'과 결합하면서 의문법 어미 '-음두/-슴두'로 변화된 것이다. 곧, '-음두/-슴두'는 '-옵+는동>옴는동>옴동(둥)>ㅁ둥>ㅁ두'의 과정을 거친 것으로 볼 수 있다.

'-읍데/-습데'는 '-옵(ᄋᆞᆸ/ᄉᆞᆸ)-'과 '-데'가 결합된 형태로 볼 수 있다. 여기서 '-데'는 '-더-'와 종결어미 '-이'가 결합된 형태로서 '-더-'+'-오'의 보충형으로 볼 수 있다.

'-읍지/-습지'는 '-옵(ᄋᆞᆸ/ᄉᆞᆸ)-'과 반말의 종결어미 '-지'가 결합한 형태이다. 아주높임의 '-읍지/-습지'는 반말의 '-지'와 형태적 대응을 보이고 있다.

'-읍네/-습네'는 '-옵(ᄋᆞᆸ/ᄉᆞᆸ)-'과 '느이>네'가 결합한 형태이다. 서술어미 '-네'는 '느+이'로 재분석[16]할 수 있는데, 여기서 '이'는 청자높임소가

16) 재분석이란 통합형 어미의 형태를 이루는 어미구조체의 구성 요소로 분석하여 그 어미의 형태와 의미와의 관련성을 설명하는 것을 말한다. 공시적으로 더 이상 분석되지 않는 형태는 둘 이상의 형태소가 통시적으로 재구조화되어 하나의 언어 단위

종결어미의 기능까지 담당한 것으로 분석된다(김태엽, 1996 : 122).

'-읍소'는 '-옵(읍/습)-'과 명령법 어미 '-소'가 결합한 형태이다. '-옵(읍/습)-'이 다른 형태와 통합할 때 서술형이나 의문형의 경우, 어간말음의 음운론적 환경에 따라 '-읍'과 '-습'으로 교체되면서 나타난다. 하지만 명령형이나 청유형에서는 '-읍'이 아닌 '-습'의 형태로 나타나는 것이 일반적인데, 이와 같은 현상은 이 방언에서도 예외가 아니다.

'-으께'는 기원적으로 '-읍게'이다. '-옵(읍/습)-'과 예사낮춤의 명령법 어미 '-게'가 결합되어 하오체의 '-읍게'를 형성하고, '-읍게'가 다시 'ㅂ'탈락과 경음화를 거쳐 '-으께'로 실현된 것이다.

이와 같이 '-옵(읍/습)-'은 이 지역에서 존칭의 범주를 나타내는 선어말어미로 쓰이면서 여러 가지 형태를 파생하고 있다. 이러한 논의에 근거하면 위에서 기술한 종결어미들 중 '-읍/-습'을 제외한 나머지 형태들을 하나의 어미로 설정할 수도 있으나, '-옵(읍/습)-'과 결합한 형태들이 이 지역에서는 이미 하나의 어미로 굳어져 종결어미로서의 기능을 담당하고 있기 때문에 이 글에서는 이들을 하나의 독립된 어미 형태로 설정하였다.

다음은 '-더-' 결합형에 속하는 형태를 보기로 한다. (13ㄴ)의 '-읍더구마/-습더구마', '-읍데다/-습데다', '-읍덤두/-습덤두', '-읍데까/-습데까',

로 굳어진 통합 형태를 발하는데, 이러한 통합 형태는 재분석의 방법을 적용함으로써 그 통합 형태를 형성하는 더 작은 형태소로 분석할 수 있다(김태엽, 1992 : 9). 재분석의 효과에 대해서 서태룡(1988 : 20~22)에서는 '① 형태소의 목록을 줄이게 된다. ② 통사론적인 현상의 관련성을 설명하기 위한 형태론적 근거를 제공한다. ③ 하위분류가 다르게 구별되어 온 단일 어미의 단일성을 보여 주는 증거가 된다. ④ 형태나 의미에 대한 기술과 설명을 정밀화한다. ⑤ 공시론적인 형태소에 대한 인식을 정밀화한다. ⑥ 의미 기술에서도 정확한 사실을 알려준다.'의 여섯 가지를 제시하였다.

'-더라'는 회상의 선어말어미 '-더-'와의 결합형에 속한다.

'-읍더구마/-습더구마'는 서술법 어미 '-읍구마/-습구마'에 회상의 선어말어미 '-더-'가 결합되어 형성된 것이다. 이상에서 보는바와 같이 선어말어미 '-읍-/-습-'과 '-더-'는 '-구마'와 결합할 때 '-읍-/-습-+-더-+구마'의 순서로 나타난다. 이는 표준어의 '-습데다(습디다)'와 같은 양상을 보인다.

'-읍데다/-습데다'는 '-읍니다/-습니다'에 선어말어미 '-더-'가 개재한 서술법 어미로서 표준어의 '-읍디다/-습디다'에 해당한다.

'-읍덤두/-습덤두'는 의문법 어미 '-음두/-슴두'가 회상의 선어말어미 '-더-'와 결합된 형태이다. '-읍더구마/-습더구마'와 같이 '-읍-/-습-+-더-+ㅁ두'의 순서로 나타난다.

'-읍데까/-습데까'는 '-읍니까/-습니까'에 선어말어미 '-더-'가 개재한 의문법 어미로서 표준어의 '-읍디까/-습디까'에 해당한다.

'-더라'는 서술법 어미 '-다'에 회상의 선어말어미 '-더-'가 결합된 형태이다. '-다'는 어간말음의 음운론적 환경에 따라 '-는다', '-ㄴ다', '-다', '-라' 의 여러 가지 이형태를 가지는데, '-더-'와 결합될 경우 '-라'로 실현된다.

### 2.2.2. 통사적 구성

(14) ㄱ. '-지 아니' 융합형 : '-재이쿠', '-재니리', '-재'
ㄴ. '-게 하' 융합형 : '-깁소', '-기오'

통사론적 구성 형태는 형태소와 단어가 구성 요소로 관여하여 형성된 것을 말한다. 이 지역에서 나타나는 통사론적 구성 형태는 '융합'으로 설명할 수 있다.

융합은 "특정한 문법적 환경에서(통사, 의미론적으로 긴밀한 구문) 두 단어 이상이 줄어서 한 단어로 형성됨과 동시에 문법적, 의미적 기능에 변화가 발생하는 현상"(안명철, 1990 : 127)으로, "기원적으로는 여러 형태가 배열되는 문법적 구성이었지만, 언어의 통시적 변화에 따라 하나의 덩어리로 굳어져 더 이상 공시적 분석이 불가능해진 것"으로 볼 수 있다(이승재, 1992).[17] 따라서 융합 과정을 거친 융합형은 공시적으로 분석이 불가능할 뿐만 아니라, 다시 원 형식으로 환원하더라도 원래의 의미를 갖지 못하게 된다.

이 정의에 따라 (14ㄱ)의 '-재이쿠'를 분석해보면, 원래 '-지 아니하구'이던 것이 줄어서 '-재이쿠'로 되면서 형태의 변화를 보였고 또 이미 하나의 굳어진 형태로 자리 잡으면서 더 이상 공시적으로 분석이 불가능해졌다. 또한 연결형에서 종결형으로의 새로운 쓰임을 갖게 되었을 뿐만 아니라, 의미 변화를 거쳐 '-지 않고'의 원래 의미로부터 '-고 말고'의 새로운 의미를 가지게 되었다. 따라서 '-재이쿠'는 '-지 아니하고'의 융합형이라고 할 수 있다.

(14ㄱ)의 '-재니리', '-재' 역시 융합형으로 볼 수 있다. '-재니리'는 '-지 아니하리'의 통사적 구성이 융합 과정을 거쳐 형성된 종결어미이고, '-재'는 '디 아니-+-오'가 형태와 의미가 변화를 겪으면서 형성된 것이다.

위의 분석을 통해 '-재이쿠', '-재니리', '-재'는 모두 '-지 아니-'와 관련

17) 이지양(1996 : 30)에서는 '융합'을 '연결형에서 완전한 단어(full word)에 음절수 줄이기가 일어나 의존 요소로 재구조화되는 현상'이라고 정의하고 있다.

됨을 알 수 있다. 따라서 이들을 '-지 아니-'의 융합형으로 볼 수 있다.

'-깁소', '-기오'는 '-게 하'의 융합형이다. '-깁소'는 '-게 ᄒᆞ-'의 명령형인 '-게 ᄒᆞᆸ소-'에서 'ᄒᆞ'가 탈락함으로써 형성된 것으로 볼 수 있다(고광모, 2006 : 69). 국어사 사동 구성의 명령형이 청유를 나타낼 수 있고, '-게 ᄒᆞ-'와 같은 구성에서 'ᄒᆞ'의 탈락이 자주 일어난다는 점에서 이러한 가정은 어느 정도 설득력을 가진다. 따라서 '-겝소'는 '-게-+-ㅂ소'로 분석이 가능하다. 이 지역에서는 '-겝소'가 흔히 '-깁소'의 형태로 나타나는데, 이는 'ㅔ>ㅣ'의 고모음화에 의한 것으로 분석된다.

'-기오' 역시 '-깁소'와 동일한 방법으로 분석할 수 있다. 즉 '-기오'는 '-게 ᄒᆞ-'의 명령형인 '-게 ᄒᆞ오-'에서 'ᄒᆞ'가 탈락된 것으로 '-게-+-오'로 분석이 가능하다. '-게오'도 일반적으로 '-기오'의 형태로 나타나는데, 이 역시 'ㅔ>ㅣ'의 고모음화에 의한 것으로 분석된다.

# 제4장 육진방언 종결어미의 통사와 의미

종결어미는 국어에서 여러 가지 문법적 기능을 담당하고 있는 중요한 문법 형태에 속한다. 우선, 종결어미는 문장의 맨 끝에 위치하면서 서술어의 한 구성 요소로서의 역할을 담당한다. 다음으로, 종결어미는 각 문장 성분에도 영향을 미치면서 문장 전체를 끝맺어주는 기능을 한다. 그 다음으로, 문장종결법을 통하여 명제 내용에 대한 화자의 태도를 나타내기도 하고, 청자높임법을 통하여 청자에 대한 높임법을 실현하기도 한다.

종결어미는 이러한 문법적 기능을 수행하는 외에도 종결어미마다 고유한 의미적 특성을 지니고 있으며, 문장 발화와 관련된 여러 가지의 화용적 특성을 나타낸다. 위에서 언급한 종결어미의 여러 특성과 기능들은 종결어미 연구의 기본 과제라고 할 수 있다. 따라서 4장에서는 종결어미의 통사적 특성과 의미적 특성에 대해서 고찰하기로 한다.

## 1. 서술법 종결어미

서술법은 화자가 청자에게 아무런 요구 없이 어떠한 명제 내용을 진술하거나 전달하는 서법이다. 서술법 종결어미는 발화의 맨 끝에 출현하면서 청자에게 명제 내용을 전달해 주는 동시에 청자에 대한 대우 등급을 나타내기도 한다. 따라서 청자가 높임의 대상이냐, 낮춤의 대상이냐 아니면 화자와 평등한 위치의 대상이냐에 따라 사용하는 종결어미도 다를 것이다. 또한 발화 상황에 따라 화자가 자신이 알고 있는 명제 내용을 단순히 청자에게 알려주는 경우가 있고, 화자가 청자에게 자신이 어떠한 것을 하겠다는 약속을 나타낼 수도 있으며 화자 자신의 의지를 나타내기도 한다. 따라서 이 글에서는 서술법 종결어미를 다룸에 있어서 약속법, 감탄법, 경계법 어미도 함께 살펴보기로 한다.[1)]

먼저, 육진방언의 서술법 종결어미 목록을 제시하면 다음과 같다.

〈표 14〉 서술법 종결어미 목록

| 청자 대우 등급 | 어미 형태 |
|---|---|
| 합쇼체 | -으꾸마/-스꾸마, -읍더구마/-습더구마, -으꿔니/-스꿔니, -읍지/-습지, -읍니다/-습니다, -읍데다/-습데다 |
| 하오체 | -오/-소, -읍데/-습데, -읍네/-습네, -다니 |
| 해라체 | -다, -더라, -으마, -을라 |
| 반말 | -으께, -지, -재이쿠, 재니리, -개 |

1) 서술법 종결어미에 관한 전체적인 논의는 많은 수정을 거쳤지만 대체로 남명옥(2011)에 의존하였음을 밝힌다.

## 1.1. 합쇼체

청자높임법 가운데서 합쇼체는 격식체로 청자를 가장 높이는 등분에 해당하는 높임법이다. 최현배(1937 : 263)에서는 합쇼체의 높임 정도에 대하여 "아주높임(합쇼체)는 그 말을 듣는 이를 아주 높여서 하는 말씨이니, 아이가 어른에게, 지체가 낮은 사람이 지체가 높은 사람에게 대하여 말함과 같은 경우에 쓰이는 꼴이니라."라고 하였다. 이 지역어의 합쇼체 등급에 속하는 서술법 어미로는 '-으꾸마/-스꾸마', '-읍더구마/-습더구마', '-으꿔니/-스꿔니', '-읍지/-습지', '-읍니다/-습니다', '-읍데다/-습데다' 등이 있다. 이 중에서 '-으꾸마/-스꾸마', '-읍더구마/-습더구마', '-으꿔니/-스꿔니', '-읍지/-습지'는 방언적 특징을 띤 어미로서 노년층을 대상으로 (혹은 노년층 사이에서) 사용되고, '-읍니다/-습니다', '-읍데다/-습데다'는 표준어 혹은 표준어의 변이형으로서 노년층을 포함한 높임의 대상(하오체 대상 제외)에게 모두 사용된다.

합쇼체 서술법 어미의 통사적·의미적 특성에 대하여 구체적인 예문을 통하여 살펴보기로 한다.

### 1.1.1. '-으꾸마/-스꾸마'

'-으꾸마/-스꾸마'는 국어의 여타 방언에서는 찾아볼 수 없는 특이한 형태의 어미로서 이 지역의 전형적인 종결어미라 할 수 있다.2)

2) '-으꾸마/-스꾸마'는 기원적으로는 '-읍구마/-습구마'지만 실제 발음에서는 '-읍/-습'의 'ㅂ'이 탈락되고 '구마'가 경음화되어 '-으꾸마/-스꾸마'로 실현된다. 3장의 분석대로라면 '-읍/-습'을 선어말어미로 보고 '-구마' 역시 하나의 어말어미로 볼 수도 있겠으나, 현재 이 지역에서 '-구마'가 단독으로 쓰이지 않고 '-읍/-습'과 결합된 형태로 나타나기 때문에 '-읍구마/-습구마' 전체를 하나의 어미로 보고자 한다.

(15) ㄱ. 지금 핵교 가:꾸마. (지금 학교로 갑니다.)
ㄴ. 야두 영 잘 먹스꾸마. (이 애도 아주 잘 먹습니다.)
ㄷ. 지금 더 잘 사:꾸마. (지금 더 잘 삽니다.)

(16) ㄱ. 이게 더 만만하꾸마. (이게 더 만만합니다.)
ㄴ. 아매, 옷이 작스꾸마. (할머니, 옷이 작습니다.)
ㄷ. 어머이 오늘 귀빠진 날이꾸마. (어머니 오늘 귀빠진 날이십니다.)
ㄹ. 우리 오래비꾸마. (제 남동생입니다.)

(17) ㄱ. 내 어제 어디르 갔댔스꾸마. (제가 어제 어디 다녀왔습니다.)
ㄴ. 낼 가갰스꾸마. (내일 가겠습니다.)
ㄷ. 벌써 시걱으 쑵더구마. (벌써 식사를 합디다.)

존대를 나타내는 평서형 종결어미에 있어서 대부분 방언들은 표준어의 '-읍니다/-습니다'에 대응하는 '-읍네다/-습네다', '-읍니더/-습니더', '-읍무다/-습무다' 등을 사용하지만 이 지역에서만은 표준어의 '-읍니다/-습니다'와 전혀 공통성이 없는 '-으꾸마/-스꾸마'를 사용한다. 이처럼 특이한 형태가 어떻게 형성되었는지에 대해서는 아직까지 구체적인 연구가 이루어지지 않았으나, 대체로 두 가지 견해로 나누어 볼 수 있다.

우선, '-꾸마'의 어원에 대해 한영순(1974 : 222)에서는 표준어의 '-구먼'과 대응하는 '-구만'이 '구만>꾸마'의 변화 과정을 거친 것으로 보고 있다.[3] 하지만 황대화(1999 : 301)에서는 '-꾸마'가 겸양존칭의 '-옵-'(옵/습)과 관련이 있는 것으로 보고 '-옵-'과 종결어미 '-구마'가 결합한 후 경

3) 이와 비슷한 논의는 김영황(1982 : 93)에서도 찾아볼 수 있다.

음화를 일으켜 '-꾸마'가 된 것으로 분석하고 있다. 즉 '-구마'는 '-구만'에서 'ㄴ'이 탈락한 형태가 아니라, 선행 요소와의 결합에 따라 '-옵-'과 결합한 것은 '-꾸마'가 되고, '-옵-' 이외의 다른 요소와 결합한 것은 '-구마'가 되었다는 것이다.

하지만 위의 두 가지 견해는 다음과 같은 문제점이 있음을 알 수 있다. 우선, 한영순(1967 : 222)에서는 '꾸마'가 '구만'에서 온 것임을 강조하고 있으나, 그 변화 기제나 변화 과정에 대한 설명이 없다. 다음으로, 황대화(1999 : 301)에서는 '구마>꾸마'의 변화가 이 지역에서 흔히 쓰이던 겸양존칭의 '옵(옵/숩)'과 관련이 있는 것으로 보고 그 변화 과정에 대해서도 구체적으로 설명을 하고 있으나, '구마'의 어원에 대해서는 구체적인 설명이 없다. 이를테면 황대화(1999 : 301)에서는 '-구마'가 '-구만'과 관련성이 없는 것으로 가정하고 있는데, 가령 '구만>구마'의 가능성을 배제하게 되면 '-구마'의 어원이 과연 무엇인가 하는 문제가 제기된다.[4] 따라서 '-꾸마'의 형성 과정에 대해서 다음과 같은 두 단계로 상정해 볼 수 있지 않을까 싶다.

첫 번째 단계는 '구만>구마'의 변화이다. 이는 표준어 '-구먼'의 방언형인 '-구만'이 'ㄴ'탈락과 의미 변화를 거쳐 '-구마'가 된 것으로 보는 것이다. 이는 또한 '-구만'과 '-구마'의 의미적 특성에서도 살펴볼 수 있는데, 표준어의 '-구먼'에 대응하는 '-구만'은 '화자가 새롭게 알게 된 사실에 대하여 감탄하거나 주목하는 뜻을 나타내는 말'로서 〔+새로 앎〕의 의미 자질을 지닌다. 그러나 '-구마'는 '어떤 사실에 대하여 상대에게 설명

4) 황대화(1999 : 303)에서도 '구만'이 '구마'와 어원적으로 관련이 없는 것으로 보면서도, '구만>구마'의 가능성을 완전히 배제하지는 않았다.

하여 알리는 뜻을 나타내는 말'로서 중립적인 표현에 속한다. 즉 '-구만'이 '새로 앎'을 적극적으로 표현하는 데 비해, '-구마'는 '새로 앎'을 적극적으로 표현하지는 않는다. 따라서 '-구만'은 의미 변화를 거치면서 새로운 형태로 자리 잡은 것으로 상정해 볼 수 있다.

두 번째 단계는 '구마>꾸마'의 변화이다. 표준어에서 '-구만'은 해라체에 속하는 어미이다. 따라서 '구만>구마'로의 변화 과정에서 '-구마'가 의미 변화를 가져오더라도 먼저 해라체의 쓰임을 지녔을 것이고, 그러다가 이 지역에서 높임을 나타내는 '옵(웁/숩)'과 결합하면서 'ㅂ'탈락과 경음화 과정을 거쳐 '-꾸마'가 되었을 것이다. 이를테면, '옵(웁/숩)+구마'→'읍(습)구마'→'으(스)꾸마'의 변화 과정을 거친 것으로 볼 수 있다.[5] 이와 같이 변화 과정을 거치면서 '-구만'과 '-꾸마'가 서로 다른 의미를 나타내는 어미로 쓰이게 된 것이 아닌가 싶다.

'-꾸마'는 그밖에도 '-꿈마', '-꼼마', '-꼼', '-꿈', '-꼬', '-꼬마', '-꿍'의 다양한 변이형들이 있었으나, 지금에 와서 대부분 쓰이지 않으며 '-읍/-습'과의 결합 형태인 '-으꾸마/-스꾸마'의 형태로 많이 나타난다. '-으꾸마/-스꾸마'가 실현하는 문장종결법에 대해서도 여러 가지 논의가 있다. 김병제(1965 : 127), 황대화(1999 : 301)에서는 이 어미가 억양을 달리하여 '서술법, 의문법, 명령법'에 두루 나타난다고 하였으나 서술법의 문장 유형만 밝히고 의문법과 명령법에 대해서는 서술이 없다. 한영순(1967 : 173)에서도 의문법으로 사용된 예문은 있지만, 그에 대한 설명이나 명령법에 관한 예문이 없다. 다만 한진건(2000 : 175-211)에서 의문법과 명령

5) '-으꾸마/-스꾸마'는 회상시제의 경우 '-읍더구마/-습더구마'로 나타나는데, 이 형태로 미루어 '-으꾸마/-스꾸마'의 기원이 '-읍구마/-습구마'임을 짐작할 수 있다.

법의 예가 보일 뿐이다.

(18) ㄱ. 졸업으 어디서 햇스꼼마? (한영순, 1967 : 173)
ㄴ. 그럼 대동강 건너 아이 가갯소꼬마? (한진건, 2000 : 202)
ㄷ. 엇소꼬마! (옛소!)(어린애를 상대방에게 넘겨주면서 하는 말) (한진건, 2000 : 211)
ㄹ. 노꼬마! (노시오그려!)(가는 손님을 말리면서 하는 말) (한진건, 2000 : 211)

위의 예문 (18ㄱ,ㄴ)과 같이 '-으꾸마/-스꾸마' 혹은 그의 변이형이 비록 생산적이 아니더라도 의문법에 쓰였다는 기록을 여러 곳에서 발견할 수 있다. 그러나 이 글의 조사 과정에서는 이러한 쓰임을 발견할 수가 없었다. 또한 예문 (18ㄷ,ㄹ)과 같은 명령법의 쓰임 역시 이 글의 조사 과정에서는 나타나지 않았다.

'-으꾸마/-스꾸마'의 통사적 특성을 살펴보면, '-으꾸마/-스꾸마'는 예문 (15~16)과 같이 동사, 형용사, 계사 어간과 통합이 가능하다. 예문 (15)는 동사 어간에, (16)은 형용사와 계사 어간에 통합된 것이다. 이 경우, 모음 및 유음 뒤에서는 '-으꾸마'로, 유음을 제외한 자음 뒤에서는 '-스꾸마'로 실현되며 '-으꾸마'의 '으'는 앞모음에 동화된 후 탈락하기도 한다. 또한 '-으꾸마'의 경우, 예문 (15ㄱ, ㄷ)처럼 모음어간이나 ㄹ어간과의 통합에서 어간모음을 장음화시키는 경우가 많은데, 특히 1음절 어간에서 이런 현상이 많이 나타난다.[6]

---

6) ɨ탈락으로 인한 1음절 어간의 장모음화를 보상적 장모음화(compensatory lengthening)로 볼 것인지, 아니면 표현적 장모음화로 볼 것인지에 대해서는 더 자세한 논의가 필요하다. 최명옥(2000 : 9)에서도 이 방언의 반모음화에 대해 어간이 1음절일 경우 보

'-으꾸마/-스꾸마'와 선어말어미의 통합관계를 보면 '-으꾸마/-스꾸마'는 주체높임을 나타내는 선어말어미 '-시-'와의 통합이 가능하다. 여기에서 1인칭 주어를 제외한 2인칭과 3인칭(높임의 대상일 때) 주어일 때 통합이 가능하다. 특히 청자를 더 높이고 더 정중하게 대해야 되는 경우에 주체높임의 선어말어미 '-시-'를 사용하는데, 이 '-시-'는 단독으로 쓰이기도 하고 예문 (19ㄴ)과 같이 '-옵-'과 통합되어 '-옵시-'의 형태로 나타나기도 한다.[7)]

(19) ㄱ. 아바이두 오셨스꾸마. (할아버지도 오셨습니다.)
ㄴ. 아바이두 갑셨스꾸마. (할아버지도 가셨습니다.)

예문 (19ㄴ)의 '갑셨스꾸마'는 '가-읍-시-었-습-구마'로 분석될 수 있는데, 이는 '-읍/-습'이 두 번 중복되어 사용된 것으로 이 지역 방언의 극존칭이라 할 수 있다.

한편, '-으꾸마/-스꾸마'는 예문 (17)과 같이 시제, 추측 혹은 의지를 나타내는 선어말어미 '-었-', '-갰-'과 통합이 가능하며 회상이나 전달을 나타내는 '-더-'와도 통합이 가능하다.[8)]

---

상적 장음이 나타나고, 2음절 이상은 나타나지 않는다고 지적한바 있다. 여기서도 유사한 현상이 나타난 것으로 보인다.

7) 육진방언은 다른 방언과 달리 주체높임(또는 주체 겸양)의 표현으로 '-옵-'이 생산적으로 쓰인다. 이 '-옵-'은 또 항상 '-시-'와 함께 쓰이면서 더욱 큰 존경을 나타낸다. 특히 다른 방언에서는 '-시-옵-'으로 순서가 바뀌었으나, 육진방언에서는 중세어의 '-옵-시-'의 순서를 그대로 간직하고 있는데, 이 역시 육진방언의 보수성에서 기인된 것으로 보인다(김영황, 1982 : 79).

8) 회상의 선어말어미 '-더-'와의 통합형에 대해서는 다음 절의 '-읍더구마/-습더구마' 참조.

(20) 고도에(고등어)르 굽- [ -시- / -었- / -갰- / -더- ] -으꾸마/-스꾸마.

주어와의 공기관계를 보면 '-으꾸마/-스꾸마'는 예문 (21ㄱ~ㄷ)과 같이 1인칭, 2인칭, 3인칭을 나타내는 주어와 모두 공기될 수 있어 주어와의 통합관계에서 제약을 받지 않는다.

(21) ㄱ. 나두 밥 먹었스꾸마. (저도 밥을 먹었습니다.)
ㄴ. 아매, 옷이 작스꾸마. (할머니, 옷이 작습니다.)
ㄷ. 가:동새르 찾스꾸마. (그 애 동생을 찾습니다.)

'-으꾸마/-스꾸마'의 의미적 특성을 보면, '화자가 청자에게 명제 내용을 아주 높여서 알림'의 의미를 지니며, 단독적인 장면에서는 쓰이지 않고 화자가 청자를 강하게 의식하는 상관적 장면에서 쓰인다. 이 어미가 쓰일 수 있는 상하관계, 친소관계를 살펴보면 다음과 같다.

상하관계에서는 연령이 주된 기준이 되는데 이 어미를 사용함에 있어서 청자는 일반적으로 노년층이지만, 화자는 연령의 제한을 받지 않는 특성을 보인다. 친소관계를 보면 일반적으로 비공식적인 장면에서 쓰이므로 친근한 사이, 혹은 익숙한 사이에서 많이 쓰이며 서로 모르는 사이더라도 부담 없이 쓰고자 하는 경우에 흔히 사용된다.

'-으꾸마/-스꾸마'는 지금도 육진 지역에서 활발히 쓰이고 있다. 문화어를 보급하면서부터 젊은 세대들은 그와 대응되는 '-읍니다/-습니다'를 더 선호하지만 아직까지도 중년층과 노년층 화자들은 '-으꾸마/-스꾸마'

를 더 많이 사용한다.

### 1.1.2. '-읍더구마/-습더구마'

회상이나 전달을 나타내는 '-더-'는 '-읍구마/-습구마'와 통합하면 '-읍더구마/-습더구마'가 되는데, 그 쓰임은 표준어의 '-읍디다/-습디다', '-읍데다/-습데다'와 같다.

(22) ㄱ. 벌써 시걱으 쓥더구마. (벌써 식사를 합디다.)
ㄴ. 야 밥으 영 잘 먹습더구마. (애가 밥을 아주 잘 먹습디다.)
ㄷ. 아직두 놉더구마. (아직도 놉디다.)

(23) ㄱ. 내일 어머이 새일인거 같습더구마.(내일 어머님 생신인 것 같습디다.)
ㄴ. 집이 영 큽더구마. (집이 아주 큽디다.)
ㄷ. 뒷집 며느립더구마. (뒷집 며느립디다.)
ㄹ. 그 집 아들입더구마. (그 집 아들입디다.)

(24) ㄱ. 아들집에 가십더구마. (아들집에 갑디다.)
ㄴ. 시걱으 다 쎴습더구마. (식사를 다 했습디다.)
ㄷ. 영 곱갰습더구마. (정말 예쁘겠습디다.)

예문 (22~23)에서 보는 바와 같이, '-읍더구마/-습더구마'에서는 'ㅂ'이 탈락하지 않고, '-꾸마'와 같은 경음화가 일어나지 않는다.

'-읍더구마/-습더구마'의 통사적 특성을 보면, 예문 (22~23)과 같이 동사, 형용사, 계사 어간에 모두 통합될 수 있다. 예문 (22)는 동사 어간에, (23)은 형용사와 계사 어간에 통합된 것이다. 이 경우, 모음 및 유음 뒤에서는 '-읍더구마'와 통합되고, 유음을 제외한 자음 뒤에서는 '-습더구마'와 통합된다.

'-읍더구마/-습더구마'는 예문 (24)처럼 주체높임의 선어말어미 '-시-'와 통합이 가능하며, 시제, 추측 혹은 의지를 나타내는 선어말어미 '-었-', '-갰-'과도 통합이 가능하다.

(25) 시격으 다 쓰- [ -시- / -었- / -갰- ] -읍더구마/-습더구마.

한편 '-읍더구마/-습더구마'와 주어의 공기관계를 보면, 예문 (26)과 같이 1인칭, 2인칭, 3인칭을 나타내는 주어와 모두 공기될 수 있어 주어와의 통합관계에서 제약을 받지 않는다.

(26) ㄱ. 나두 배 <u>아픕더구마.</u> (저도 배가 아픕디다.)
ㄴ. 아매, 그 옷이 <u>작습더구마.</u> (할머니, 그 옷이 작습디다.)
ㄷ. 그 집이 <u>아입더구마.</u> (그 집이 아닙디다.)

다음으로, '-읍더구마/-습더구마'는 '화자가 직접 경험하고 확인한 상황을 아주높임으로 회상하거나 전달함'의 의미적 특성을 갖고 있다. 이는 '-더-'의 기능이 융합되어 있는 데에 기인한다. 화용론적 특성을 살펴보면 '-읍더구마/-습더구마'는 단독적인 장면에서는 쓰이지 않고 화자가 청자를 강하게 의식하는 상관적 장면에서 쓰인다. 그리고 '-으꾸마/-스꾸마'와 마찬가지로 공식적인 장면이 아닌 비격식적인 상황에서 많이 쓰인다. 화자와 청자의 상하관계에 있어서 청자는 일반적으로 노년층이어야 하지만, 화자는 연령의 제한을 크게 받지 않는다. 친소관계를 보면 일반적으로 비공식적인 장면에서 쓰이므로 친근한 사이, 혹은 익숙한 사이에서 많이 쓰이며 서로 모르는 사이더라도 부담 없이 쓰고자 하는 경우에 흔히 사용된다. '-읍더구마/-습더구마'는 '-으꾸마/-스꾸마'와 마찬가지로 지금도 이 지역에서 활발히 쓰이고 있다.

### 1.1.3. '-으꿔니/-스꿔니'

'-으꿔니/-스꿔니'는 '-으꾸마/-스꾸마'보다 더 정중한 표현에 속하며 흔히 'ㄴ'이 탈락한 '-으꿔이/-스꿔이' 형태로 나타난다. 다른 지역에서는 나타나지 않는 특이한 형태로 이 지역 방언의 특성을 잘 보여준다.

(27) ㄱ. 지금 책으 보:꿔이. (지금 책을 봅니다.)
ㄴ. 지금 먹스꿔이. (지금 먹습니다.)
ㄷ. 장마다에 가서 파:꿔이. (시장에 가서 팝니다.)

(28) ㄱ. 골이 아프꿔이. (머리가 아픕니다.)
ㄴ. 그 옷이 더 두껍스꿔이. (그 옷이 더 두껍습니다.)
ㄷ. 네레 새일이꿔이. (내일 생일입니다.)
ㄹ. 우리 메느리꿔이. (우리 며느리입니다.)

(29) ㄱ. 시걱으 다 썼스꿔이. (식사를 다 했습니다.)
ㄴ. 이따가 먹갰스꿔이. (나중에 먹겠습니다.)

'-으꿔니/-스꿔니'의 기원에 대해서는 '-읍/-습'+'거니' 혹은 '-읍/-습'+'꿔니'로 상정해 볼 수 있다. 전자는 '옵(숍/솝)'과 종결어미 '-거니'가 결합하여 '-읍거니/-습거니'가 되고, 다시 'ㅂ'탈락과 경음화를 거쳐 '-으꺼니/-스꺼니'가 된 것으로 상정해 볼 수 있으나(황대화, 1999 : 307) '거니>꿔니'의 변화를 설명하기 어렵다. 후자 역시 '-꿔니'의 존재를 밝히기 어려울 듯하다.

'-으꿔니/-스꿔니'의 쓰임에 대해서 기존 논의에서는 '-으꿔니/-스꿔니'가 억양을 달리하여 의문법, 명령법에 두루 쓰인다고 하였으나 실제 조사에서는 서술법, 명령법에만 나타나고 의문법에는 나타나지 않았다.[9] 또한 아래 예문에서 보는바와 같이 '-으꿔니/-스꿔니'는 '-으꽈니(이)/-스꽈니(이)', '-으꾸니/-스꾸니', '-꼬이(꾸이)', '-꾼' 등의 변이형들을 갖고 있는데 다른 변이형들은 쓰이지 않고 '-으꽈니/-스꽈니'가 명령법에 나타난다.

(30) ㄱ. 열 다슷에 스집 왓스꽈니. (김병제, 1965 : 127)
ㄴ. 청진서 오늘이 왓스까이. (황대화, 1999 : 306)
ㄷ. 탉이 괜채니꼬이. (한진건, 2000 : 179)
ㄹ. 어데 나간데 업스꾼. (황대화, 1999 : 307)

'-으꿔니/-스꿔니'의 통사적 특성을 보면, '-으꿔니/-스꿔니'는 예문 (27~28)과 같이 동사, 형용사, 계사 어간과 통합할 수 있다. 예문 (27)은 동사 어간에, (28)은 형용사와 계사 어간에 통합된 것이다. 이 경우,

9) 小倉進平(1927 : 17)에서는 '-으꿔니/-스꿔니'가 서술법, 명령법에 쓰인 예문을 제시하고 있으나, 김병제(1965 : 127), 황대화(1999 : 307)에서는 '-으꿔니/-스꿔니'가 억양을 달리하여 의문법, 명령법에도 쓰인다고 하였다. 실제로 서술법과 명령법에 나타나면서 의문법에 나타나지 않는 경우는 매우 이례적이기 때문에 제보자를 대상으로 여러 차례 확인 조사를 했으나 의문법에 쓰이는 경우를 발견할 수 없었다. '-으꿔니/-스꿔니'의 쓰임이 변화를 가져온 것인지 아니면 제보자가 이 어미에 대해서 익숙하지 않은지 판단이 쉽지 않은 상황이다.

모음 및 유음 뒤에서는 '-으꿔니'로 나타나고, 유음을 제외한 자음 뒤에서는 '-스꿔니'로 나타난다. 또한 '-으꿔니'의 경우, 예문 (27ㄱ, ㄷ)과 같이 모음 어간이나 ㄹ어간과의 통합에서 어간 모음을 장음화시키는 경우가 많은데, 특히 1음절 어간에서 이런 현상이 흔히 나타난다.

'-으꿔니/-스꿔니'와 선어말어미의 통합관계를 보면, '-으꿔니/-스꿔니'는 예문 (29)와 같이 시제나 추측 혹은 의지를 나타내는 선어말어미 '-었-', '-갰-'과 통합이 가능하다. 그러나 회상이나 전달을 나타내는 '-더-'와는 통합이 불가능하다.

(31) 밥으 먹- [ -시- / -었- / -갰- / *-더- ] -으꿔니/-스꿔니.

주어와의 공기관계를 보면 '-으꿔니/-스꿔니'는 예문 (32)와 같이 1인칭, 2인칭, 3인칭을 나타내는 주어와 모두 공기될 수 있어 주어와의 통합관계에서 제약을 받지 않는다.

(32) ㄱ. 저두 … (저도 먹습니다.)
ㄴ. 영감(청자) 우티 작스꿔이. (영감 옷이 작습니다.)
ㄷ. 그 사람 네레 새일이꿔이. (그 사람 내일 생일입니다.)

'-으꿔니/-스꿔니'의 의미적 특성을 보면 '화자가 청자에게 명제 내용을 아주 높여서 정중하게 알림'의 의미를 지닌다. 화용론적 특성을 보면 '-으꿔니/-스꿔니'는 단독적인 장면에서는 쓰이지 않고 화자가 청자를 강하게 의식하는 상관적 장면에서 쓰인다. '-으꾸마/-스꾸마'와 비교할 때, '-으꿔니/-스꿔니'는 비슷한 점도 있고 차이점도 있다. 다음 두 어미에 대한 비교를 통하여 그 구체적인 차이점을 살펴보기로 한다.

화자와 청자 사이의 상하관계에서 볼 때, '-으꾸마/-스꾸마'는 청자가 일반적으로 노년층이여야 하는 제한이 있으나, 화자에 대해서는 특별한 연령 제한이 없다. 이와 반면에 '-으꿔니/-스꿔니'는 화자와 청자 모두 노년층이어야 하는 제약이 따르며 세대를 초월해서 쓰이지 않는다.

화자와 청자 사이의 친소관계에서 볼 때, '-으꾸마/-스꾸마'는 일반적으로 '친근한 사이, 혹은 익숙한 사이'에서 많이 쓰이며 서로 모르는 사이더라도 부담 없이 쓰고자 하는 경우에 흔히 사용된다. 하지만 '-으꿔니/-스꿔니'는 생소한 사이나 친근한 사이에서 모두 사용될 수 있으며, 특히 상대방을 정중하게 대하고자 하는 경우에 사용된다.[10] 이를테면, 상대방에 대해서 〔친근함〕보다는 〔정중함〕을 나타내고자 할 경우에 쓰인다는 점이다.[11]

따라서 '-으꾸마/-스꾸마'와 '-으꿔니/-스꿔니'는 일차적으로는 화자와

---

10) 이전의 기록에서는 '-으꿔니/-스꿔니'가 생소한 사이거나 정중함을 나타내려고 할 때 쓰인다고 하였으나(김병제 : 1965, 김영황 : 1982) 필자의 조사 과정에서는 '-으꿔니/-스꿔니'가 생소한 사이 혹은 친숙한 사이에서 모두 쓰이고 있음을 발견하였다. 특히 제보자 부부(70대)가 '그게 아이꿔이', '날래 식사 하꽈이' 등의 대화를 녹취할 수 있었다. 이로부터 '-으꿔니/-스꿔니'가 원래 생소한 사이에서 쓰이다가 지금에 와서는 친숙한 사이에도 쓰이게 된 것이 아닌가 싶다.

11) 김병제(1965 : 127)에서는 '-꾸마'는 비교적 친숙한 사이에 쓰이나 '-꽈니', '-꿔니'는 생소한 사이에 쓰인다고 하였고, 김영황(1982 : 159)에서도 '-꾸마'와 '-꼬마'는 비교적 친숙한 사이에 쓰이며 그보다도 더 정중함을 나타내려고 하거나 또는 생소한 사이에서 높임을 나타낼 때에는 '-꽈니', '-꿔니'(혹은 그의 변종인 '-꽈이', '-꿔이')를 쓴다고 하였다. 하지만 필자의 조사에서는 '-꽈니', '-꿔니'는 생소한 사이 외에 친숙한 사이에서도 쓰이는 것을 확인할 수 있었다.

청자가 연령 제한을 받느냐, 받지 않느냐에 의해 구분되고, 이차적으로는 상대방에 대한 '정중함'을 갖추느냐, 갖추지 않느냐에 의해 구분된다고 하겠다. 이와 같은 경우에 화자와 청자 사이의 친소관계는 '-으꾸마/-스꾸마'와 '-으꿔니/-스꿔니'를 구분할 수 있는 중요한 기준이 아니다. 이상의 논의 결과를 표로 제시하면 다음과 같다.

〈표 15〉 '-으꾸마/-스꾸마'와 '-으꽈니/-스꽈니'의 차이

| 차이점 / 어미 | 의미 특성 | 화자와 청자의 관계 | | |
|---|---|---|---|---|
| | | 상하관계 | | 친소관계 |
| | | 화자 | 청자 | |
| '-으꾸마 /-스꾸마' | 〔+높임〕 〔-정중함〕 | 〔-연령 제한〕 | 〔+연령 제한〕 (노년층) | 〔+친밀〕 〔+생소〕 |
| '-으꽈니 /-스꽈니' | 〔+높임〕 〔+정중함〕 | 〔+연령 제한〕 (노년층) | 〔+연령 제한〕 (노년층) | 〔+친밀〕 〔+생소〕 |

위에서 보는 바와 같이, '-으꾸마/-스꾸마'와 '-으꿔니/-스꿔니'는 〔±정중함〕과 〔±연령 제한〕(화자에 한함)의 두 가지 의미 자질에 의해 구분되는 종결어미라 할 수 있다.

### 1.1.4. '-읍지/-습지'

'-읍지/-습지'는 '단정'의 의미를 나타내는 어미이며 주로 노년층에서 사용된다.

(33) ㄱ. 나두 같이 갑지. (저도 같이 갑니다.)
ㄴ. 코오: 심습지. (콩을 심습니다.)
ㄷ. 혼자야 못 삽지. (혼자야 못삽니다.)

(34) ㄱ. 그게사 너무 흔합지. (그거야 너무 흔합니다.)
ㄴ. 정말 헗습지. (정말 쉽습니다.)
ㄷ. 정말 부실합지. (정말 멍청합니다.)
ㄹ. 우리 오래빕지. (제 동생입니다.)

(35) ㄱ. 옛날에야 그런 말 썼습지. (옛날에는 그런 말을 썼습니다.)
ㄴ. 알아서 오갰습지. (알아서 올 겁니다.)
ㄷ. *일하러 가더읍지?

'-읍지/-습지'는 원래 '-읍디/-습디'로서 이 지역에서 쓰이던 '-옵-'(옵/솝)과 관련이 있다. 즉, 이 지역에서 보편적으로 쓰이던 '-옵-'(옵/솝)이 반말의 '-디'와 통합하면서 '-읍디/-습디'가 되고, '-읍디/-습디'가 다시 구개음화를 겪으면서 '-읍지/-습지'가 된 것이다.

'-읍지/-습지'의 통사적 특성을 보면, '-읍지/-습지'는 예문 (33~34)와 같이 동사, 형용사, 계사 어간과의 통합이 모두 가능하다. 이때, 모음이나 유음 뒤에서는 '-읍지'와 통합되고, 유음을 제외한 자음 뒤에서는 '-습지'와 통합된다. 선어말어미와의 통합관계를 보면, 주체높임의 '-시-'나 과거 시제의 '-았-', 추정이나 의지를 나타내는 '-갰-'과는 통합이 가능하나, (35ㄷ)에서 보듯이 회상의 '-더-'와는 통합이 불가능하다.

(36) 혼자 좋아하- [ -시- / -었- / -갰- / *-더- ] -읍지/습지.

주어와의 공기관계에서 '-읍지/-습지'는 예문 (37)과 같이 1인칭, 2인칭, 3인칭 주어와 모두 공기될 수 있다.

(37) ㄱ. 그럼 나두 한번 봅지. (그럼 저도 한번 보지요.)
ㄴ. 아매네두 그런말 씁지. (할머니도 그런 말을 쓰지요.)
ㄷ. 그 사람두 가갰습지. (그 사람도 가겠지요.)

한편 '-읍지/-습지'는 '화자가 청자에게 명제 내용에 대하여 아주높임으로 단정하여 서술함'이란 의미적 특성을 가진다. 화용론적 특성을 보면 단독적인 장면에서는 쓰이지 않고 화자가 청자를 강하게 의식하는 상관적 장면에서 쓰인다. '-읍지/-습지'는 일반적으로 노년층 사이에서 사용되는데, 서로 익숙한 관계일 경우에는 아랫사람이 윗사람에게 사용할 수도 있다.

### 1.1.5. '-읍니다/-습니다'

'-읍니다/-습니다'는 표준어형에 속하는 어미로서 '-으꾸마/-스꾸마'보다 공식적인 자리에서 사용되며 젊은 세대들이 많이 사용한다.

(38) ㄱ. 오늘두 학교 갑니다. (오늘도 학교 갑니다.)
ㄴ. 오늘 셋째 아재 왔다갔습니다. (오늘 셋째 이모 다녀가셨습니다.)
ㄷ. 그 사람을 압니다. (그 사람을 압니다.)

(39) ㄱ. 옷이 너무 큽니다. (옷이 너무 큽니다.)
ㄴ. 영 무셉습니다. (정말 무섭습니다.)
ㄷ. 네레 내 새일입니다. (내일 제 생일입니다.)
ㄹ. 그 사람이 아입니다. (그 사람이 아닙니다.)

(40) ㄱ. 숙제를 다 했습니다. (숙제를 다 했습니다.)
ㄴ. 학교 가겠습니다. (학교 가겠습니다.)
ㄷ. 집에 없습데다. (집에 없습디다.)

현대 국어 '-읍니다/-습니다'의 기원에 대해 이현희(1982ㄴ : 149)에서는 '-숩ᄂᆞ니이다 > -숩ᄂᆞ니다 > -습느니다 > -습늬다 > -습니다'의 변화 과정을 거친 것으로 추정하였다. 실제로 18세기 문헌에서도 '-ᄂᆞ이다'에 '숩'이 통합되어 쓰인 모습을 발견할 수 있다.

(41) ㄱ. 하 감격히 너겨 다 먹숩ᄂᆞ이다. 〈重刊첩해신어 2 : 15〉
ㄴ. 그리 위ᄒᆞ옵ᄂᆞ이다. 〈重刊첩해신어 10 : 하12〉

이상의 예를 통해, 당시 개음절로 끝나는 용언 어간에는 '-옵ᄂᆞ이다'가 통합되고 폐음절로 끝나는 용언 어간에는 '-숩ᄂᆞ이다'가 통합되었음을 알 수 있다.

이 지역어에서 쓰이는 '-읍니다/-습니다'의 통사적 특성과 의미적 특성은 표준어의 '-읍니다/-습니다'와 별로 차이가 없다.

'-읍니다/-습니다'는 예문 (38~39)와 같이 동사, 형용사, 계사 어간과 결합할 수 있다. 이 경우, 모음 및 유음 뒤에서는 '-읍니다'와 연결되고 유음을 제외한 자음 뒤에서는 '-습니다'와 연결된다. '-읍니다'와 '-습니다'는 화자의 발화 속도가 빠를 경우, '-음미다/-슴미다' 혹은 '-음다/-슴다'로 실현되기도 한다.

'-읍니다/-습니다'는 주체높임의 선어말어미 '-시-'와의 통합이 가능하며, 1인칭 주어를 제외한 2인칭과 3인칭(높임의 대상일 때) 주어와의 통합이 가능하다. 그뿐만 아니라 예문 (40ㄱ,ㄴ)과 같이 시제나 추측, 혹은 의지를 나타내는 선어말어미 '-었-', '-갰-'과도 통합이 가능하다.

(42) 가매에 쌀으 안치- [ -시- / -었- / -갰- / -더- ] -읍니다/-습니다.

주어와의 공기관계를 보면, '-읍니다/-습니다'는 예문 (43)에서 보는 바와 같이 1인칭, 2인칭, 3인칭을 나타내는 주어와 모두 공기될 수 있어 주어와의 통합관계에서 제약을 받지 않는다.

(43) ㄱ. 저 오늘두 학교 갑니다.
ㄴ. 선생님(청자)두 같이 갑니다.
ㄷ. 삼추이도 왔습니다.

'-읍니다/-습니다'는 '화자가 청자에게 명제 내용을 아주높임으로 알림'의 의미적 특성을 가진다. 화용론적 특성을 보면, 단독적인 장면에서는 쓰이지 않고 화자가 청자를 강하게 의식하는 상관적 장면에서 쓰인다. 화자와 청자의 상하관계에서는 대체로 청자가 화자보다 나이가 많거나 손위일 때, 또는 서로 가까운 사이가 아니거나 공적인 관계일 때, 그리고 화자가 청자에게 격식을 갖추어 아주 높여야 할 경우에 사용된다. '-읍니다/-습니다'가 존대나 정중함을 나타내기 때문에 이 지역에서는 흔히 교사나 사회적 지위가 높은 사람한테 사용한다.

### 1.1.6. '-읍데다/-습데다'

'-읍데다/-습데다'는 '-읍니다/-습니다'에 선어말어미 '-더-'가 개재한 서술법 어미로서 표준어의 '-읍디다/-습디다12)'에 해당한다.

(44) ㄱ. 아재 아께 어디 갑데다. (이모 아까 어디 갑디다.)
ㄴ. 밭에 마늘으 심습데다. (밭에 마늘을 심습디다.)
ㄷ. 혼자 잘 놉데다. (혼자 잘 놉디다.)

(45) ㄱ. 앞집에서 잔치하는 거 같습데다.
(앞집에서 결혼식 하는 것 같습디다.)
ㄴ. 집이 영 작습데다. (집이 아주 작습디다.)
ㄷ. 아재네 밭입데다. (이모네 밭입디다.)

(46) ㄱ. 진지 드십데다. (밥을 드십디다.)
ㄴ. 시걱으 다 썼습데다. (식사를 다 했습디다.)
ㄷ. 영 멋있갰습데다. (정말 멋있겠습디다.)

'-읍데다/-습데다'는 '-읍/습-+-더-+-이-+다'로 분석 가능하지만 공시론적 관점에서 볼 때, 이들 중 어떤 형태소가 없어도 서술법 어미의 자격과 기능을 가질 수 없기 때문에 '-읍데다/-습데다'를 하나의 형태로 보고자 한다.

'-읍데다/-습데다'는 예문 (44~45)와 같이 동사, 형용사, 계사 어간과 통합이 가능하다. 이 경우, 모음 및 유음 뒤에서는 '-읍데다'와 통합되고, 유음을 제외한 자음 뒤에서는 '-습데다'와 통합된다. 또한 예문 (46)과

12) '-읍디다/-습디다'는 '-습-+-더-+-이-+다'로 재분석될 수 있는데, 이때 '-더-'는 회상의 의미를 지닌 선어말어미이고 '-이-'는 청자 높임소이고 '-다'는 종결어미이다.

같이 주체높임의 선어말어미 '-시-'와 통합이 가능하며 시제, 추측 혹은 의지를 나타내는 선어말어미 '-었-', '-갰-'과도 통합이 가능하다.

(47) 진지 다 드-[-시- / -었- / -갰-]-읍데다/-습데다.

'-읍데다/-습데다'와 주어의 공기관계를 보면, 1인칭, 2인칭, 3인칭을 나타내는 주어와 모두 공기될 수 있어 주어와의 통합관계에서 제약을 받지 않는다.

(48) ㄱ. 나두 영 좋습데다. (나도 아주 좋습디다.)
ㄴ. 어머네, 고치 너무 맵습데다. (어머니, 고추가 너무 맵습디다.)
ㄷ. 맏아매네 집이 큽데다. (큰어머니네 집이 큽디다.)

'-읍데다/-습데다'는 '화자가 직접 경험하고 확인한 상황을 아주높임으로 회상하거나 전달함'의 의미적 특성을 갖고 있다. 이는 '-더-'의 기능이 융합되어 있는 데에 기인한다. 화용론적 특성을 살펴보면 '-읍데다/-습데다'는 단독적인 장면에서는 쓰이지 않고 화자가 청자를 강하게 의식하는 상관적 장면에서 쓰인다. 그리고 '-읍더구마/-습더구마'가 대체로 비공식적인 경우에 쓰이는 것과는 달리 '-읍데다/-습데다'는 공식적인 경우와 비공식적인 경우에 모두 쓰일 수 있다. 화자와 청자의 상하관계를 보면 청자는 윗사람이어야 하지만 화자는 연령의 제한을 크게 받지 않는 특성을 지닌다.[13] 또한 익숙한 사이, 혹은 익숙하지 않은 사이에 모두 쓰일 수 있다.

## 1.2. 하오체

이 지역에서 하오체를 나타내는 종결어미에는 '-오/-소', '-읍데/-습데', '-읍네/-습네', '-다니' 등이 있다.

### 1.2.1. '-오/-소'

하오체의 전형적 종결어미에 속하는 '-오/-소'는 문장종결법에서 청유법을 제외한 서술법, 의문법, 명령법 문장에 두루 쓰인다. 특히 예사높임과 예사낮춤의 등분이 잘 분화되지 않은 이 지역에서 '-오/-소'는 각 문장종결법에 따라 통사적 특성에서도 차이를 보이고, 의미적 특성에서도 차이를 보인다. 그러므로 각 문장종결법에 따른 '-오/-소'의 특성을 분명하게 밝힐 필요가 있다.

(49) ㄱ. 평양보구 '피야이'라 하오. (평양을 '피야이'라 부르오.)
ㄴ. 그때는 '스르메' 반찬이라 했소. (그때는 '스르메' 반찬이라 했소.)
ㄷ. 핵교서 영 머오. (학교에서 아주 머오.)

(50) ㄱ. 다 다르오. (모두 다르오.)
ㄴ. 허애, 그 옷이 작소. (언니, 그 옷이 작소.)
ㄷ. 그게 우리 집이오. (그게 우리 집이오.)
ㄹ. 우리 집 아:요.[14] (우리 집 애요.)

---

13) '-읍데다/-습데다'를 사용하는 화자는 연령의 제한을 크게 받지 않지만 성별의 제한을 받는다. 이를테면, 화자가 어느 정도 나이가 든 경우(중년층, 노년층), 일반적으로 여성 화자가 남성 청자에게 사용하며 부부 사이에도 아내가 남편에게 사용할 수 있다. 그러나 자녀가 부모에게 사용할 때는 이런 제약을 받지 않는다.

(51) ㄱ. 그때까지는 맏아매라고 불렀소. (그때까지는 큰어머니라고 불렀소.)
ㄴ. 낼 가갰소. (내일 가겠소.)
ㄷ. * 맏아매라고 불렀더오.

'-오/소-'의 기원에 대해 최명옥(1976 : 166)에서는 'ᄉᆞ외' > '쇠'가 되고 〈첩해신어〉의 시기 혹은 그보다 후대에 이르러 다시 한 번 간소화의 과정을 거쳐 이들 형태가 형성되었다고 하였다. 그러나 서태룡(1985 : 180)에서는 '-소'를 중세국어에서 겸양의 선행어미 '-습-'이 어말의 문장종결소로 정착한 것으로 보고, 명령문에서 주체는 곧 청자이므로 '-소'는 겸양의 '-습-'이 주체인 청자를 높이기 위해 화자 겸양의 '-소'로 변화하였다고 했다.

이 지역 방언에서 쓰이는 '-오/-소'는 문법적 특성에서 표준어의 그것과 크게 차이가 없지만, 의미적 특성에서는 표준어와 큰 차이를 보이고 있다.

먼저 '-오/-소'의 통사적 특성을 보면, '-오/-소'는 예문 (49~50)과 같이 동사, 형용사, 계사 어간과의 통합이 가능하다. 예문 (49)는 동사 어간에, (50)은 형용사와 계사 어간에 통합된 것이다. 이 경우 모음 및 유음 뒤에서는 '-오'로, 유음을 제외한 자음 뒤에서는 '-소'로 나타난다.

'-오/-소'와 선어말어미의 통합관계를 보면 문장의 주체가 청자이거나, 3인칭의 주체가 높임의 대상일 때 주체높임을 나타내는 '-시-'와 통합이 가능하다. 그리고 예문 (51)과 같이 시제, 추측 혹은 의지를 나타내는 '-었-',

14) 이 방언에서는 기타 방언과는 달리 개음절 뒤에 오는 '-오'가 '-요'로 발음되는 일이 극히 드물다. 이는 이 지역 방언에 '해요' 계칭이 없는 것과 관련이 있을 것이다.

'-갰-' 등과 통합이 가능하나 '-더-'와는 통합되지 않는 제약이 있다.

(52) 허애 집으로 가- [ -시- / -었- / -갰- / *-더- ] -오/-소.

위 예문에서와 같이 '-더-'는 서술법의 '-오/-소'와는 어떤 환경에서도 직접적인 통합관계를 이룰 수 없다. '-오'와 '-더-'가 통합되지 않는 대신에 이 지역어에서는 '-더오'의 보충형으로 '-읍데/-습데'가 쓰인다.

'-오/-소'와 주어의 공기관계를 보면 '-오/-소'는 예문 (53)과 같이 1인칭, 2인칭, 3인칭을 나타내는 주어와 모두 공기될 수 있어 주어와의 통합관계에서 제약을 받지 않는다.

(53) ㄱ. 나두 가갰소. (나도 가겠소.)
ㄴ. 허애도 같이 먹소. (언니도 같이 먹소.)
ㄷ. 그 집 아:아니오. (그 집 애 아니오.)

위 예문에 나타난 '-오/-소'의 의미적 특성을 보면, '화자가 청자에게 명제 내용을 예사높임 혹은 예사낮춤으로 알림'의 의미를 지닌다. 그리고 단독적인 장면에서는 쓰이지 않고 화자가 청자를 강하게 의식하는 상관적 장면에서 쓰인다. 화자와 청자의 상하관계는 여러 가지로 나타나는데 일반적으로 ① 화자가 윗사람인 경우 ② 화자와 청자가 동급인 경우 ③ 청자가 윗사람인 경우의 세 가지로 나눌 수 있다.

(54) ㄱ. 한오래서 살았소. (한동네서 살았네.) 〔할머니-동네 젊은이〕
ㄴ. 다 다르오. (모두 다르네.) 〔엄마-아들〕
ㄷ. 우리 싸위 정말 고생했소. (우리 사위 정말 고생했네.) 〔장모-사위〕

(55) ㄱ. 쌀으 이재 안쳤소. (쌀을 방금 안쳤어.) 〔여동생-언니〕
ㄴ. 나두 같이 가갰소. (나도 같이 가겠어.) 〔올케-시누이〕
ㄷ. 그 말이 아이오. (그 말이 아니야. ) 〔학교 동기〕

(56) ㄱ. 핵교서 영 머오. (학교에서 아주 멀어요.) 〔아들-어머니〕
ㄴ. 아재[15], 그 옷이 작소. (이모, 그 옷이 작아요.) 〔조카-이모〕

(54~56)에서 보는 바와 같이 이 지역에서는 '-오/-소'가 여러 가지 쓰임을 갖고 있다. 기본적으로 '-오/-소'는 예문 (54), (55)와 같이 어른인 화자가 어른인 손아랫사람 혹은 평교간에게 사용할 수 있다. 이 경우 화자와 청자는 친소 관계의 제약을 크게 받지 않는다. 그러나 예문 (56)과 같이 손윗사람에게 사용할 경우, 화자와 청자는 친족 관계 혹은 친근하고 익숙한 관계라야 가능하다. 하지만 화자가 반드시 어른일 필요는 없다. 이와 같이 '-오/-소'는 이 지역에서 예사높임과 예사낮춤에 두루 쓰이면서 표준어보다는 훨씬 넓은 문법적 폭을 갖고 있다.[16]

---

15) 육진방언에서 '아재'는 아버지보다 연하의 고모나 어머니보다 연하의 이모를 가리킨다. '아재'는 의미 분화에 의하여 방언차(方言差)를 나타내는 특이한 어휘로서 지역에 따라 삼촌, 고모부, 시동생, 고모, 이모 등을 나타낸다. 일찍 이익섭(1976)에서는 강릉과 양양 지역에서도 '아재'가 고모와 이모를 가리킴을 밝힌 바 있다. 육진방언의 '아재'는 고모와 이모를 가리킨다는 점에서 이 두 지역에서 사용되는 '아재'와 유사하나, 부모보다 연하여야 한다는 점에서 차이를 보인다.

16) 곽충구(1998 : 114)에서도 함경북도 명천 지역어와 육진 지역어의 경우, 장인이 사위에게 하는 말 속에서, 또는 70세 노인이 조카뻘 되는 촌장에게 하는 말에서 '-오

### 1.2.2. '-읍데/-습데'

회상과 전달의 의미를 나타내는 '-읍데/-습데'는 '-더오'의 보충형으로 볼 수 있다. '-읍데/-습데'는 선어말어미 '-더-'를 포함한 종결어미이므로 화자가 과거에 경험한 사실에 대하여 청자에게 서술할 때 사용된다. '-읍데/-습데'는 하오체 청자를 대상으로 사용되며, 서술법과 의문법에 모두 사용된다.

(57) ㄱ. 촌에서는 그런 말을 합데. (시골에서는 그런 말을 하더군.)
ㄴ. 애가 밥 잘 먹습데. (애가 밥을 잘 먹더군.)
ㄷ. 담배르 맙:데. (담배를 말더군.)

(58) ㄱ. 너무 큽데. (너무 크더군.)
ㄴ. 영 영상스럽습데. (아주 남세스럽더군.)
ㄷ. 그 집 며느립데. (그 집 며느리더군.)
ㄹ. 좋은 사람입데. (좋은 사람이더군.)

(59) ㄱ. 밥 다 먹었습데. (밥을 다 먹었더군.)
ㄴ. 피양 가 살아야갰습데. (평양 가서 살아야 하겠더군.)

---

/-소'가 쓰이고 있음을 지적한 바 있다. 예를 들면 ㄱ. 아아덜으느 잘 자라오? (장인이 사위에게) ㄴ. 촌장은 그 사람우 잘 아오? (70세 되는 노인이 조카뻘되는 촌장에게) '-오/-소'의 다양한 쓰임은 연변의 육진방언에서도 잘 나타나는데, 정향란(2010 : 86)에 의하면 연변 지역에서는 형제 사이에서 형과 동생, 언니와 동생의 나이 차이가 많이 날 경우에는 동생은 형이나 언니한테 존대나 평대 두 가지 어미를 모두 사용할 수 있고, 형도 동생한테 평대어미를 사용하는 경우가 많다고 하였다. 그리고 친족관계가 아닌 경우에도 친구의 친구와 대화를 할 경우, 친숙한 사이가 아니지만 연령대가 비슷할 경우, 혹은 사회적 지위나 신분상으로 보면 청자의 지위가 화자의 지위보다 높지만 나이가 화자보다 적을 경우에 모두 '-오/-소'를 사용한다고 하였다.

이 지역에서 쓰이는 '-읍데/-습데'는 18세기 문헌에 나타나는 '-웁데'에서 변화되어 온 것으로 추정된다. 염광호(1998 : 235)에 따르면 18세기부터 서술법 종결어미로 '-웁데'가 문헌에 출현하기 시작하였으며 이는 현대어에 와서는 '-습데/-ㅂ데'로 변화되어 쓰인다고 하였다. 「중간첩해신어(重刊捷解新語)」에서 '-웁데'가 쓰이는 양상을 엿볼 수 있다.[17]

(60) ㄱ. 우리는 듣기도 더욱 긴부웁데. (重刊捷解新語 三. 32, 32)
ㄴ. 슈고러이 너기시랴 젼간ᄒᆞ시웁데. (重刊捷解新語 一. 26)

'-웁데'의 변화 과정에 대해서 염광호(1998 : 235)에서는 '-더이다 > -데이다 > -데'의 과정에서 형성된 '-데'와 '-웁'의 융합적 결합으로서 좀 높이는 상대에게 화자가 체험한 사실을 서술할 때 쓰인다고 하였다.

황대화(2000 : 335)에서도 '-읍데/-습데'를 '-읍데다/-습데다'의 '-다'가 탈락한 형태가 아닌 '웁/습'과 '데(더+이)'가 결합된 형태로 보고 있다.

(61) ㄱ. 實로 世尊 말 ᄀᆞᆮ더이다. (월인석보 : 9,36)
ㄴ. 그딋 ᄯᆞ롤 맛고져 ᄒᆞ더이다. (석보상절 : 6,15)

(62) ㄱ. 깃브웁데. (첩해신어 : 3,1)
ㄴ. 오가가 아녀 님별좌라 ᄒᆞ웁데. (계축일기 : 77)

황대화(2000 : 336)에 의하면 (61ㄱ,ㄴ)의 '더이다'는 '-ㅂ데다/습데다'의 '데다'의 고어형(古語型)으로서 '-데'는 시제선어말어미 '-더-'와 높임을 나타내는 '-이'의 복합 형태이므로 종결어미가 아니지만, (62ㄱ,ㄴ)의 '깃

17) 이 부분은 염광호(1998 : 235)를 참조한 것이다.

브옵데', 'ᄒᆞ옵데'의 '데'는 시제선어말어미 '-더-'와 종결어미 '-이'가 결합된 형태로 볼 수 있다.

이와 비슷한 경우로 현대 국어에도 '-데'가 존재한다.[18] 윤석민(1996 : 368)에서는 하게체의 설명법 문장종결형으로 '-데'가 존재한다고 하면서 다음 예문을 들고 있다.

(63) ㄱ. 아직 철이 이른데 김씨는 벌써 모내기를 준비하데.
ㄴ. 며칠 못 보았다고 가족들이 그립데.
ㄷ. 알고 보니 이것이 바로 내가 찾던 그 물건이데.

예문 (63)에 나타나는 '-데'는 회상법의 형태소 '-더-'를 포함하는 것이므로 순수한 문장종결형으로 기능하는 형태는 '-ㅔ'인 것으로 보고 있다. 그리고 '-데'는 화자가 명제 내용으로 제시된 것에 대하여 그것이 자신이 과거에 경험했던 것으로 그러한 사실을 자신도 몰랐거나 또는 자신의 믿음과 다른 것임을 드러내어 전달하는 의미적 특성을 지닌다고 하였다.

이상으로 이 지역어에서 쓰이는 '-습데'와 현대 국어에서 사용하고 있는 '-데'를 대조적인 관점에서 살펴보면 다음과 같은 차이가 있음을 알 수 있다. 우선, 형태면에서 이 지역어의 '-습데'는 통시적인 관점에서 볼 때 '-옵데'에서 기원되어 온 것으로 추정되나, 현대 국어의 '-데'는 '-더이다>데이다>데'의 변화 과정을 거쳤다. 의미면에서 '-습데'는 화자가 경험한 사실을 단순히 청자에게 알림을 의미하지만[19] 현대 국어의 '-데'는

18) 허웅(1999 : 701)에서는 '-데'는 회상의 어미 '-더-'에 맺음씨끝 '-(으)이'(옛말 '-으이다'의 줄임에서 생겨난 말)이 결합되어 된 것으로 보았고 한길(1991 : 349)에서는 '-데'를 회상의 '-더-'에 반말의 어미 '-어'가 결합되어 생겨난 것으로 보았다.

19) 황대화(2000 : 335)에 의하면 '-읍데/-습데'가 '-ㅂ'을 포함하고 있기는 하지만 지금

화자가 경험한 사실이 자신의 믿음과 다를 때 그 느낌을 청자에게 전달하는 경우에 쓰인다.

다음으로, '-읍데/-습데'의 통사적 특성과 의미적 특성을 살펴보기로 한다.

'-읍데/-습데'는 예문 (57~58)과 같이 동사, 형용사, 지정사 어간과의 통합이 가능하다. (57)은 동사 어간에, (58)은 형용사와 계사 어간에 통합된 것이다. 이 경우 모음이나 유음 뒤에서는 '-읍데'로 나타나고 자음 뒤에서는 '-습데'로 나타난다. '-읍데/-습데'와 선어말어미의 통합관계를 보면, 회상을 뜻하는 행위의 주체가 높임을 뜻하는 3인칭인 경우에 '-시-'와의 결합이 가능하다. 그리고 예문 (59)와 같이 과거, 의지 혹은 추측을 나타내는 '-었-', '-갰-'과도 통합이 가능하다. 한편 '읍데/-습데'는 회상의 의미를 이미 내포하고 있기 때문에 회상을 뜻하는 선어말어미 '-더-'와는 통합이 불가능하다.

(64) 집에 가- [ -시- / -었- / -갰- / *-더- ] -'읍데/-습데'.

'-읍데/-습데'와 주어의 공기관계를 보면, 예문 (65)와 같이 1인칭, 2인칭, 3인칭을 나타내는 주어와 모두 공기될 수 있음으로 주어와의 통합관계에서 제약을 받지 않는다.

---

에 와서는 높임의 뜻을 거의 잃어가고 있으며 다만 그 어떤 색채만을 좀 부여해주고 있을 따름이라고 한다.

(65) ㄱ. 나두 영 영상스럽습데. (나도 정말 남세스럽더군.)
ㄴ. 언니(청자) 옷이 작습데. (언니 옷이 작더군.)
ㄷ. 애가 밥 잘 먹습데. (애가 밥을 잘 먹더군.).

위 예문의 '-읍데/-습데'는 '화자가 자신이 경험한 사실을 청자에게 예사높임 혹은 예사낮춤으로 전달해 줌'의 의미를 지닌다. '-읍데/-습데'를 화용론적 측면에서 그 특성을 살펴보면, 단독적인 장면에서는 쓰이지 않고 화자가 청자를 강하게 의식하는 상관적 장면에서 쓰인다. 화자와 청자의 상하관계에 있어서 '-오/-소'와 마찬가지로 ① 화자가 윗사람인 경우 ② 화자와 청자가 동급인 경우 ③ 청자가 윗사람인 경우의 세 가지로 나눌 수 있다.

(67) ㄱ. 한오래서 살았습데. (한동네서 살았더군.) 〔할머니-동네 젊은이〕
ㄴ. 다 다릅데. (모두 다르더군.) 〔할머니-동네 할머니〕
ㄷ. 아: 밥 잘 먹습데. (애가 밥을 잘 먹더군.) 〔시어머니-며느리〕

(68) ㄱ. 쌀으 이재 안쳈습데. (쌀을 방금 안쳤더라.) 〔여동생-언니〕
ㄴ. 오빠랑 같이 왔습데. (오빠랑 같이 왔더라.) 〔올케-시누이〕
ㄷ. 그게 아입데. (그게 아니더라.) 〔학교 동기〕

(69) ㄱ. 핵교서 영 멉데. (학교에서 아주 멀더군요.) 〔아들-어머니〕
ㄴ. 아재, 그 옷이 작습데. (이모, 그 옷이 작더군요.) 〔조카-이모〕

(66~67)에서 보는 바와 같이, 이 지역에서는 '-읍데/-습데'가 여러 가지 쓰임을 갖고 있다. 기본적으로 '-읍데/-습데'는 예문 (67), (68)과 같

이 어른인 화자가 어른인 손아랫사람 혹은 평교간에게 사용할 수 있다. 이 경우 화자와 청자는 친소 관계의 제약을 크게 받지 않는다. 그러나 예문 (69)와 같이 손윗사람에게 사용할 수도 있는데, 이 경우 화자와 청자는 친족 관계 혹은 친근하고 익숙한 관계라야 가능하다. 그러나 화자가 반드시 어른일 필요는 없다. '-읍데/-습데'는 화자와 청자가 서로 동급인 경우에도 쓰일 수 있다. 이를테면 (68ㄱ,ㄴ)과 같이 동기간에 사용되며, 이 지역에서는 반드시 서열에 따라 사용한다. 또한 (68ㄷ)과 같이 친구 사이라도 어느 정도 나이가 들게 되면 '-읍데/-습데'를 사용해 서로 대우해 주기도 한다.

### 1.2.3. '-읍네/-습네'

'-읍네/-습네'는 화자가 청자에게 자신의 염려를 나타내거나 혹은 자신이 알고 있는 정보를 전달할 때 쓰이는 종결어미이다.

(70) ㄱ. 저러다 술에 <u>취합네.</u> (저러다 술에 취하겠네.)
ㄴ. 밤에 혼자 가다 (나쁜 놈한테) <u>맞습네.</u> (밤에 혼자 가다 맞겠네.)
ㄷ. 좋아하다가 <u>웁네.</u> (좋아하다가 울겠네.)

(71) ㄱ. 아직두 <u>아픕네.</u> (아직도 아프네.)
ㄴ. 그런거 <u>슳습네.</u> (그런 건 싫네.)
ㄹ. 우리 <u>밭입네.</u> (우리 밭이네.)

(72) ㄱ. 시격 다 <u>썼습네.</u> (밥 다 먹었네.)
ㄴ. 저러다 또 <u>울갰습네.</u> (저러다 또 울겠네.)
ㄷ. *집에 <u>없습더네.</u>

'-읍네/-습네'는 근대국어의 '습ᄂᆞ이다'에서 변화한 것으로 '습ᄂᆞ이다>습ᄂᆡ다>습네다'의 '-습네다'에서 '-다'가 '절단(trancation)'되면서 형성된 것이다. '-습네다' > '습네'의 변화 과정에서 대우 등급이 한 단계 낮아지면서 합쇼체에서 하오체 어미로 되었다.

'-읍네/-습네'는 예문 (70~71)과 같이 동사, 형용사, 계사 어간과의 통합이 모두 가능하다. 이 경우, 모음이나 유음 뒤에서는 '-읍네'와 통합되고, 유음을 제외한 자음 뒤에서는 '-습네'와 통합된다. 선어말어미와의 통합관계를 보면, 예문 (72)와 같이 주체높임의 '-시-', 과거 시제의 '-았-', 추정이나 의지를 나타내는 '-갰-'과는 통합이 가능하나, (72ㄷ)과 같이 회상의 '-더-'와는 통합이 불가능하다. 이는 '-읍네/-습네'가 갖고 있는 염려와 전달의 의미와 관련된다.

(73) 보채다가 대베지- [ -시- / -었- / -갰- / *-더- ] -읍네/-습네.

주어와의 공기관계에서 '-읍네/-습네'는 예문 (74)와 같이 1인칭, 2인칭, 3인칭 주어와 모두 공기될 수 있어 주어와의 통합관계에서 제약을 받지 않는다.

(74) ㄱ. 나두 다 먹었습네.
ㄴ. (사위한테) 그러다 또 취합네.
ㄷ. 그 사람 잘못하다간 망합네.

한편 '-읍네/-습네'는 '화자가 자신이 염려하고 있거나 전달하고자 하는 사실을 청자에게 예사높임으로 알림'이란 의미적 특성을 가진다. 화용론적인 측면에서 보면, 단독적인 장면에서는 쓰이지 않고 화자가 청자를 강하게 의식하는 상관적 장면에서 쓰인다. 화자와 청자 간 상하관계를 보면, 대체로 아래 서열이거나 동등한 관계이다.

#### 1.2.4. '-다니(다이)'

화자가 전달하고자 하는 명제 내용에 대하여 강조의 뜻을 나타내는 '-다니'는 이 지역에서 일반적으로 '-다이'의 형태로 실현된다.

(75) ㄱ. 모레 간다이.
ㄴ. 발써 먹었다이.
ㄷ. 너무 많다이.
ㄹ. 일없다이.

(76) ㄱ. 나두 호강하겠다이.
ㄴ. 영 밉더라이.

'-다니'는 예문 (75)와 같이 동사, 형용사, 계사 어간과의 통합이 가능하다. 동사와 결합할 경우, 동사 어간에 직접 결합하지 않고 '-ㄴ', '-었-', '-겠-', '-더-'와 같은 선어말어미와 먼저 통합하는 특성이 있다. 따라서 '-다이'는 모든 선어말어미와의 통합이 가능하며 별다른 제약을 받지 않는다. 다만 회상을 나타내는 선어말어미 '-더-'와 통합할 경우, '-라니(이)'로 실현된다.

(77) 시걱 다 쓰- [ -시- / -었- / -갰- / *-더- ] -다니/-라니.

주어와의 공기관계를 보면 '-다니'는 예문 (78)과 같이 1인칭, 3인칭 주어와는 공기할 수 있으나, 2인칭 주어와는 공기할 수 없는 제약이 있다. 이는 '-다니'가 지니고 있는 〔확인〕과 〔강조〕의 의미적 특성에 의한 것으로 분석된다.

(78) ㄱ. 난 그런거 본적이 없다이.
ㄴ. *너두 같이 간다이.
ㄷ. 아바이네두 다 잡샀더라이.

'-다이'의 의미적 특성에 대해서는 일반적으로 '화자가 알고 있는 명제 내용에 대하여 〔강조〕하여 전달함'으로 분석된다. 하지만 '-다이'의 통사적 특성에서 보면, 일반적인 명제 내용보다는 '화자에게 확인되어진 것(혹은 완료된 상황인 것을 인식한 것)을 전제로 하여 강조, 다짐하는 것'으로 분석하는 게 더 적절하다(권재일, 1982 : 233). 따라서 '-다이'는 '화자가 이미 확인한 사실에 대하여 청자에게 예사낮춤으로 강조하여 전달함'의 의미적 특성을 지닌다고 할 수 있다.[20] 화용론적 측면에서 보면, 단독적인 장면에서는 쓰이지 않고 화자가 청자를 강하게 의식하는 상관적 장면에 쓰이며, 화자와 청자가 동등한 관계이거나 청자가 아랫사람일 경우에 쓰

20) 조선어실태조사보고집필조(1985 : 145)에서는 '-다이'를 아무런 뜻도 없이 군더더기로 쓰이나 때로는 확정의 뜻을 나타낸다고 하였다.

인다. 이 지역에서 '-다이'는 중장년층의 언어적 특징에 속하는바, 젊은 층보다는 중장년층에서 흔히 쓰인다.

'-다이'의 상대 높임의 등급에 대해서 여러 가지 견해가 있는데, 김병제(1965 : 148)에서는 반말로 처리하였고 황대화(1998 : 235)에서는 '낮춤'의 등급으로, 전학석(1998 : 135)에서는 '대등'의 등급으로 처리하였다. 하지만 위의 예들의 '-다이'를 '-오/-소'로 바꾸어도 높임의 등급에 큰 변화를 갖지 않는다는 점에서 '-다이'가 하오체의 등급을 갖는다고 보는 것이 적절할 듯싶다.

'-다니'의 기원에 대해서는 종결어미와 문말 첨사가 결합된 것과 연결어미가 종결어미화 한 것 등의 두 가지로 상정해볼 수 있다.

먼저, '-다니'를 종결어미 '-다'와 문말 첨사 '-니'가 결합한 것으로 볼 수 있다. 문말 첨사란 "문 종결 형식 뒤에 다시 연결되는 형태들의 범주적 명칭을 이르는 것으로(이윤하, 1999 : 59), 그 특성은 문말 첨사가 연결되지 않은 구성 형식만으로도 완벽한 문장의 종결 형식이 된다는 것과, 이들 형태의 연결로 인하여 형성된 문장이 그렇지 않은 문장과 다소 의미적 차이를 보인다는 점이다. '-다니'의 경우, '-니'를 제외한 '-다'만으로도 온전한 문장 종결 형식이 될 수 있다. 또한 '-니'가 통합된 '-다니'는 예사낮춤의 대우 등급을 갖추게 되는데 이는 '-다'가 원래 지니고 있던 해라체의 등급과 구분된다. 그뿐만 아니라 의미적 특성에서도 '-니'가 통합되지 않은 문장과 다소 차이를 보이는데, 만약에 '-다'가 〔단정〕의 의미를 나타내는 어미라면 '-니'가 통합됨으로써 〔확인〕과 〔강조〕라는 새로운 의미를 지니게 된다. 따라서 '-니'는 종결어미와 통합하여 새로운 기능과 의미를 갖게 되는 문말 첨사로의 분석이 가능하다. 하지만 이 경우, '-니'가 과연 무엇인지, 그 실체를 밝히기 어려운 문제점이 따른다.

다음은 '-다니'를 '-ㄴ다(고) 하니(까)'라는 통사적 구성에서 온 것으로 보는 경우이다. 그 이유는 '-다니'가 '한다니까'의 의미도 어느 정도 내포하고 있다는 점이다. '-다니'는 '과거나 현재에 경험한 사실을 청자에게 확인하여 알림'이라는 뜻을 갖고 있는데, 이로부터 '-ㄴ다(고) 하니(까)'와 같은 연결어미가 종결어미화한 것이 아닌가 싶다. 특히 '-다니'가 어간에 직접 결합하지 못하고 시제나 양태 선어말어미와 통합되어야만 한다는 사실에서 이러한 추정은 어느 정도 설득력이 있을 것으로 보인다.

이러한 것 외에도 권재일(1982 : 226)과 같이 '-다'와 통합하는 '-이'를 '문장종결조사'로 보거나 강희숙(2011 : 60)과 같이 '-이'와 비슷한 기능을 지닌 '와, 웨, 잉, 야' 등을 담화 표지로 분석할 수 있다.21)

## 1.3. 해라체

이 지역어에서 해라체를 나타내는 서술법 종결어미에는 '-다', '-더라', '-을라', '-으마' 등이 있다.

21) 담화 표지(discourse markers)란 '구어의 담화 상황에서 잉여적으로 사용되는 주변적인 언어 표현으로서 원래 구상적인 어휘적 의미를 기저로 한 내용어 및 기능어가 문법화를 거쳐 점차 추상적인 화용적 의미를 획득한 담화적 장치를 말한다(이정애, 2002 : 125). 담화 표지들이 지니는 일반적 특징은 다음과 같다. ㄱ. 담화(입말)에서만 실현되는 표지이다. ㄴ. 쓰임에서 공간적, 계층적인 보편성을 가져야 한다. ㄷ. 다른 문장 성분과 독립성이 높다. ㄹ. 사용이 임의적일 가능성이 높다. ㅁ. 나름대로 독특한 기능을 한다. ㅂ. 형태적으로 고정성이 높다. ㅅ. 모든 담화 표지는 원래 어휘적 의미에서 변이되었을 가능성이 높다(임규홍, 1996 : 12, 전영옥, 2002 : 125).

### 1.3.1. '-다'

'단정'이나 '서술'을 나타내는 '-다'는 문법적 특성이나 의미적 특성에서 표준어와 크게 차이가 없다.

(79) ㄱ. 밥으 영 잘 먹는다. (밥을 아주 잘 먹는다.)
ㄴ. 오늘 철수 서방간다. (오늘 철수 장가간다.)
ㄷ. 그 아매 정말 오래 산다. (그 할머니 정말 오래 사신다.)

(80) ㄱ. 정말 얘슉하다. (정말 크다.)
ㄴ. 니 옷이 너무 작다. (너 옷이 너무 작다.)
ㄷ. 너무 멀다. (너무 멀다.)
ㄹ. 우리 아재다. (우리 고모/이모다.)
ㅁ. 철수 오늘 귀빠진 날이다. (철수가 오늘 귀빠진 날-생일이다.)

(81) ㄱ. 내 어제 피양 갔다왔다. (나 어제 평양에 다녀왔다.)
ㄴ. 그러다 다치겠다. (그러다 다치겠다.)

현대 국어에서 '-다'의 기본형 설정에 대해 여러 가지 논의가 있다. 고영근(1974 : 130)에서는 현대 국어의 '-다'를 서술형 어미의 기본형이라 설명한 바 있다. '-다'를 기본형으로 설정할 경우 형용사, 계사 어간과 직접 통합될 수 있으며, 동사 어간과는 직접 통합할 수 없으나 동사 어간에 시제를 나타내는 선어말어미 '-는-', '-엇-', '-갓-' 등과는 통합이 가능한 것으로 설명할 수 있다. 하지만 어미를 '-는다/-ㄴ다'로 설정했을 경우, 형용사나 계사 어간과 통합하는 '-다'를 이형태로 설정해야 하며, '-는다/-ㄴ다'가 현재의 의미를 지니고 있기 때문에 '-엇-', '-갓-'과 통합할 수 없는 제약이 따른다. 따라서 '-는다/-ㄴ다'에서 '-는-/-ㄴ'은 현재시제를

나타내는 선어말어미로 분리하고 '-다'를 어미로 설정해야 할 것이다.[22]

'-다'와 선어말어미의 통합관계를 보면 문장의 주체가 청자이거나, 3인칭 주체가 높임의 대상일 때 주체높임을 나타내는 '-시-'와 통합이 가능하다. 그리고 예문 (79~80)과 같이 형용사나 계사 어간과는 직접 통합하며 동사와 통합할 때는 선어말어미 '-는-', '-었-', '-갰-' 등과 먼저 통합한 후 다시 '-다'와 통합한다. 여기서 '-다'가 동사 어간과 직접 통합할 수 없는 이유는 동사가 발화에서 현재형으로 실현될 경우 현재의 선어말어미 '-는-'과 통합하여야만 쓰일 수 있기 때문이다.

(82) 집에 가- [ -시- / -었- / -갰- / -더- ] -다(라).

'-다'와 주어의 공기관계를 보면 '-다'는 예문 (83)과 같이 1인칭, 2인칭, 3인칭을 나타내는 주어와 모두 공기할 수 있으므로 주어와의 통합관계에서 제약을 받지 않는다.

(83) ㄱ. 내 어제 피양 갔다왔다. (나 어제 평양에 다녀왔다.)
ㄴ. 니 옷이 너무 작다. (니 옷이 너무 작다.)
ㄷ. 오늘 철수 서방간다. (오늘 철수 장가간다.)

22) '-다'를 이상태(1983 : 31)에서는 화자의 '단언'이라 하였다. 그리고 한길(1991 : 320)에서는 '-다'가 불특정 들을이에게 알림을 나타낸다고 하였다. 이러한 앞선 논의들을 토대로, '-다'와 '-ㄴ다'의 분포상의 차이를 고려하면 '-다'는 〔+객관성〕, 〔-의도성〕, 〔-동작성〕을 나타낸다고 할 수 있다.

'-다'는 화자가 청자에게 명제 내용에 대하여 알릴 때 사용되기 때문에 '화자가 청자에게 명제 내용을 아주낮춤으로 알림'이란 의미적 특성을 가진다.[23] 화용론적 측면에서 보면, 일반적으로 화자가 청자를 강하게 의식하는 상관적 장면에서 쓰이며, 경우에 따라서는 청자를 의식하지 않는 단독적 장면에서도 쓰인다. 이 때 청자는 화자 자신으로 보는 것이 타당하다.

이 지역어에서 '-다'는 어미 자체로 쓰이는 경우 외에 예문 (84)와 같이 '-야'와 통합되어 쓰이기도 한다.

(84) ㄱ. 니 옷이 <u>작다야.</u>
ㄴ. 나두 <u>몰랐다야.</u>
ㄷ. <u>싫다야.</u>

'-다야'의 경우 의미상 '-다이'와 큰 구별이 없지만 화자 자신의 느낌이나 감탄을 청자에게 강하게 표현한다는 점에서 차이를 보인다. 그리고 '-다니'가 중, 노년층에서 흔히 사용되는 것과는 달리, '-다야'는 세대를 막론하고 두루 사용될 수 있으며 특히 젊은 층에서 많이 사용된다.

### 1.3.2. '-더라'

'-다'는 회상의 선어말어미 '-더'와 통합할 때 '-더라'로 실현된다. '-다'와 '-라'는 서로 상보적 분포를 보이는 어미로서, 일반적인 경우에 '-다'가 쓰이지만 앞에 선어말어미 '-더'가 올 때는 '-라'가 쓰인다.

---

23) '-다'의 의미적 특성에 대하여 윤석민(1996 : 368)에서는 〔설명〕에 가깝다고 하였고 서태룡(1988 : 123)에서는 〔확실〕, 〔객관〕의 의미를 지닌다고 하였다.

(85) ㄱ. 야 밥으 영 잘 먹더라. (애가 밥을 아주 잘 먹더라.)
ㄴ. 철수 오늘 혼세한다더라. (철수 오늘 결혼한다더라.)
ㄷ. 범이랑 보니까 무셉더라. (범을 보니 무섭더라.)
ㄹ. 집이 탐탐하구 솔더라. (집이 답답하고 좁더라.)
ㅁ. 그 집 메느리더라. (그 집 며느리더라.)

(86) ㄱ. 오늘 영희 데혼했다더라. (오늘 영희 약혼했다더라.)
ㄴ. 그 옷이 좀 크갰더라. (그 옷이 좀 크겠더라.)

'-더라'는 화자가 직접 보았거나 경험한 사실을 청자에게 서술할 때 사용된다. '-더라'는 예문 (85)와 같이 동사, 형용사, 계사 어간과 직접 통합되며 주체높임의 선어말어미 '-시-'와도 통합이 가능하다. 이 경우 1인칭, 2인칭 주어를 제외한 3인칭(높임의 대상일 때) 주어와 통합이 가능하며, 예문 (86)과 같이 시제, 추측 혹은 의지를 나타내는 선어말어미 '-었-', '-갰-'과도 통합이 가능하다.

(87) 키가 크- [ -시- / -었- / -갰- ] -더라.

'-더라'와 주어의 공기관계를 보면 예문 (88)과 같이 1인칭, 2인칭, 3인칭을 나타내는 주어와 모두 공기될 수 있어 주어와의 통합관계에서 제약을 받지 않는다.

(88) ㄱ. 나두 영 영상스럽더라. (나도 정말 남세스럽더라.)
ㄴ. 너네 아:두 마이 컸더라. (너희 애도 많이 컸더라.)
ㄷ. 애가 밥 잘 먹더라. (애가 밥을 잘 먹더라.).

'-더라'는 '화자가 직접 보았거나 경험한 사실을 청자에게 아주낮춤으로 전달함'의 의미를 지닌다. 이는 '-더-'의 기능이 융합되어 나타난 데에 기인한다. 화용론적 측면에서 보면 단독적인 장면에서는 쓰이지 않고 화자가 청자를 강하게 의식하는 상관적 장면에서 쓰인다. 화자와 청자의 상하관계를 보면, 화자는 연령의 제한을 받지 않지만 청자가 아랫사람이거나 혹은 화자와 청자가 동급일 경우에 쓰인다. 화자와 청자의 친소관계를 보면 친근한 사이, 혹은 익숙한 사이에서 쓰이며 서로 모르는 사이더라도 부담 없이 쓰고자 하는 경우에 쓰인다.

#### 1.3.3. '-을라'

'-을라'는 우려되는 상황에서 청자에게 주의를 환기시키거나 경계시키고자 할 때 사용되는 어미이다. 이 지역에서 사용되는 서술법 어미 '-을라'는 문법적 특성이나 의미적 특성에 있어서 표준어와 비슷한 양상을 보이고 있다.

(89) ㄱ. 보채다가 대베질라. (보채다가 넘어질라.)
ㄴ. 까불다가 맞을라. (까불다가 맞을라.)
ㄷ. 그러다가 추울라. (그러다가 추울라.)
ㄹ. 너므 덥을라. (너무 더울라.)
ㅁ. 가짜일라. (가짜일라.)

(90) ㄱ. 시걱 다 썼을라. (식사 다 했을라.)
ㄴ. ＊시걱 다 썼갰을라.
ㄷ. ＊시걱 다 썼더을라.

문장종결법에서 경계법에 대한 처리에는 두 가지 견해가 있는데, 한 가지는 독립된 한 범주로 보아 경계법을 따로 설정한 것이고(김민수, 1960; 고영근, 1976) 다른 한 가지는 경계법을 따로 설정하지 않고 다른 범주에 포함시킨 것이다. 이 글에서는 경계법을 따로 설정하지 않고 서술법에 포함시켜 논의하고자 한다.

예문 (89)에서 보는 바와 같이 '-을라'는 동사, 형용사, 지정사 어간과 통합이 가능하다. 이 경우 어간이 모음이나 유음 뒤에서는 '-ㄹ라'로 실현되고 유음을 제외한 자음 뒤에서는 '-을라'로 실현된다. '-을라'는 주체 높임의 선어말어미 '-시-'와 통합될 수 있다. 그러나 이 경우 문장의 주체가 높임의 대상이면 통합이 자연스럽지만 그러하지 않은 경우에는 제약을 받는다.

'-을라'는 다른 선어말어미와의 통합에서도 제약을 보이는데, 예문 (90)과 같이 과거를 나타내는 선어말어미 '-었-'과는 통합이 가능하지만, 의지나 추측을 나타내는 '-갰-'이나 회상을 나타내는 '-더-'와는 통합이 불가능하다.

(91) 시걱 다 썼- [ -시- / -었- / *-갰- / *-더- ] -을라.

'-을라'와 주어의 공기관계를 보면, 1인칭, 2인칭, 3인칭 주어와 모두 공기될 수 있어 별다른 제약을 받지 않는다.

(92) ㄱ. 그러다가 나두 대베질라.
ㄴ. 네가 칩을라.
ㄷ. 애가 덥을라.

'-을라'는 '상대방의 행동이 잘못될까 염려하면서 미리 경계하는 것'으로, '화자가 청자에게 실수를 하지 않도록 주의를 환기시키는 것'으로 볼 수 있다(고영근, 1989 : 341). 따라서 '-을라'는 〔염려〕와 〔경계〕의 두 가지 의미를 내포하고 있다. 청자 혹은 제3자에 대한 〔염려〕를 나타낼 경우 '-을라'는 단독적 장면 혹은 상관적 장면에 모두 쓰일 수 있으나, 〔경계〕를 나타낼 경우에는 청자를 강하게 의식하는 상관적 장면이라야 가능하다. 화자와 청자의 관계에 있어서도 화자가 윗사람인 경우가 많으며 일반적으로 익숙한 사이에서 자주 사용된다.

또한 '-을라'는 어떤 상황이 전제되지 않은 경우에는 쓰이지 않고, 반드시 화자가 우려하는 상황이 전제될 때에만 쓰이는 제약이 따른다. 이를테면, 종결어미가 '-을라'인 문장은 주어진 상황에 대한 화자의 우려라는 전제가 놓여야만 자연스럽게 쓰일 수 있다. '나무에서 떨어질라'라는 발화가 이루어지기 전의 장면을 설정해 보면 청자가 나무에 올라가 있거나, 오르려고 하는 상황에서 화자가 '청자가 나무에서 떨어질지 모르겠다'고 우려하는 장면을 추정할 수 있다. 바로 이런 전제가 있는 경우에 한하여 '-을라'가 종결어미로 쓰일 수 있다(한길, 2004 : 414).

이처럼 '-을라'는 우려되는 상황에서 청자에게 주의를 환기시키거나 경계시키고자 할 때 사용되기 때문에 '-을라'는 '화자가 청자에게 명제 내용에 대하여 경계할 것을 알림'의 의미적 특성을 가진다.[24]

---

24) 양인석(1976 : 133)에 의하면 '아이 깰라'가 '조용히 해라'의 의미를 함의하듯 '-을라'

### 1.3.4. '-으마'

약속의 의미를 지닌 '-으마'는 문장종결법 분류에서 약속법으로 따로 분류되기도 하고 서술법에 포함되기도 하는데, 이 글에서는 서술법에 함께 포함시켜 논의하기로 한다.

(93) ㄱ. 내 네레 너네 집에 가마. (내가 내일 너 집에 가마.)
ㄴ. 쌀으 먼저 씾으마. (쌀을 먼저 씻으마.)
ㄷ. 밖에서 노마. (밖에서 노마.)

(94) ㄱ. *감기를 앓으마.
ㄴ. *내가 오늘 칩으마.
ㄷ. *이게 우리 집이마.

먼저 '-으마'의 통사적 특성을 살펴보면, '-으마'는 예문 (93~94)에서 보는 바와 같이, [+행동성]의 의미 자질을 지니고 동사 어간에만 통합되고 그 밖의 서술어와는 통합될 수 없다. 이는 '-으마'의 의미적 특성 때문이다. '-으마'는 [약속]의 의미를 가지는데, [약속]이란 화자가 행동에 옮길 수 있는 경우에만 가능하기 때문이다.

한편 '-으마'는 선어말어미와의 통합관계에서도 제약을 보인다. '-으마'는 1인칭 주어와만 공기될 수 있는 제약 때문에 주체높임의 '-시-'와 통합될 수 없으며 과거, 추측 혹은 회상을 나타내는 '-었-', '-갰-', '-더-'와도 통합이 불가능하다.

---

는 간접언어행위로 함의에 의해 명령이나 효과를 가지기도 한다.

(95) 빨리 돈으 갚- [ *-시- / *-었- / *-갰- / *-더- ] -으마.

이와 같이 '-으마'가 어떤 선어말어미와도 통합될 수 없는 까닭 역시 '-으마'가 지니고 있는 〔약속〕의 의미 때문이다. 〔약속〕은 지금 이후의 앞으로의 행위에 대한 것이기 때문에 '-으마'는 '올적'에 대한 시제적 요소를 함의하고 있다고 봐야 할 것이다.

또한 '-으마'는 예문 (96)과 같이 1인칭 주어와만 공기될 수 있는 제약이 따르는데, 이는 청자와 〔약속〕을 할 수 있는 주체가 화자 자신밖에 될 수 없기 때문이다.

(96) ㄱ. 내 너네 집에 가마.
ㄴ. *네가 돈으 갚으마.
ㄷ. *그가 밖에서 노마.

'-으마'의 의미에 대해서 이종희(2004 : 87)에서는 '-으마'가 〔약속〕의 의미 외에도 〔알림〕의 의미를 나타낸다고 기술하고 있다.

(97) ㄱ. 서울에 가는 대로 편지를 보내마. 〔약속〕
ㄴ. 나 노인정 다녀오마. 〔알림〕

이종희(2004 : 87)에서는 (97ㄱ)은 〔약속〕을 나타내나 (97ㄴ)은 〔알림〕을 나타낸다고 분석하였다. 왜냐하면 (97ㄴ)을 간접인용으로 옮길 경우,

동사 '약속하다'를 사용할 수 없기 때문이다. 즉,

(98) 시아버지가 며느리에게 노인정에 다녀오겠다고 *약속했다/말했다.

(98)은 (97ㄴ)을 간접인용으로 옮긴 경우인데, 보는 바와 같이 '약속했다'가 올 경우 비문이 된다. 따라서 '-으마'의 의미는 〔약속〕과 〔알림〕의 두 가지로 상정할 수 있다.

이 지역어에서 쓰이는 '-으마'도 〔약속〕과 〔알림〕의 두 가지 의미를 모두 나타내고 있으며, 일반적으로 화자가 자신의 미래의 행위가 청자에게 이익이 된다고 전제할 때에 쓰인다. 발화 장면을 보면 상관적 장면에서만 쓰이고 단독적 장면에서는 쓰이지 않으며, 화자가 청자를 안 높이는 경우에만 사용되는 특성을 가진다.[25] 따라서 화자와 청자의 상하 관계에서 볼 때, 화자는 손윗사람, 청자는 손아랫사람 혹은 동급관계가 될 것이며, 친소 관계를 볼 때 생소한 사이보다는 익숙한 사이가 될 것이다.

### 1.4. 반말

이 지역어에서 반말을 나타내는 종결어미에는 '-으께', '-지', '-쟤이쿠', '-쟤니리', '-개' 등이 있다. 이 중에서 '-으께', '-지'는 표준어형에 속하는 어미이고 '-쟤이쿠', '-쟤니리', '-개' 등은 방언적 특징을 띤 융합형 종결어미에 속한다.

---

25) '-으마'도 '-으께'와 마찬가지로 합쇼체와 하오체에 해당하는 어미가 없으며 손윗사람에게는 선어말어미 '-겠-'을 사용하여 화자의 '의지'를 표현한다.

### 1.4.1. '-으께'

'-으께'는 표준어의 서술법 어미 '-을게'에 해당한다.[26)]

(99) ㄱ. 내가 쌀으 안치께. (내가 쌀을 안칠게.)
ㄴ. 내가 고도에르 굽으께. (내가 고등어를 구울게.)
ㄷ. 여기서 노:께. (여기서 놀게.)
ㄹ. 여기다 노으께. (여기에다 놓을게.)

'-으께'는 화자가 청자에게 어떤 일을 하려고 자신의 의지를 나타내거나 약속할 때 쓰이는 어미이다. 표준어의 '-을게'에 해당되며 이 지역어에서는 'ㄹ'탈락과 경음화를 거쳐 '-으께'로 나타난다. '-을게'의 형성 과정에 대하여 안명철(1990 : 128)에서는 '-ㄹ것이야'가 '-ㄹ꺼야 > -ㄹ께'의 융합 과정을 거친 것으로 보았으며, 안주호(1996 : 154)에서는 "[-ㄹ 것이-]의 구조에서 온 것으로 종결어미가 영형태로 되어 있다."고 보았다.

'-으께'의 통사적 특성을 보면, 약속의 의미를 나타내는 '-으께'는 예문 (99)와 같이 동사와만 통합될 수 있으며 형용사나 지정사와는 통합되지 못하는 제약이 있다.[27)] 이 경우 '-으께'는 자음으로 끝나는 어간 뒤에서 실현되며, 모음이나 유음으로 끝나는 어간 뒤에서는 어미초의 '으'가 탈락하여 '-께'로 실현된다.

---

26) '-을게'는 표준어에서 약속법에 해당되나 본고에서 약속법을 서술법에 포함시켰기 때문에 '-으께'를 여기서 다루기로 한다.

27) 한길(2004 : 222)에서는 '-을게'에 통합될 수 있는 용언이 동사더라도 행동자의 능동적 행동을 나타내는 행동성 동사만이 가능하고 비행동성 동사는 통합될 수 없는 제약이 따른다고 하였다. 여기서 행동성 동사는 Chafe(1970)에서 분류한, 행동자의 능동을 나타내는 행동성(action) 동사, 상태 변화를 나타내는 과정성(process) 동사, 상태를 나타내는 상태성(state) 동사를 말한다.

한길(2004 : 222)에서는 표준어의 '-을게'가 가지는 여러 제약에 대해서 다음과 같이 기술하고 있다.

(100) ㄱ. 내가 떠나기 전에 한 번 더 올게.
ㄴ. *내일 내가 몹시 앓을게.
ㄷ. *내가 오늘밤 지칠게.
ㄹ. *내가 내일 바쁠게.
ㅁ. *내가 이 다음에 선생일게.

위 예문의 서술어를 보면 (100ㄱ)은 행동성 동사이고 (100ㄴ, ㄷ)은 비행동성 동사이다. 그리고 (100ㄹ)은 형용사이며 (100ㅁ)은 계사이다. [약속]이라는 행위를 실행할 수 있는 서술어가 행동성 동사에만 제한되어 있으므로, (100ㄱ)을 제외한 다른 문장은 모두 비문이 된다.

'-으께'와 선어말어미의 통합관계를 보면, '-으께'는 주어가 1인칭으로 화자와 동일하기 때문에, 화자가 자신을 높이지 않는 원칙에 따라 주체높임의 '-시-'와 통합될 수 없다. 또한 '-으께'가 현재 이후 다가올 시간에 이루어질 약속을 의미하기 때문에 시제, 추측 혹은 회상을 나타내는 선어말어미 '-었-', '-갰-', '-더-' 등과도 통합될 수 없다. 따라서 '-으께'와 선어말어미의 통합관계는 다음과 같이 정리할 수 있다.

(101) 내가 고도에르 굽- [ *-시- / *-었- / *-갰- / *-더- ] -으께.

'-으께'와 주어의 공기관계를 보면, 예문 (102)과 같이 1인칭 주어와는 공기할 수 있으나, 2인칭, 3인칭 주어와는 공기할 수 없는 제약이 있다. 이는 '-으께'가 지니고 있는 〔약속〕이라는 의미적 특성에 의한 것으로 분석된다.

(102) ㄱ. 내가 쌀으 안치께.
ㄴ. 네가 고도에르 굽으께.
ㄷ. 그 사람이 올께.

'-으께'는 행동성 동사와만 통합되기 때문에 '화자의 능동적 행동'을 나타낸다. 또한 발화 시점에서 서술어의 행동이 현재까지 이루어지지 않은, 앞으로 일어날 동작이라는 점에서 '미래'의 의미를 추출할 수 있다. 따라서 '-으께'는 '화자가 자신의 미래의 행동을 할 것을 청자에게 반말로 약속함'의 의미를 가진다.

한편 '-으께'는 일반적으로 화자가 자신의 미래의 행위가 청자에게 이익이 된다고 전제할 때에 쓰인다. 발화 장면을 보면 상관적 장면에서만 쓰이고 단독적 장면에서는 쓰이지 않으며, 화자가 청자를 안 높이는 경우에만 사용되는 특성을 가진다.28) 따라서 화자와 청자의 상하관계에서 볼 때, 화자는 손윗사람, 청자는 손아랫사람 혹은 동급관계가 될 것이며,

---

28) 약속을 나타내는 어미에는 합쇼체와 하오체에 해당하는 어미가 없는데 그 이유를 이종희(2004 : 87)에서는 "'약속'이란 청자를 고려하여 청자에게 도움이 될 것이라고 판단을 내린 후에 청자를 위해서 어떤 행위를 하는 것인데, 이 판단을 손아랫사람이 손윗사람에게 하는 것이 옳지 않다고 생각하기 때문인 것 같다"고 분석하고 있다. 즉, '약속'의 종결어미를 사용할 때 화자는 청자가 수혜자라고 생각하고, 그 혜택을 베푸는 것이 화자 자신이라고 생각하기 때문에 손윗사람에 대한 예의에 어긋나는 것이 된다. 따라서 손윗사람에게는 선어말어미 '-겠-'을 사용하여 화자의 '의지'를 표현한다.

친소관계를 볼 때 생소한 사이보다는 익숙한 사이가 될 것이다.

### 1.4.2. '-지'

육진방언에서 사용되는 '-지'는 표준어와 의미상 큰 차이가 없으며 서술법, 의문법, 명령법, 청유법에 두루 쓰인다. 그러나 일상 회화에서 '-지'는 일반적으로 서술법과 의문법 어미로 사용되고 명령법이나 청유법 어미로 사용되는 경우가 비교적 드물다. 이 글에서는 서술법과 의문법에 쓰이는 '-지'에 대해서 구체적으로 살펴보기로 한다.

(103) ㄱ. 떡호박은 떡도애라고 하지. (떡호박은 떡도애라고 하지.)
ㄴ. 밥이랑 자기네 다 해먹지. (밥이랑 자기네 다 해먹지.)
ㄷ. 한오래서 살지. (한동네서 살지.)
ㄹ. 야네 후대 때는 또 모르지. (얘들 후대에 가서는 또 모르지.)
ㅁ. 갠데 우리 딸은 그걸 알지. (그런데 우리 딸은 그걸 알지.)
ㅂ. 아매네 메느리지. (할머니네 며느리지.)

(104) ㄱ. 옛날에는 아재라고 했지. (옛날에는 이모라고 했지.)
ㄴ. 네레느 오갰지. (내일에는 오겠지.)

현대 국어 '-지'의 기원에 대한 논의로는 여러 가지가 있다. 임홍빈(1984)에서는 현대 국어의 '-지'가 원래 부사형 어미이던 것이 종결어미화한 것으로 보았고, 최명옥(1976)에서는 '-지'를 연결어미로 보고 '-지' 앞에 선어말어미 '-았-', '-겠-'이 표시될 수 있는 것으로 보았다.

(105) ㄱ. 그가 쥐를 잡았지 내가 잡았니?
ㄴ. 그런 공포영화는 영희나 좋아하겠지 아무도 안 보려 할거야.

위의 예문을 보면 '-지'가 연결어미에서 왔다는 주장은 어느 정도 설득력을 지니고 있는 것으로 보인다. 또한 서정목(1987 : 132~141)에서는 종결어미 '-지'를 접속 어미 '-지'가 종결어미화한 것으로 보고 있다. 그 이유는 접속 어미 '-지'는 원래 중세국어의 '-디비'에 소급하는 것으로 보이는데 이때의 형태소 '-디비'가 출현하는 구성이 접속 어미인 현대 국어의 '-지'가 출현하는 구성과 동일하다는 점이다. 따라서 '-디(지)'가 접속 어미에서 기원되어 왔을 가능성이 큰 것으로 보인다.

'-지'는 이 지역에서 원래 '-디'로 발음되었는데 최근 들어 구개음화 현상으로 인하여 대부분의 지역에서 '-지'로 나타난다. 이 글의 조사 과정에서도 비구개음화형을 발견할 수 없었는데, 제보자에 의하면 현재 북한에서도 '-디'를 거의 쓰지 않으며 아주 외진 시골에서 연세 많은 분들이 혹간 사용할 가능성이 있다고 하였다.[29)]

'-지'는 예문 (103)과 같이 동사, 형용사, 지정사 어간과 직접 통합될 수 있다. 그리고 선어말어미와의 통합관계를 보면 청자가 높임의 대상일 경우에는 '-시-'와의 통합이 가능하고, 과거나 추정의 선어말어미 '-았-', '-갰-'과도 통합이 가능하다. 그러나 회상의 '-더-'와는 통합이 불가능한

29) 곽충구(2000 : 342)에 의하면 현재 중국 연변의 구개음화는 아직 진행 중에 있다고 한다. 대체로 60대 중반 이전 세대는 비구개음화형을 쓰나 50대는 구개음화형을 많이 쓰며, 40대 이하는 비구개음화형을 쓰는 일이 아주 드물다고 한다. 이처럼 현저한 차이를 보이는 것은 1세기 동안 t구개음화 규칙이 발생하여 그것이 확산된데 기인한 것으로 여기에는 언어외적 요인도 영향을 준 것으로 보고 있다. 즉 교육이나 언론 매체를 통하여 중국 조선족의 표준어가 침투한 사실을 간과할 수 없다는 것이다. 본고의 조사 과정에서는 비구개음화형을 발견할 수 없었는데 이는 언어내적원인보다는 북한의 사회 체제라든지 문화어 운동 등의 언어 외적 요이에 기인한 것으로 분석된다. 특히 필자는 연변 마패촌(함북 종성 맞은편)의 문오복 할머니(83세, 육진방언 화자)를 만났을 때 그가 아직도 '돟디(좋지)', '쓰대니오(쓰지 않소)' 등의 비구개음화형을 사용하는 것을 관찰할 수 있었다.

데, 이는 '추정'이라는 의미에 기인한 것으로 보인다.

(116) 여기선 맏아매라 부르- [ -시- / -었- / -갰- / *-더- ] -지.

'-지'는 예문 (107)과 같이 1인칭, 2인칭, 3인칭을 나타내는 주어와 모두 공기될 수 있어 주어와의 통합관계에서 제약을 받지 않는다.

(107) ㄱ. 나두 한오래서 살았지. (나도 한 동네서 살았지.)
ㄴ. 밥이랑 네 혼자 해먹지. (밥이랑 너 혼자 해먹지.)
ㄷ. 야네 후대 때는 또 모르지. (애들 후대에 가서는 또 모르지.)

'-지'는 비록 주어와의 공기관계에서 인칭의 제약을 받지 않지만, 주어 어휘 선택의 제약을 받는다. 예컨대, 주어가 1인칭일 경우, '나'는 공기될 수 있으나 '저'는 공기될 수 없으며, 2인칭일 경우에는 '너'나 '자네'는 자연스럽게 공기될 수 있으나 높임을 나타내는 어휘와는 공기될 수 없다. 3인칭일 경우에는 높임의 정도와는 관계없이 모두 공기관계를 이룰 수 있다. 왜냐하면 1인칭이나 2인칭은 청자높임법의 해당자이거나 관련자이지만, 3인칭은 청자높임의 관련 대상이 아니기 때문에 종결어미와는 어떠한 제약 관계도 성립되지 않기 때문이다.

'-지'의 의미적 특성에 대해서는 다양한 논의가 있다. 우선 장석진(1973 : 127)에서는 '-지'가 '추정적(suppositional)인' 의미를 가진다고 하였고, 고영근(1976 : 44)에서는 '-지'를 '화자의 주관적 상념을 표시하는 것'

이라 하였으며, 서정수(1984 : 71)에서는 '-지'가 서술형으로 쓰일 때에는 '대개 사실을 확인하고 다짐하는 느낌이 가미된다'고 보았다. 실제로 '-지'는 쓰임에 따라 서로 다른 의미적 특성을 가지는데 대체로 '추정, 회상 서술'의 의미적 특성을 지닌다고 할 수 있다.

화용론적 측면에서 보면 화자와 청자가 이야기를 주고받는 상관적 장면에서 주로 쓰이며 혼잣말과 같은 단독적 장면에서 쓰이기도 한다. 화자와 청자의 상하관계를 보면, 청자와 동등한 관계이거나 아랫사람이며, 그밖에 익숙한 관계일 경우에는 아랫사람이 윗사람에게도 사용할 수 있다. 특히 화자가 청자에게 친근감을 가지고 부드럽게 대할 때 쓰이며, 청자가 화자를 높이고자 하는 의향이 없을 때 주로 쓰인다.

#### 1.4.3. '-재이쿠'

육진방언에는 통사적 구성이 융합 과정을 거쳐 하나의 어미처럼 기능하는 형태가 많다. 이들은 이 지역 일상 회화에서 비교적 높은 빈도로 널리 사용되고 있어, 하나의 독립된 종결어미로 정착되었다고 볼 수 있다. 이 글에서 논의하게 될 '-재이쿠', '-재니리', '-개' 등이 이런 유형에 속하는 바, 이 글에서는 이러한 융합형들을 각각 하나의 독립된 종결어미로 설정하여 기술하기로 한다.

먼저 이 지역의 구어체에서 흔히 나타나는 융합형 종결어미 '-재이쿠'에 대해서 살펴보기로 한다.30)

30) 표준어의 '-고말고'에 해당하는 '-재이쿠'는 '명제 내용에 대한 강렬한 긍정'으로서 강조법에 분류시킬 수 있으나, 이 글에서는 강조법을 따로 설정하지 않았기 때문에 서술법에 포함시켜 논의하기로 한다.

(108) ㄱ. A : 집에 가개? B : 가재:이쿠.
(A : 집에 가겠니? B : 가고말고.)
ㄴ. A : 너두 먹개? B : 먹재:이쿠.
(A : 너도 먹겠니? B : 먹고말고.)
ㄷ. A : 같이 놀개? B : 놀재:이쿠.
(A : 같이 놀겠니? B : 놀고말고.)

(109) ㄱ. A : 너무 클까? B : 크재:이쿠.
(A : 너무 클까? B : 크고말고.)
ㄴ. A : 여기 너네 집이니? B : 우리 집이재이쿠.
(A : 여기 너의 집이니? B : 우리 집이고말고.)

(110) ㄱ. A : 아매도 같이 가셨지? B : 같이 가시재:이쿠.
ㄴ. A : 시걱 다 썼니? B : 썼재이쿠.
ㄷ. A : 내일두 핵교 가갰지? B : *가갰재이쿠.
ㄹ. A : 집에 있더니? B : *있더재이쿠.
* 논의의 편의를 위해 '-재이쿠'가 실현되는 상황을 대화 형식으로 제시하였음.

'-재이쿠'는 이 지역에서 상대 발화에 대한 대꾸로 쓰이는 종결어미에 속한다. 이 지역에서 보편적으로 사용되던 '-대이쿠'가 구개음화를 겪으면서 형성된 것으로 볼 수 있는데, 그 형성 과정은 다음과 같은 여러 단계로 상정해볼 수 있다.

우선, 이 지역에서 보편적으로 쓰이던 '-디 아니하구'가 구개음화를 거쳐 '지 아니하구'로 된 후, 음절축약과 모음 탈락을 거쳐 '-재닣구'로 되고, '-재닣구'가 다시 유기음화를 거쳐 '-재니쿠(-재이쿠)'가 된 것이다. 즉, '-재이쿠'는 '-지 아니하-구' > '-재닣구' > '-재니쿠' > '-재이쿠'의 변화 과정을 거친 것으로 볼 수 있다.

앞선 연구에서도 '-재이쿠'에 대한 논의가 있는데, 자료마다 그 형태가 조금씩 다르게 나타나지만 모두 '-재이쿠'의 변이형으로 볼 수 있다.

(111) ㄱ. 그렇재니꾸. (한진건 2000 : 197)
ㄴ. 마:이 드제이쿠. (김영황 1982 : 101)

'-재이쿠'는 예문 (108~109)와 같이 동사, 형용사, 지정사 어간과의 결합이 모두 가능하다. 예문 (108)은 동사 어간에, (109)는 형용사와 계사 어간에 통합된 것이다. 또한 예문 (110)과 같이 문장의 주체가 높임의 대상일 경우, 주체높임을 뜻하는 선어말어미 '-시-'와의 통합이 가능하며 과거를 나타내는 선어말어미 '-었-'과도 통합이 가능하다. 하지만 추정이나 의지를 나타내는 '-갰-'이나 회상을 나타내는 '-더-'와는 통합이 불가능하다.

(112) 같이 가- [ -시- / -었- / *-갰- / *-더- ] -재이쿠.

'-재이쿠'와 주어의 공기관계를 보면, 예문 (113)과 같이 1인칭, 2인칭, 3인칭을 나타내는 주어와 모두 공기될 수 있으므로 주어와의 통합관계에서 제약을 받지 않는다.

(113) ㄱ. 나두 먹재이쿠.
ㄴ. 너두 같이 가재이쿠.
ㄷ. 아매도 같이 가시재이쿠.

앞에서 '-재이쿠'는 '-지 아니하고'에서 온 것임을 밝힌 바 있다. '-지 아니하고'는 원래 '(어떤) 행동이나 생각 따위를 행하지 않음'을 뜻하는 말인데, '-재이쿠'가 종결어미로 쓰이면서 의미 변화를 거쳐 '-고 말고'의 뜻을 지니게 되었다. '-지 않고'가 연결형에서 종결형의 쓰임을 갖게 되고, 부정적인 의미에서 긍정적인 의미로 변하게 된 것은 국어의 융합 현상으로 분석할 수 있다.

융합은 "특정한 문법적 환경에서(통사, 의미론적으로 긴밀한 구문) 두 단어 이상이 줄어서 한 단어로 됨과 동시에 문법적, 의미적 기능에 변화가 발생하는 현상"(안명철, 1990 : 127)으로, "기원적으로는 여러 형태가 배열되는 문법적 구성이었지만, 언어의 통시적 변화에 따라 하나의 덩어리로 굳어져 더 이상 공시적 분석이 불가능해진 것"을 가리킨다(이승재, 1992). 융합 과정을 거친 융합형은 공시적으로 분석이 불가능할 뿐만 아니라, 다시 원 형식으로 환원하더라도 원래의 의미를 갖지 못하게 된다.[31]

이 정의에 따라 '-재이쿠'를 분석해보면, 원래의 문형 '-지 아니하고'가 줄어서 '-재이쿠'로 되면서 형태 변화가 발생하였고, 이미 하나의 굳어진 형태로 자리 잡으면서 더 이상 공시적으로 분석이 불가능해졌다. 또한

31) 융합은 축약과 다른 개념으로 봐야 한다. 이지양(1996 : 40)에서 지적하였듯이 '축약'은 단순한 형식의 축약만을 가리킬 뿐, 원형식과 융합형 사이의 기능 차이나 의미 변화와 같은 다양한 차원의 관련성을 나타내지 못한다. 이지양(1996 : 35)에서는 단순히 형식의 축소만 일어난 융합형을 '단순융합형'이라 하고, 형식의 축소 이외에 의미, 기능, 범주의 변화가 일어난 융합형을 '진전된 융합형'이라 명명하였다.

연결형에서 종결형으로의 새로운 쓰임을 갖게 되었을 뿐만 아니라, 의미 변화를 거쳐 '-지 아니하고'의 의미로부터 '-고 말고'의 새로운 의미를 가지게 되었다. 이러한 점으로부터 '-쟤이쿠'를 '-지 아니하고'의 융합형으로 보는 데는 무리가 없을 것으로 보인다. 하지만 하나의 문법 형태가 그 기능과 의미가 모두 변화를 가져오려면 그 변화를 뒷받침할 수 있는 변화 기제가 필요하다. 따라서 '-쟤이쿠'로 굳어진 원인을 다음과 같은 여러 가지로 상정해볼 수 있다.

우선, 국어의 어미는 동일한 형태가 연결어미로도 쓰이고, 종결어미로도 쓰이는 경우가 있다.[32] 이러한 현상은 어휘나 문법 형태가 상대적으로 빈약한 육진방언에서 흔히 찾아볼 수 있다. 육진방언에서 '-쟤이쿠'는 원래의 쓰임을 그대로 보존하고 있는데, 이는 다음과 같은 예문에서도 찾아볼 수 있다.

(114) ㄱ. 너 아직두 먹쟤이쿠 뭐하니? (너 아직도 먹지 않고 뭐하니?)
ㄴ. 빨리 가쟤이쿠 늦갰다. (빨리 가지 않고 늦겠다.)

위의 예문 (118)은 '-쟤이쿠'가 '-지 아니하고'의 뜻으로 쓰인 예들인데 이는 '-쟤이쿠'가 이 지역에서 아직도 이 지역에서 연결어미로 쓰이고 있음을 말해준다.

다음으로, '-지 아니하고'가 융합 과정을 거쳐 '-쟤이쿠'로 된 원인을 언어의 융합이 발생하게 되는 빠른 발화에서 찾아볼 수 있다(이지양, 1998 : 196).[33] 특히 이 지역 방언은 발화 속도가 다른 방언에 비해서 빠르다는

32) 표준어의 '-거든', '-는데' 등이 여기에 속한다고 할 수 있다.
33) 이지양(1998 : 196)에서는 언어의 융합이 발생하게 되는 조건의 하나로 빠른 발화

것을 특징으로 하고 있기 때문에, '-재이쿠'와 같은 융합 현상이 나타날 수 있는 가능성이 많은 것으로 보인다. 그뿐만 아니라 의미 변화의 측면에서도 '-재이쿠'의 분석이 가능하다. 언어를 이루는 두 가지 측면, 곧 형태와 의미는 각각 독자적인 체계를 가지고 있으며 언어 변화의 실현도 독자적인 체계 속에서 이루어진다(윤평현, 2008 : 195). 변화의 속도를 볼 때, 일반적으로 음운이나 어휘, 문법 현상의 변화보다는 의미의 변화가 더 빠르게 진행된다. 의미 변화의 촉진 요인이나 변화 원인은 여러 가지가 있지만,[34] '-재이쿠'가 의미 변화를 가져오게 된 데는 '새로운 명칭의 필요성'과 '유연성의 상실'에 의한 것이 아닌가 싶다.

왜냐하면, 이 지역어에는 '-고 말고'의 의미를 나타내는 구어체 종결어미가 존재하지 않는다. '-고 말고'는 문어체에 속하는 표현으로서 구어체에서 쓰기는 부담스러운 표현이라 할 수 있다. 따라서 '-고 말고'를 나타내는 언어 표현이 필요했을 것이고, '-재이쿠'가 그 기능을 담당하게 된 것이다. 그런 과정에서 '-지 아니하고'라는 원래 의미와의 유연성을 상실하고 새로운 의미로 확장이 된 듯싶다. '-재이쿠'가 그 기능을 담당하게 된 원인에 대해서는 다음 예문을 통하여 알아볼 수 있을 듯하다.

(115) ㄱ. 날래 <u>먹재이쿠</u> ……
ㄱ'. 얼른 먹지 않고 (뭐하니?)
ㄴ. 빨리 <u>가재이쿠</u> ……
ㄴ'. 빨리 가지 않고 (늦갰다.)

---

를 들고 있다.

34) 윤평현(2008 : 195)에서는 의미 변화의 촉진 요인으로 '언어 전달의 비지속성, 의미의 모호성, 유연성의 상실, 언어의 다의성, 중의적 문맥'의 다섯 가지를 들고 있고, 의미 변화의 원인으로 '언어적 원인, 역사적 원인, 사회적 원인, 심리적 원인, 외국어의 영향, 새로운 명칭의 필요성' 등의 여섯 가지를 들고 있다.

실제 발화 상황을 보면 육진방언에서는 (115ㄱ,ㄴ)과 같이 '-재이쿠' 뒤에 오는 '뭐하니', '늦갰다' 등의 서술어가 생략되는 경우가 많다. 하지만 (115ㄱ', ㄴ')에서처럼 발화 속에 〔걱정〕과 〔염려〕의 뜻을 내포하고 있다. 이 경우, 화자가 걱정하는 부분에 대해서 청자가 '당연히 할 테니 걱정하지 말라'라는 강조의 뜻을 표현하고자 할 때, '동사'+'-재이쿠 뭐하갰니'와 같은 완전한 표현에서 뒷부분 '뭐 하갰니'을 생략해서 표현하게 된다. 그런 과정에서 '-재이쿠'가 점차 문말에 쓰이게 되었고, 원래의 부정적인 의미에서 긍정적인 의미로 바뀐 듯싶다. 다시 말하면 '-재이쿠'는 원래 비종결형으로 쓰이다가 종결어미의 쓰임을 갖게 되었고, 아울러 의미 기능도 변하게 된 것이다.

다음으로, '-재이쿠'의 의미적 특성을 보면, '-재이쿠'는 '화자가 청자에게 전제된 상황에서, 명제 내용을 반말로 강하게 긍정하여 서술함'이란 의미적 특성을 가지고 있다. 이러한 원인으로 단독으로 쓰이지 않고 상황이나 문맥이 전제된 경우에 한하여 쓰이게 된다.[35] 특히 '-재이쿠'는 당연시되는 사실에 대한 화자의 강렬한 긍정이므로 단독적인 장면이 아닌 상관적 장면에서만 쓰일 수 있다. 화자와 청자 사이의 관계를 보면, 일반적으로 윗사람이 아랫사람에게 사용할 수 있으며 친숙한 사이일 경우에는 동급 혹은 아랫사람이 윗사람에게 사용할 수 있다. 화자와 청자의 친소관계를 보면 '명제 내용을 반말로 강하게 긍정하여 서술하기 때문'에 생소한 사이가 아닌 친숙한 사이에서 쓰인다고 하겠다.

35) 이처럼 단독으로 쓰이지 않고 상황이나 문맥이 전제된 경우에 한하여 쓰이는 종결어미를 한길(2004 : 250)에서는 '화맥 제약 마침씨끝'에 해당한다고 하였다.

### 1.4.4. '-재니리'

'-재니리' 역시 '-지 아니하리'의 통사적 구성이 융합 과정을 거쳐 형성된 종결어미로서 이 지역 구어체에서 흔히 쓰이고 있다.

(116) ㄱ. A : 빨리 먹어라. B : 먹재니리!
A : 빨리 먹어라. B : 먹지 않으려고!
ㄴ. A : 숙제 좀 해라. B : 하재니리!
A : 숙제 좀 해라. B : 하지 않으려고!
ㄷ. A : 그만 울어라. B : 울다 말재니리!
A : 그만 울어라. B : 울다 말지 않으려고!
ㄹ. A : 키가 언제 크겟니? B : 어련히 크재니리!
A : 키가 언제 크겠니? B : 어련히 크지 않으려고!

(117) ㄱ. 호분자 드시재니리! (혼자 드시지 않으려고!)
ㄴ. 다 먹었재니리! (다 먹지 않았으려고!)
ㄷ. *다 먹갰재니리!
ㄹ. *다 먹더재니리!

'-재니리'는 '디 아니-+-리'가 음절축약을 거쳐 '-대니리'가 되고, '-대니리'가 다시 구개음화를 거쳐 '재니리'가 된 것으로 분석된다. 곧, '-재니리'는 '디 아니-+-리' > '-대니리' > '-재니리'의 변화 과정을 겪은 것으로 상정해 볼 수 있다. 여기에서 '-리-'는 추측을 의미하는 양태 선어말어미에 속한다.

'-재니리'는 종결어미로 쓰이면서 의미 변화를 거쳐 '-지 않으려고'의 뜻을 갖게 되었다. 흔히 감탄문의 형식으로 나타나며 상대가 염려하는 일에 대해서 걱정하지 말라는 뜻으로 대답할 때 쓰인다. 그 밖에 예문

(116ㄹ)과 같이 수사의문문 형태로 쓰이기도 한다. 이 경우, '-지 않으려고'가 아닌 '-지 않겠느냐'의 뜻을 나타낸다.

'-재니리'는 예문 (116)과 같이 용언 어간과 결합할 수 있다. 또한 예문 (117)과 같이 문장의 주체가 높임의 대상일 경우, 주체높임의 '-시-'와 통합이 가능하며 과거를 나타내는 '-었-'과도 통합이 가능하다. 하지만 추정이나 의지를 나타내는 '-갰-'이나 회상을 나타내는 '-더-'와는 통합이 불가능하다.

(118) 호분자 드- [ -시- / -었- / *-갰- / *-더- ] -재니리!

주어와의 공기관계를 보면, 예문 (119)와 같이 1인칭이나 3인칭 주어와는 공기할 수 있으나, 2인칭 주어와는 공기할 수 없는 제약이 따른다. 이는 '-재니리'가 갖고 있는 〔-객관성〕이라는 의미적 특성에 의한 것이다.

(119) ㄱ. 나 혼자 먹재니리!
ㄴ. *너두 가재니리!
ㄷ. 그 집에서 알아서 하재니리!

'-재니리'는 '-재이쿠'와 마찬가지로 국어의 융합 현상에 기인한 것으로 분석된다. 곧, '-지 아니…리'에서 '-재니리'로의 형태 변화와, '-지 아니…리'에서 '-지 않으려고'의 의미 변화를 겪었다는 점에서 융합 현상으로 분석할 수 있다.

'-재니리'의 의미적 특성을 보면, '상대가 염려하는 일에 대해서 화자가 반말로 긍정적으로 답함'으로 해석할 수 있다. 다시 말하면 상대가 염려하거나 걱정하는 일에 대해서 화자가 '염려할 필요가 없음'을 강조하여 말하는 것을 가리킨다. 따라서 '-재니리'는 단독으로 쓰이지 않고 상황이나 문맥이 전제된 상관적 장면에서만 쓰인다. 화자와 청자 사이의 관계를 보면, 일반적으로 윗사람이 아랫사람에게 사용할 수 있으며, 친숙한 사이일 경우에는 동급이거나 아랫사람이 윗사람에게 사용할 수도 있다.

#### 1.4.5. '-개'

'-개'는 위에서 논의한 '-재이쿠', '-재니리'와 달리 선어말어미 '-겠-'과 서술법 어미 '-읍니다/-습니다'(혹은 '-오/-소')의 통합형이 축약 과정을 거쳐 형성된 융합형이다. 이 지역에서 '-겠-'의 모음 'ㅔ'는 〔ㅔ〕와 〔ㅐ〕 사이의 발음으로 실현되며, 선행하는 음절 모음에 따라 때로는 〔ㅔ〕에, 때로는 〔애〕에 가까운 발음으로 실현된다. 그러나 융합형으로 나타날 경우 항상 〔개〕로 발음되므로 본고에서는 '-개'로 표기한다. 이 지역어에서 '-개'는 서술법과 의문법에 모두 나타나는데, 서술법의 '-개'는 반말에 쓰이고, 의문법의 '-개'는 해라체에 쓰인다는 데서 차이를 보인다.

(120) ㄱ. 나두 같이 <u>자개.</u> (나도 같이 자겠어.)
ㄴ. 오늘 이 옷으 <u>입개.</u> (오늘 이 옷을 입겠어.)
ㄷ. 조꼼 더 <u>놀개.</u> (조금 더 놀겠어.)
ㄹ. *그 사람이 <u>싫개.</u>
ㅁ. *우리 <u>집이개.</u>

(121) ㄱ. *나두 같이 드시개.
ㄴ. *그 신으 신었개.
ㄷ. *벌써 먹었더개.

예문 (120)과 같이 '-개'는 〔+행동성〕 동사 어간과만 통합되며 그 밖의 서술어와는 통합될 수 없다. 이는 '-겠-'이 지니고 있는 의미적 특성과 관련된다. '-개'는 '-겠-'이 지니고 있는 추측과 의지의 두 가지 의미적 특성에서 후자의 의미를 나타낸다. 다시 말하면 '-개'는 화자의 생각이나 계획을 상대방에게 알리는 것인데, 이는 화자가 행동에 옮길 수 있는 경우에만 가능하다.

'-개'는 선어말어미와의 통합에서도 제약을 받는다. 예문 (121)과 같이 1인칭 주어와만 공기될 수 있는 제약 때문에 주체높임의 '-시-'와 통합될 수 없으며 과거, 추측 혹은 회상을 나타내는 '-었-', '-겠-', '-더-'와도 통합이 불가능하다.

(122) 먼저 집에 가- [*-시- / *-었- / *-겠- / *-더-] -개.

또한 예문 (123)과 같이 1인칭 주어와만 공기될 수 있는 제약이 따르는데, 이는 화자의 계획이나 생각을 실행할 수 있는 주체가 화자 자신밖에 될 수 없기 때문이다.

(123) ㄱ. 나두 고븐거 사개.
ㄴ. *너도 이젠 먹개.
ㄷ. *맏아바이두 오개.

이와 같이 '-개'는 '화자가 청자에게 자신의 생각이나 계획을 반말로 알림'의 의미를 지닌다. 발화 장면을 보면 상관적 장면에서만 쓰이고 단독적 장면에서는 쓰이지 않는다. 화자와 청자의 상하 관계에서 볼 때, 일반적으로 생소한 사이보다는 익숙한 사이에 흔히 쓰인다.

### 1.5. 요약

이상으로 육진방언의 구어체에 나타나는 서술법 종결어미의 통사적 특성과 의미적 특성에 대해서 살펴보았다. 지금까지의 논의 내용을 하나의 표로 제시하면 다음과 같다.

〈표 16〉 서술법 종결어미의 통사적 · 의미적 특성

| 청자 대우 등급 | 종결어미 | 통사 특성 | | | | | | | | | | 의미 특성 |
|---|---|---|---|---|---|---|---|---|---|---|---|---|
| | | 서술어 | | | 선어말어미 | | | | 주어 | | | |
| | | 동사 | 형용사 | 계사 | -시- | -았- | -갰- | -더- | 1인칭 | 2인칭 | 3인칭 | |
| 합쇼체 | -으꾸마/ -스꾸마 | + | + | + | + | + | + | + | + | + | + | 서술, 알림 |
| | -읍더구마/ -습더구마 | + | + | + | + | + | + | - | + | + | + | 회상, 전달 |
| | -으꿔니/ -스꿔니 | + | + | + | + | + | + | - | + | + | + | 서술, 알림 |
| | -읍지/ -습지 | + | + | + | + | + | + | - | + | - | + | 단정 |
| | -읍니다/ | + | + | + | + | + | + | - | + | + | + | 서술, |

| | | | | | | | | | | | | |
|---|---|---|---|---|---|---|---|---|---|---|---|---|
| | -습니다 | | | | | | | | | | | 알림 |
| | -읍데다/<br>-습데다 | + | + | + | + | + | + | - | + | + | + | 회상,<br>전달 |
| 하오체 | -오/-소 | + | + | + | + | + | + | - | + | + | + | 서술,<br>알림 |
| | -읍데/<br>-습데 | + | + | + | + | + | + | - | + | + | + | 회상,<br>전달 |
| | -읍네/<br>-습네 | + | + | + | + | + | + | - | + | + | + | 서술 |
| | -다니 | + | + | + | + | + | + | - | + | + | + | 강조 |
| 해라체 | -다 | + | + | + | + | + | + | + | + | + | + | 서술 |
| | -더라 | + | + | + | + | + | + | - | + | + | + | 회상,<br>전달 |
| | -을라 | + | + | + | + | + | - | - | - | + | + | 경계 |
| | -으마 | + | - | - | - | - | - | - | + | - | - | 약속 |
| 반말 | -으께 | + | - | - | - | - | - | - | + | - | - | 약속 |
| | -지 | + | + | + | + | + | + | - | + | + | + | 추정 |
| | -재이쿠 | + | + | + | + | + | - | - | + | + | + | 강조 |
| | -재니리 | + | + | + | + | + | - | - | + | - | + | 강조 |
| | -개 | + | - | - | - | - | - | - | + | - | - | 단정 |

## 2. 의문법 종결어미

의문법은 화자가 청자에 대해서 대답을 요구하는 의향을 나타내는 서법이다. 의문은 화자가 청자는 이미 알고 있다고 생각하는 정보에 대해 알려줄 것을 요구하는 것이다. 의문은 지식이나 정보에 대해 알고 싶어 하는 것이기 때문에 인식적 태도를 나타낸다고 볼 수도 있고, '요구'하는 것이기 때문에 행위적 태도를 나타내는 것으로 볼 수도 있다. 그러나 경우에 따라서는 화자가 의심스럽다고 느끼는 일을 물음의 형식으로 나타내는 경우가 있다. 여기서는 의문법 종결어미를 청자높임 등급에 따라 합쇼체, 하오체, 해라체의 3등급으로 나누고, 각 어미들의 통사적・의미적 특성을 살펴보려고 한다.

이 지역에서 나타나는 의문법 종결어미 목록은 다음과 같다.

〈표 17〉 의문법 종결어미 목록

| 청자 대우 등급 | 어미 형태 |
|---|---|
| 합쇼체 | -음두/-슴두, -읍덤두/-습덤두,<br>-읍지/-습지, -읍니까/-습니까, -읍데까/-습데까 |
| 하오체 | -오/-소, -읍데/-습데 |
| 해라체 | -니, -나, -냐, -야, -개, -데 |
| 반말 | -지, -ㄴ가, -으까, -재 |

## 2.1. 합쇼체

의문법 종결어미 가운데서 합쇼체에 속하는 어미는 '-음두/-슴두', '-읍덤두/-습덤두', '-읍지/-습지', '-읍니까/-습니까', '-읍데까/-습데까' 등이 있다. 이 중에서 '-음두/-슴두', '-읍덤두/-습덤두', '-읍지/-습지'는 방언적 특징을 띤 어미로서 노년층을 대상으로 혹은 노년층 사이에서 사용되고, '-읍니까/-습니까', '-읍데까/-습데까'는 표준어 혹은 표준어의 변이형으로서 노년층을 포함한 높임의 대상(하오체 대상 제외)에게 모두 사용된다.

다음은 합쇼체 의문법 어미의 통사적・의미적 특성에 대하여 구체적인 예문을 통하여 살펴보기로 한다.

### 2.1.1. '-음두/-슴두'

표준어의 '-읍니까/-습니까'에 해당하는 '-음두/-슴두'는 '-으꾸마/-스꾸마'와 함께 육진 지역의 가장 전형적인 종결어미에 속한다. 존대를 나타내는 의문법 어미에 있어서 대부분 방언들은 표준어의 '-읍니까/-습니까'에 대응하는 '-음네까/-슴네까', '-으니껴/-십니껴', '-습디까/-습디껴'를 사용하지만 이 지역에서만은 표준어의 '-읍니까/-습니까'와 전혀 공통성이 없는 '-음두/-슴두'를 사용한다. 이처럼 특이한 형태가 어떻게 형성되었는지, 어떤 통사적 특성과 의미적 특성을 지니고 있는지에 대해 다음의 예문을 통하여 구체적으로 살펴보기로 한다.

(124) ㄱ. 천처이 가문 아이 됨두? (천천히 가면 안 됩니까?)
ㄴ. 문으 언제 닫슴두? (문을 언제 닫습니까?)

(125) ㄱ. 여기서 멈두? (여기서 멉니까?)
ㄴ. 집에 오이까 좋습두? (집에 오니까 좋습니까?)
ㄷ. 내일 누기 생일임두? (내일 누구 생일입니까?)

(126) ㄱ. 아바이 오셨슴두? (할아버지, 오셨습니까?)
ㄴ. 시걱 쎴슴두? (식사하셨습니까?)
ㄷ. 시걱 아이 쓰갰슴둥? (식사 안 하시겠습니까?)
ㄹ. 집에 있습덤두? (집에 있습디까?)

역사적으로 보면 '-음두/-슴두'는 '-ㄴ둥(-ㄴ두)', '-는둥(-는두)', '-ㅁ둥(-ㅁ두)', '-둥(-두)' 등의 형태를 가지면서 종결어미와 비종결어미에 두루 사용되었다.36) 국어 방언 연구 초창기에 함경도 지역을 직접 조사 연구한 小倉進平(1927 : 22)에는 "'-ㅁ두/-ㅁ둥'이 윗사람에게 물어보는 경우에 쓰이며, 이 지역에서 쓰이는 '-꾸마'와 비슷한 분포를 가지고 있다."고 기록되어 있다. 또한 그의 저서 『한국어방언연구』(1944)에서도 "의문형을 나타내는 '-둥/-두'가 함북의 부령, 부거, 무산의 이동 지역에서만 존재하며 그 이서 지역에서는 결코 쓰이지 않는다."고 서술되어 있는데, 여기서 말하는 그 '이서 지역'이 바로 함북 육진 지역을 가리킨다. 이러한 점으로 미루어 볼 때 함북 육진 지역에서는 이미 오래전부터 '-음두/-슴두'가 쓰이고 있었음을 알 수 있다.

한편 『한국어방언연구』(小倉進平, 1944 : 자료편)에는 '-음두/-슴두'가 함북의 여러 지역에서 조동사로도 쓰인다고 기록되어 있는데, 여기에 육진의 회령, 부령 지역이 포함되어 있다.[37] 이 저서에 기록되어 있는 '-ㄴ둥(-ㄴ두)'는 '-지도 모른다'의 의미를, '-는둥(-는두)'는 '-는지……-는지'의 의미를 나타낸다. 이상의 논의로부터 광복 이전의 육진 지역에서는 '-음두/-슴두'가 종결어미와 조동사에 두루 사용되었음을 알 수 있다.

이처럼 특이한 형태와 쓰임을 지닌 '-음두/-슴두'가 어떻게 형성되었는지에 대해서는 아직까지 구체적인 연구가 이루어지지 않았지만, 대체로 아래와 같은 두 가지 견해로 나누어 살펴볼 수 있다.

먼저, 小倉進平(1944, 이진호 역주, 2009 : 417)에서는 '-음두/-슴두'의 어원과 발생 시기에 대하여 오늘날에도 일반적으로 사용되는 '하는동 마는동', '갈동 말동' 등의 '동'과 관련이 있을 것으로 추정하고 있다.

---

36) '-음두/-슴두'는 원래 '-음둥/-슴둥'이나 '둥'의 말자음 'ㅇ'이 약화되어 항상 '-두'로 나타나기 때문에 본고에서는 '-음두/-슴두'로 표기한다.

37) 이 부분은 이진호 역주(2009 : 417)을 참조하였음.

(127) ㄱ. 〈한불사전〉

toŋ : 분사 앞에 놓이는 어미로 '-의 것'이라는 의미를 가짐.
밋눈동 마눈동

ㄴ. 〈한영대사전〉

toŋ : 미래 분사에 덧붙으며 되풀이되는 어미로서 '-인지 아닌지'라는 뜻을 가지고 불확실성을 표시한다.

위의 예문에서 나타나는 '-눈동'은 '-는지'의 의미로 추정된다. 그리고 황대화(1999 : 355)에서도 '-음두/-슴두'의 형성 과정을 '-옵-'과 '-눈동'의 결합으로 인한 '옵+눈동>옵는동>옵동(둥)>ㅁ둥>ㅁ두'의 과정을 거친 것으로 보고, '-음두/-슴두'가 이전시기의 '동'과 관련이 있을 것으로 추정하였다.

이와 반면에 김병제(1965 : 160)에서는 '-음두/-슴두'가 '-ㅁ드아>-ㅁ다>-ㅁ두'의 변화 과정을 거쳤으며, 의문의 의미를 나타내기 위한 어소의 동반과 함께 의문법으로 전화된 것으로 '동'과는 무관하다고 분석하였다. 하지만 중국의 육진방언에서 '-음두/-슴두'가 종결어미 외에 아직 연결어미로도 사용되고 있다는 점을 감안하면 '-음두/-슴두'가 이전 시기의 '동'과 관련이 있음을 가정해 볼 수 있다.38) 이와 같은 내용은 한진건(2000 : 206)을 통하여 좀 더 구체적으로 살펴볼 수 있다.

(128) ㄱ. 무시겐둥 모릅데. 〔경흥〕

ㄴ. 셔른둘인둥, 셔른서인둥. 〔종성〕

ㄷ. 가는둥 오는둥 모른다. 〔온성〕

38) 예를 들면 '어띠 큰두 물도이만 하더라.' '눼 아안두 역더라', '어떻게 비싼둥 못 쌌다.' 등이다(최명옥 외, 2002 : 159). 현재 함북 육진 지역에서 '-둥(두)'가 연결어미로는 거의 쓰이지 않는데 비해 연변 방언에서 드물지만 아직도 연결어미로 쓰이고 있다.

(129) ㄱ. 댕기잲애 그런둥… 〔회령〕
　　ㄴ. 올리 들언둥…〔경흥〕
　　ㄷ. 범이 어떤긴동. 〔회령〕

위의 (128)은 '-는지……-는지'의 의미를 나타내고, (129)는 '-는지'의 막연한 의문을 나타내고 있다. 한진건(2000 : 206)에서는 '-음두/-슴두'가 서술법 어미와 의문법 어미의 쓰임이 있다고 기술하고 있는데, 구체적인 예문은 아래와 같다.

(130) ㄱ. 농새 잘 됨둥. 〔회령〕
　　ㄴ. 우리것만 더 큽둥. 〔경흥〕
　　ㄷ. 옥수끼 즉금 돟암즉하다구 합동. 〔회령〕

(131) ㄱ. 그 집이서 놈둥? 〔종성〕
　　ㄴ. 차비느 얼맴둥? 〔회령〕
　　ㄷ. 주인 계신둥? 〔경원〕
　　ㄹ. 잘합둥? 〔경흥〕

예문 (130)의 '-둥(동)'은 '-ㅂ니다', '-오/-소', '-읍디다'의 의미를 나타내는 서술법 어미로 쓰인 경우이고 예문 (131)의 '-둥'은 '-읍니까/-습니까'의 의미를 나타내는 의문법 어미로 쓰인 경우이다. 여기서 의문을 나타내는 것은 '-둥'의 가장 일반적인 쓰임이라 할 수 있는데, 이상의 내용으로부터 '-음두/-슴두'는 다음과 같은 여러 가지 용법이 있음을 알 수 있다.

(132) ㄱ. 연결어미로 쓰이며 '~ㄴ지 ~ㄴ지'의 의미를 나타낸다.
ㄴ. 서술법 종결어미로 쓰이며 '-ㅂ니다'의 의미를 나타낸다.
ㄷ. 의문법 종결어미로 쓰이며 '-ㅂ니까'의 의미를 나타낸다.

'-음두/-슴두'는 (132)와 같이 여러 가지 용법이 있었으나 지금은 그 쓰임에서 큰 변화를 가져왔다. 필자의 조사에 따르면 현재 이 지역에서 '-둥(두)'는 간혹 연결어미로 쓰일 때도 있지만, 주로 '-ㅂ니까'를 나타내는 의문법 어미로 쓰인다.

'-음두/-슴두'의 쓰임이 변하게 된 원인은 잘 알 수 없으나, 동의 충돌에 의한 의미 변화로 분석할 수 있다. 즉, '-음두/-슴두'가 서술법 어미와 의문법 어미로 동시에 쓰이다가 점차 서술법 어미의 기능을 잃고 의문법 어미의 기능만 남은 것으로 상정해볼 수 있다. 이는 이 지역에서 보편적으로 쓰이는 서술법 어미 '-으꾸마/-스꾸마'에서도 그 원인을 찾아볼 수 있다. '-으꾸마/-스꾸마'는 이 지역에서 절대적인 우세를 지니고 있는 서술법 어미에 속한다. 따라서 동의 관계를 보이던 '-음두/-슴두'와 '-으꾸마/-스꾸마'가 서로 충돌하다가 상대적으로 세력이 약한 '-음두/-슴두'가 서술법 어미의 기능을 잃고 의문법 어미의 기능만 하게 된 것이다. 더욱이 이 지역에서 '-음두/-슴두' 외에 높임을 나타내는 다른 의문법 어미가 없다는 점도 이러한 가설을 뒷받침해준다고 하겠다.

'-음두/-슴두'의 통사적 특성과 의미적 특성을 보면, '-음두/-슴두'는 예문 (124~125)와 같이 동사, 형용사, 지정사 어간과 모두 통합이 가능하다. 이 경우, 모음이나 유음으로 끝나는 어간 뒤에서는 '-음두'로 실현되고 유음을 제외한 자음 어간 뒤에서는 '-슴두'로 실현된다. '두'의 모음은 대개 비모음으로 발음되지만 비음성이 사라져 구강모음으로 발음될 때도 있다.

'-음두/-슴두'와 선어말어미의 통합관계를 보면, '-음두/-슴두'는 예문 (126)과 같이 주체높임의 '-시-'와 통합이 가능하며 시제를 나타내는 '-았-', '-갰-', 회상을 나타내는 '-더-'와도 통합이 가능하다.

(133) 시걱 쓰- [ -시- / -었- / -갰- / -더- ] -음두/-슴두?

한편 '-음두/-슴두'는 예문 (134)와 같이 1인칭, 2인칭, 3인칭을 나타내는 주어와 모두 공기될 수 있어 주어와의 통합관계에서 제약을 받지 않는다.

(134) ㄱ. 나두 가면 아이됨두?
ㄴ. 아매(청자)도 감두?
ㄷ. 그 집에서 함두?

'-음두/-슴두'는 '화자가 청자에게 명제 내용을 아주높임으로 물음'이란 의미적 특성을 지닌다. 또한 단독적 장면에서는 쓰이지 않고 상관적 장면에서만 쓰이며, 공식적인 장면이 아닌 자연 발화에서 많이 쓰인다. 화자와 청자 사이의 관계를 보면, 청자는 노년층이어야 하지만, 화자는 연령의 제한을 받지 않는 특성을 보인다. 친소 관계를 보면 일반적으로 비공식적인 장면에서 쓰이므로 친근한 사이, 익숙한 사이에서 많이 쓰이며 서로 모르는 사이더라도 부담 없이 쓰고자 하는 경우에 사용된다.

'-음두/-슴두'는 자신의 의지, 혹은 추측을 나타낼 경우 다음 예문과 같이 '-람두'의 형태로 나타난다.

(135) ㄱ. 서답으 <u>거두람두?</u> (빨래를 거두랍니까?)
ㄴ. 고치 <u>뜯으람두?</u> (고추를 뜯으랍니까?)
ㄷ. 이 탄재 <u>털람두?</u> (이 털담요를 털랍니까?)

(136) ㄱ. * 나두 같이 <u>오시람두?</u>
ㄴ. * 핵교 <u>갔람두?</u>
ㄷ. * 집에 <u>있더람두?</u>

위 예에서 '-람두'는 '-음두/-슴두'가 '-어라'와 융합된 형태로서 '어라+ㅁ두'로 분석할 수 있다. 이때의 '-람두'는 인용에서의 어미 중화로 볼 수 있다.

'-람두'는 예문 (135)와 같이 동사와만 통합이 가능하다. '-람두'는 자신의 의지나 생각을 말하고 상대방으로부터 동의를 구하려는 것이기 때문에 주체높임의 '-시-'와 통합할 수 없으며 과거나, 추측 그리고 회상의 '-었-', '-갰-', '-더-'와도 통합이 불가능하다.

(137) 집에 가- [ *-시- / *-었- / *-갰- / *-더- ] -람두?

'-람두'와 주어와의 공기관계를 보면, 예문 (138)과 같이 1인칭이나 3인칭 주어와는 통합이 가능하지만, 2인칭 주어와는 통합이 불가능하다.

(138) ㄱ. 나두 가람두?
ㄴ. * 아매(청자)두 보람두?
ㄷ. 내 동새: 같이 오람두?

'-람두'는 '화자가 청자에게 명제 내용을 아주높임으로 물음'의 의미적 특성을 지닌다. 다만, '-람두'는 화자가 자신의 생각이나 의지를 말하고 상대방의 동의를 구하려고 하거나, 자신이 추측한 바를 청자에게 다시 확인하려는 점에서 '-음두/-슴두'와 차이를 보인다. 따라서 단독적 장면에서는 쓰이지 않고 상관적 장면에서만 쓰이며, 공식적인 장면이 아닌 자연 발화에서 많이 쓰이는 특징이 있다. 화자와 청자 사이의 관계를 보면, 청자는 노년층이어야 하지만, 화자는 연령의 제한을 받지 않는 특성을 보인다. 친소관계를 보면 일반적으로 비공식적인 장면에서 쓰이므로 친근한 사이, 익숙한 사이에서 쓰인다.

### 2.1.2. '-읍덤두/-습덤두'

'-읍덤두/-습덤두'는 청자가 직접 보거나 들은 사실에 대해서 화자가 확인하고자 할 때 쓰이는 어미이다.

(139) ㄱ. 책으 봅덤두? (책을 봅디까?)
ㄴ. 호분자 먹습덤두? (혼자서 먹습디까?)
ㄷ. 잘 놉덤두? (잘 놉디까?)

(140) ㄱ. 그 옷이 맞습덤두? (그 옷이 맞습디까?)
ㄴ. 따따삽덤두? (따뜻합디까?)
ㄷ. 장마다이 멉덤두? (시장이 멉디까?)
ㄹ. 그 집입덤두? (그 집입디까?)

(141) ㄱ. 시걱 다 쨌습덤두? (식사 다 했습디까?)
ㄴ. *어디서 놀갰습덤두?

'-읍덤두/-습덤두'는 '-음두/-슴두'에 회상법 선어말어미 '-더-'가 통합된 것으로, 표준어의 '-습디까'에 해당한다.

'-읍덤두/-습덤두'는 예문 (139~140)과 같이 동사, 형용사, 지정사 어간과 통합이 가능하다. 이 경우, 모음이나 유음 뒤에서는 '-읍덤두'와 통합되고, 유음을 제외한 자음 뒤에서는 '-습덤두'와 통합된다. '-읍덤두/-습덤두'는 주체높임의 선어말어미 '-시-'나 과거를 나타내는 '-었-'과는 통합이 가능하나, 추측이나 의지를 나타내는 '-갰-'과는 통합이 불가능하다.

(142) 호분자 먹-[-시- / -었- / *-갰-]-읍덤두/-습덤두?

주어와의 공기관계를 보면 '-읍덤두/-습덤두'는 예문 (143)과 같이 1인칭, 2인칭, 3인칭 주어와 모두 공기할 수 있다.

(143) ㄱ. 나두 잘 합덤두?
ㄴ. 아매(청자)도 칩습덤두?
ㄷ. 그 사람두 왔습덤두?

'-읍덤두/-습덤두'는 '청자가 보거나 들은 지난 사실을 아주높임으로 물음'의 의미적 특성을 가진다. 이는 '-더-'의 기능이 융합되어 있는 데 기인한다. '-읍덤두/-습덤두'의 화용론적 특성을 살펴보면 단독적인 장면에서는 쓰이지 않고 상관적 장면에서만 쓰이며 공식적인 장면이 아닌 자연 발화에서 많이 쓰인다. 화자와 청자의 상하관계에 있어서 청자는 노년층이어야 하지만, 화자는 연령의 제한을 크게 받지 않는 특성을 지닌다. 친소관계를 보면 일반적으로 비공식적인 장면에서 쓰이므로 친근한 사이, 혹은 익숙한 사이에서 많이 쓰이며 서로 모르는 사이더라도 부담없이 쓰고자 하는 경우에 흔히 사용된다.

### 2.1.3. '-읍지/-습지'

'-읍지/-습지'는 동북방언의 특징을 보존한 의문법 종결형으로서 다른 방언에서는 사용되지 않는다. '-읍지/-습지'는 화자가 어떤 사실에 대하여 긍정적인 생각이나 판단을 갖고 청자에게 묻는 판정 의문문을 나타내며 반말체 의문법 어미 '-지'와 의미 기능이 동일하다. 이 지역에서 '-읍지/-습지'는 의문문뿐만 아니라 서술문, 명령문, 청유문 등에 두루 쓰이나, 일상 회화에서는 주로 서술문과 의문문에 사용된다.

(144) ㄱ. 아매두 같이 갑지? (할머니도 같이 가시지요?)
ㄴ. 베두 심습지? (벼도 심지요?)
ㄷ. 혼자 못삽지? (혼자 못살지요?)

(145) ㄱ. 너무 큽지? (너무 크지요?)
ㄴ. 이게 맞습지? (이게 맞지요?)
ㄷ. 너무 멉지? (너무 멀지요?)
ㄹ. 그 집 손줍지? (그 집 손주지요?)

(146) ㄱ. 아바이두 가셨습지? (할아버지도 가셨지요?)
ㄴ. 일하러 갔습지? (일하러 갔지요?)
ㄷ. 볼 수 있갰습지? (볼 수 있겠지요?)
ㄹ. *일하러 가더읍지?

이상의 예에서 살펴본 '-읍지/-습지'는 원래 '-읍디/-습디'로서 이 지역에서 쓰이던 '-옵-'(옵/솝)과 관련이 있는 것으로 보인다. 즉, 이 지역에서 보편적으로 쓰이던 '-옵-'(옵/솝)이 반말의 '-디'와 통합되면서 '-읍디/-습디'가 되고, '-읍디/-습디'가 다시 구개음화를 겪으면서 '-읍지/-습지'로 된 것이다.

'-읍지/-습지'의 통사적 특성을 살펴보면, '-읍지/-습지'는 예문 (144~145)와 같이 동사, 형용사, 계사 어간과의 통합이 가능하다. 이 경우, 모음이나 유음 뒤에서는 '-읍지'와 통합되고 유음을 제외한 자음 뒤에서는 '-습지'와 통합된다. 선어말어미와의 통합관계를 보면, 주체높임의 '-시-'나 과거 시제의 '-았-', 추정이나 의지를 나타내는 '-갰-'은 통합이 가능하나, 회상의 '-더-'와는 통합이 불가능하다.

(147) 아매두 같이 가- [ -시- / -었- / -갰- / *-더- ] -읍지/습지?

주어와의 공기관계에서 '-읍지/-습지'는 예문 (148)과 같이 1인칭, 2인칭, 3인칭 주어와 모두 공기할 수 있다.

(148) ㄱ. 나두 그랬습지?
ㄴ. 아매네두 그런말 씁지?
ㄷ. 그 사람이 맞습지?

한편 '-읍지/-습지'는 '화자가 청자에게 명제 내용에 대하여 확신을 갖고 아주높임으로 물음'이란 의미적 특성을 가진다. 다만 여기에서 물음은 '단순 물음'이 아니라 화자가 청자 관련 사실에 대해서 그러할 것이라는 확신을 갖고 청자에게 묻는 '판정 의문'이라는 점에서 다른 의문법 어미와 구별된다.[39] 화용론적 특성을 보면 단독적인 장면에서는 쓰이지 않고 화자가 청자를 강하게 의식하는 상관적 장면에서 쓰인다. 일반적으로 노년층 사이에서 사용되며 서로 익숙한 관계일 경우에는 아랫사람이 윗사람에게 사용할 수 있다.

### 2.1.4. '-읍니까/-습니까'

'-읍니까/-습니까'는 '-음두/-슴두'와 같이 이 지역에서 활발히 사용되는 어미에 속한다. 다만, '-음두/-슴두'보다 공식적인 자리에서 사용되며 젊은 세대들이 많이 사용하는 편이다.

(149) ㄱ. 오늘두 학교 갑니까? (오늘도 학교 갑니까?)
ㄴ. 큰 아재 왔다갔습니까? (큰 이모 다녀가셨습니까?)
ㄷ. 그 사람을 압니까? (그 사람을 압니까?)

---

39) 한진건(2000 : 205)에서는 '-읍지/-습지'가 '단정'의 의미를 가진다고 서술하였다. 하지만 '-읍지/-습지'의 구체적인 쓰임을 살펴볼 때, 화자가 명제 내용에 대해서 어느 정도 확실한 정보를 갖고 있으며, 다만 청자로부터 화자 자신의 추정을 확인하려고 하는 의미가 더 강하다는 점에서 그 의미를 '단정'보다는 '판정 의문'이라고 하는 것이 더 적절할 듯싶다.

(150) ㄱ. 옷이 좀 큽니까? (옷이 좀 큽니까?)
ㄴ. 그리 무셉습니까? (그리 무섭습니까?)
ㄷ. 네레 누기 새일입니까? (내일 누구 생일입니까?)
ㄹ. 그 사람이 아입니까? (그 사람이 아닙니까?)

(151) ㄱ. 숙제를 다 했습니까? (숙제를 다 했습니까?)
ㄴ. 학교 가갰습니까? (학교 가겠습니까?)

'-읍니다/-습니다'의 기원에 대해 이현희(1982ㄴ : 149)에서는 '-ᄉᆞᆸᄂᆞ니이다 > -ᄉᆞᆸᄂᆞ니다 > -습ᄂᆞ니다 > -습늬다 > -습니다'로 변화되어 온 것으로 추정하였다. 이로부터 '-읍니까/-습니까'도 '-ᄉᆞᆸᄂᆞ니이까 > -ᄉᆞᆸᄂᆞ니까 > -습느니까 > -습늬까 > -습니까'의 변화 과정을 겪은 것으로 추정할 수 있다.

이 지역어에서 쓰이는 '-읍니까/-습니까'의 경우, 통사적 특성과 의미적 특성에서 표준어의 '-읍니까/-습니까'와 별로 차이가 없다.

'-읍니까/-습니까'는 예문 (149~150)과 같이 동사, 형용사, 계사 어간과 결합할 수 있다. 이 경우, 모음 및 유음 뒤에서는 '-읍니까'와 연결되고 유음을 제외한 자음 뒤에서는 '-습니까'와 연결된다.

'-읍니까/-습니까'는 주체높임의 선어말어미 '-시-'와 통합이 가능하며, 1인칭 주어를 제외한 2인칭과 3인칭(높임의 대상일 때) 주어와 통합이 가능하다. 또한 예문 (151)과 같이 시제나 추측, 혹은 의지를 나타내는 선어말어미 '-었-', '-갰-'과도 통합이 가능하다. 하지만 회상이나 전달을 나타내는 '-더-'와는 통합되지 않는 제약이 따른다.[40]

40) '-읍니다/-습니다'가 회상을 나타내는 '-더-'와 통합될 수 없는 까닭은 '-읍니다/-습니다'의 구성 요소인 '-니-' 때문이다. '-니-'는 진행을 나타내는 선어말어미로서 '-더-'

(152) 가매에 쌀으 안치- [ -시- / -었- / -갰- / *-더- ] -읍니까/-습니까?

주어와의 공기관계를 보면, '-읍니까/-습니까'는 예문 (153)에서 보는 바와 같이 1인칭, 2인칭, 3인칭을 나타내는 주어와 모두 공기될 수 있어 주어와의 통합에서 제약을 받지 않는다.

(153) ㄱ. 내가 가두 됩니까?
ㄴ. 선생님(청자)두 같이 갑니까?
ㄷ. 삼추이도 왔습니까?

'-읍니까/-습니까'는 '화자가 청자에게 명제 내용을 아주높임으로 물음'의 의미적 특성을 가진다. 화용론적 특성을 보면, 단독적인 장면에서는 쓰이지 않고 항상 화자가 청자를 강하게 의식하는 상관적 장면에서 쓰인다. 화자와 청자의 상하관계에서는 대체로 청자가 화자보다 나이가 많거나 손위일 때, 또는 서로 가까운 사이가 아니거나 공적인 관계일 때, 그리고 화자가 청자에게 격식을 갖추어 아주높이는 경우에 사용된다.

### 2.1.5. '-읍데까/-습데까'

'-읍데까/-습데까'는 '-읍니까/-습니까'에 선어말어미 '-더-'가 개재한 의문법 어미로서 표준어의 '-읍디까/-습디까'에 해당한다.

---

와 '-니-'는 같은 자리에서 동시에 나타날 수 없는 제약을 가진다.

(154) ㄱ. 벌써 잡데까? (벌써 잡디까?)
ㄴ. 밭에 머 심습데까? (밭에 뭐 심습디까?)
ㄷ. 혼자서 놉데까? (혼자서 놉디까?)

(155) ㄱ. 집이 큽데까? (집이 큽디까?)
ㄴ. 평야이 좋습데까? (평양이 좋습디까?)
ㄷ. 누기네 서답입데까? (누구네 빨래입디까?)

(156) ㄱ. 아바이 진지 드십데까? (할아버지 밥을 드십디까?)
ㄴ. 시걱으 다 썼습데까? (식사를 다 했습디까?)
ㄷ. 너무 멀겠습데까? (너무 멀겠습디까?)

'-읍데까/-습데까'는 중세국어의 의문 종결형 '-습더니잇가'가 '-습더니잇가>-습더잇가>-습데까'와 같은 변화 과정을 거쳐 형성된 것이며, 청자가 과거에 경험한 사실에 대하여 화자가 청자에게 묻는 의문문에 사용된다.

'-읍데까/-습데까'는 예문 (154~155)와 같이 동사, 형용사, 계사 어간과 통합이 가능하다. 이 경우, 모음 및 유음 뒤에서는 '-읍데까'와 통합되고, 유음을 제외한 자음 뒤에서는 '-습데까'와 통합된다. 또한 예문 (156)과 같이 주체높임의 선어말어미 '-시-'와 통합이 가능하며 시제, 추측 혹은 의지를 나타내는 선어말어미 '-었-', '-겠-'과도 통합이 가능하다.

(157) 아바이 진지 다 드- [ -시- / -었- / -겠- ] -읍데까/-습데까?

'-읍데까/-습데까'와 주어의 공기관계를 보면, 예문 (158)과 같이 1인칭, 2인칭, 3인칭을 나타내는 주어와 모두 공기될 수 있어 주어와의 통합관계에서 아무런 제약을 받지 않는다.

(158) ㄱ. 그때 나두 곱습데까? (그때 나도 예쁩디까?)
ㄴ. 어머네, 그 고치 맵습데까? (어머니, 그 고추 맵습디까?)
ㄷ. 아재네 집이 좋습데까? (이모네 집이 좋습디까?)

'-읍데까/-습데까'는 '청자가 직접 경험하고 확인한 상황에 대하여 아주높임으로 물음'의 의미적 특성을 갖고 있다. 이는 '-더-'의 기능이 융합되어있는 데 기인한다. '-읍데까/-습데까'의 화용론적 특성을 살펴보면 단독적인 장면에서는 쓰이지 않고 화자가 청자를 강하게 의식하는 상관적 장면에서 쓰인다. 그리고 '-읍덤두/-습덤두'가 비공식적인 경우에 쓰이는 것과는 달리 '-읍데까/-습데까'는 공식적인 경우와 비공식적인 경우에 모두 쓰일 수 있다. 화자와 청자의 상하관계를 보면 청자는 윗사람이어야 하지만 화자는 연령의 제한을 크게 받지 않는 특성을 지닌다.[41] 친소관계를 보면 익숙한 사이, 혹은 익숙하지 않은 사이에서 모두 쓰인다.

## 2.2. 하오체

이 지역에서 하오체를 나타내는 의문법 종결어미에는 '-오/-소', '-읍데/-습데'가 있다.

41) '-읍데다/-습데다'를 사용하는 화자는 연령의 제한을 크게 받지 않지만 성별의 제한을 받는다. 이를테면, 화자가 어느 정도 나이가 든 경우(중년층, 노년층)에는 일반적으로 여성 화자가 남성 청자에게 사용하며 부부 사이에도 아내가 남편에게 사용할 수 있다. 그러나 자녀가 부모에게 사용할 때는 이런 제약을 받지 않는다.

### 2.2.1. '-오/-소'

의문형에서 나타나는 '-오/-소'는 억양의 변화로 서술법과 구분된다. 서술법에 쓰일 경우에는 하강조로 나타나고 의문법에 쓰일 때에는 상승조로 나타난다.

(159) ㄱ. 허애, 가매다 쌀으 안치라오? (언니, 솥에다 쌀을 안치라오?)
ㄴ. 저네는 무스거 굽소? (당신네는 무엇을 굽소?)
ㄷ. 누기 집에서 노우? (누구네 집에서 노오?)

(160) ㄱ. 구들이 따따사오? (방이 따뜻하오?)
ㄴ. 이 쌀이 물이 맞소? (이 쌀이 물이 맞소?)
ㄷ. 제 생진이 어느날이오? (제 생일이 어느날이오?)

(161) ㄱ. 옥시끼 굽었소? (옥수수를 구웠소?)
ㄴ. 집에 가갰소? (집에 가겠소?)
ㄷ. *누가 불렀더오?

의문법에 해당하는 '-오/-소'는 그 통사적 특성에 있어서 서술법의 '-오/-소'와 대체로 동일한데, 이에 대해 간략하게 요약하면 다음과 같다. 우선, 예문 (159~160)과 같이 '-오/-소'는 동사, 형용사, 지정사 어간과 모두 통합이 가능하다. 이 경우 모음이나 유음 뒤에서는 '-오'로 실현되고 유음을 제외한 자음 뒤에서는 '-소'로 실현된다. '-오/-소'와 선어말어미의 통합관계를 보면 문장의 주체가 청자이거나, 3인칭의 주체가 높임의 대상일 때 주체높임의 '-시-'와의 통합이 가능하다. 그리고 예문 (161)과 같이 시제, 추측 혹은 의지를 나타내는 '-었-', '-갰-' 등과 통합할 수 있지만 '-더-'와는 통합하지 않는다.

(162) 허애, 집으로 가- [ -시- / -었- / -갰- / *-더- ] -오/-소?

위 예문에서와 같이 '-더-'는 서술법의 '-오/-소'와는 어떤 환경에서도 직접적인 통합관계를 이룰 수 없다. '-오'가 '-더-'와 통합되지 않는 대신에 그 보충형으로 '-읍데/-습데'가 쓰인다.

다음으로, '-오/-소'는 예문 (163)과 같이 1인칭, 2인칭, 3인칭을 나타내는 주어와 모두 공기될 수 있어 주어와의 통합관계에서 제약을 받지 않는다.

(163) ㄱ. 내가 먹어두 되오? (내가 먹어도 되오?)
ㄴ. 허애도 같이 가갰소? (언니도 같이 가겠소?)
ㄷ. 그 사람이 맞소? (그 사람이 맞소?)

'-오/-소'의 의미적 특성을 보면 '화자가 명제 내용을 청자에게 예사높임 혹은 예사낮춤으로 물음'이란 의미를 지닌다. 또한 단독적인 장면에서는 쓰이지 않고 화자가 청자를 강하게 의식하는 상관적 장면에서 쓰인다. 화자와 청자의 관계는 다양하게 나타나는데 일반적으로 ① 화자가 윗사람인 경우 ② 화자와 청자가 동급인 경우 ③ 청자가 윗사람인 경우의 세 가지로 나눌 수 있다.

(164) ㄱ. 그 동네 맞소? (그 동네 맞소?) 〔할머니-젊은이〕
ㄴ. 다 먹었소? (다 먹었소?) 〔엄마-아들〕
ㄷ. 언제 오오? (언제 오오?) 〔시어머니-며느리〕

(165) ㄱ. 쌀으 안쳈소? (쌀을 안쳤소?) 〔여동생-언니〕
ㄴ. 벌써 가갰소? (벌써 가겠소?) 〔시누이-올케〕
ㄷ. 어디서 만나갰소? (어디서 만나겠소?) 〔학교 동기〕

(166) ㄱ. 집에 밥이 있소? (집에 밥이 있나요?) 〔아들-어머니〕
ㄴ. 아재, 그게 머이요? (이모, 그게 무엇인가요?) 〔조카-이모〕

위의 예문에서 보는 바와 같이 이 지역에서는 '-오/-소'가 다양한 쓰임을 갖고 있다. 기본적으로 '-오/-소'는 예문 (164)와 같이 어른인 화자가 어른인 손아랫사람에게 사용할 수 있으며, 예문 (165)와 같이 평교간에게 사용할 수 있다. 이 경우 화자와 청자는 친소 관계의 제약을 크게 받지 않는다. 또한 (165ㄷ)과 같이 친구 사이라도 어느 정도 나이가 들게 되면 '-오/-소'를 사용하여 서로 대우해 주기도 한다. 그리고 예문 (166)과 같이 손윗사람에게 사용할 수도 있는데 이 경우, 화자와 청자는 친족 관계 혹은 친근하고 익숙한 관계라야 가능하다. 하지만 화자가 반드시 어른일 필요는 없다. 이와 같이 '-오/-소'는 이 지역에서 예사높임과 예사낮춤에 두루 쓰이면서 표준어보다 문법적 폭이 넓다는 것을 말해준다.

#### 2.2.2. '-읍데/-습데'

'-읍데/-습데'는 선어말어미 '-더-'를 포함한 종결어미이므로 청자가 과거에 경험한 사실에 대하여 화자가 묻는 의문문으로 사용된다. 이 경우 청자는 예사높임의 대상이어야 한다.

(167) ㄱ. 중국에서두 이런거 쏩데? (중국에서도 이런 것을 쓰던가요?)
ㄴ. 애가 밥 잘 먹습데? (애가 밥을 잘 먹던가요?)
ㄷ. 오늘두 문으 엽데? (오늘도 문을 열던가요?)

(168) ㄱ. 바지 품이 솝:데? (바지 품이 좁던가요?)
ㄴ. 키 큽데? (키가 크던가요?)
ㄷ. 그 집입데? (그 집이던가요?)

(169) ㄱ. 상점에 자이 왔습데? (상점에 된장이 왔던가요?)
ㄴ. 어떻게 잘 살갰습데? (어떻게 잘 살겠던가요?)

예에서 제시된 '-ㅂ(습)데'는 근대 국어 시기에 벌써 선어말어미 '-습-'과 간소화 과정을 거친 종결어미 '-데'가 통합한 '-습데'형이 존재했다. 근대 국어 시기에 이르러 '-습-'이 상대 존대의 기능을 하게 되면서 '-습데'는 하소체로 굳어지게 되었고, '-습-'이 통합하지 않은 '-데'는 한 등급 낮은 해라체 종결어미로 전락하게 되었다.

'-읍데/-습데'[42]는 예문 (167~168)과 같이 동사, 형용사, 지정사 어간과 통합이 가능하다. 이 경우 모음이나 유음 뒤에서는 '-읍데'가 통합되고 유음을 제외한 자음 뒤에서는 '-습데'가 통합된다. '-읍데/-습데'와 선어말어미의 통합관계를 보면 회상하는 행위의 주체가 높임의 대상의 3인칭인 경우에 '-시-'와의 결합이 가능하며, 예문 (169)와 같이 과거나

42) '-읍데/-습데'의 기원에 대해서는 서술법의 '-읍데/-습데' 참조.

의지, 추측을 나타내는 '-었-', '-갰-'과도 통합이 가능하다. '-읍데/-습데'는 회상의 의미를 내포하고 있기 때문에 회상의 선어말어미 '-더-'와는 통합할 수 없다.

(170) 집에 가- [ -시- / -었- / -갰- / *-더- ] -읍데/-습데?

한편 '-읍데/-습데'는 청자가 직접 보거나 들은 사실에 대해서 화자가 확인하고자 할 때 쓰이는 어미이기 때문에, 예문 (171)과 같이 2인칭, 3인칭 주어와는 공기할 수 있으나, 1인칭 주어와는 공기할 수 없다.

(171) ㄱ. *나두 영상스럽습데? (나도 남세스럽던가?)
ㄴ. 다 먹었습데? (다 먹었던가?)
ㄷ. 애가 잘 놉데? (애가 잘 놀던가?)

'-읍데/-습데'는 '청자가 보거나 들은 지난 사실을 예사높임으로 물음'의 의미적 특성을 가진다. 이는 '-더-'의 기능이 융합되어있는 데 기인한다. 화용론적 특성을 살펴보면 '-읍데/-습데'는 단독적인 장면에서는 쓰이지 않고 상관적 장면에서만 쓰이며 공식적인 장면이 아닌 자연 발화에서 많이 쓰인다. 화자와 청자의 상하관계에 있어서 ① 화자가 윗사람인 경우 ② 화자와 청자가 동급인 경우 ③ 청자가 윗사람인 경우의 세 가지로 나눌 수 있다.

(172) ㄱ. 짼내비도 있습데? (원숭이도 있던가?) 〔할아버지-젊은이〕
ㄴ. 집에 없습데? (집에 없던가?) 〔엄마-아들〕
ㄷ. 아: 밥 잘 먹습데? (애가 밥을 잘 먹던가?) 〔시어머니-며느리〕

(173) ㄱ. 밥 다 했습데? (밥을 다 했던가요?) 〔동생-형〕
ㄴ. 오빠두 왔습데? (오빠두 왔던가요?) 〔올케-시누이〕
ㄷ. 같이 온답데? (같이 온다던가?) 〔학교 동기〕

(174) ㄱ. 집에 있습데? (집에 있던가요?) 〔아들-어머니〕
ㄴ. 삼추이, 그 옷이 맞습데? (삼촌, 그 옷이 맞던가요?) 〔조카-삼촌〕

의문법의 '-읍데/-습데'는 서술법과 마찬가지로 다양한 쓰임을 갖고 있다. 기본적으로 '-읍데/-습데'는 예문 (172), (173)과 같이 어른인 화자가 어른인 손아랫사람 혹은 평교간에게 사용할 수 있다. 이 경우 화자와 청자는 친소 관계의 제약을 크게 받지 않는다. 그러나 예문 (174)와 같이 손윗사람에게 사용할 수도 있는데, 이 경우 화자와 청자는 친족 관계 혹은 친근하고 익숙한 관계라야 가능하다. 하지만 화자가 반드시 어른일 필요는 없다. '-읍데/-습데'는 예문 (173ㄱ,ㄴ)과 같이 화자와 청자가 서로 동급인 경우에도 쓰이며 예문 (173ㄷ)과 같이 친구 사이라도 어느 정도 나이가 들게 되면 '-읍데/-습데'를 사용해 서로 대우해 주기도 한다.

### 2.3. 해라체

해라체의 등급에 해당하는 의문법 어미에는 '-니', '-나', '-냐', '-야',

'-개', '-데' 등이 있다.

### 2.3.1. '-니'

'-니'는 해라체 등급에 가장 널리 사용되는 전형적인 의문법 어미이다. '-니'는 단순히 어떤 정보를 얻기 위하여 청자에게 묻는 경우에 쓰인다. 이 지역에서 사용되는 '-니'는 형태상으로는 표준어의 '-니'와 동일하지만 통사적 특성, 특히는 선어말어미와의 통합에 있어서 표준어와 일정한 차이를 보이고 있다.

(175) ㄱ. 너네두 촌수르 쓰니? (너희도 촌수를 쓰니?)
ㄴ. 문으 언제 닫니? (문을 언제 닫니?)
ㄷ. 어디서 노니? (어디서 노니?)

(176) ㄱ. 그리 바쁘니? (그렇게 바쁘니?)
ㄴ. 오늘 날씨 덥니? (오늘 날씨가 덥니?)
ㄷ. 영 머니? (정말 머니?)

(177) ㄱ. 채석에 세워났잰니? (토방에 세워두지 않았니?)
ㄴ. 언제 다 캐갰니? (언제 다 캘 거니?)
ㄷ. 벌써 자더니? (벌써 자더니?)

'-ㄴ'이 종결어미로 쓰이기 시작한 시기는 15, 16세기부터라고 추정된다(김수태, 2004 : 62). '-니'의 형성 과정에 대해 이현희(1982ㄴ : 147)에서는 '-ᄂᆞ니>-느니>-느이>-늬>니'로의 변화 과정을 거친 것으로 보았고, 김수태(2004 : 62)에서는 선어말어미 '-니-'가 그 뒤에 실현되는 '-이다', '-잇고', '-잇가'의 빈번한 생략에 의해서 종결어미로 전이된 것으로 보았다.

이 지역에서 나타나는 '-니'는 표준어의 '-니'와 큰 차이를 보이지 않는다.

먼저, '-니'는 예문 (175~176)과 같이 동사, 형용사, 계사 어간과 모두 통합할 수 있으며, 어간말 음운론적 환경의 제약을 받지 않고 항상 '-니'로 실현된다.[43] 또한 주체높임의 '-시-', 과거의 '-았-', 추정의 '-갰-' 그리고 회상의 '-더-'와 통합될 수 있다. 선어말어미 '-더-'와도 통합이 가능한 점은 표준어와 구별되는 점이라 하겠다.[44]

(178) 언제 집에 가- [ -시- / -었- / -갰- / -더- ] -니?

43) 형태상으로 볼 때, '-니'는 대다수의 경우 선행하는 음절의 말음과 관계없이 모두 '-니'의 형태로 실현된다. 예문 (171ㄴ)의 경우 '덥-'은 이 지역어에서 불규칙 활용이 아니라 규칙활용을 보여 모음으로 시작되는 어미와 통합할 때 '덥어서[더버서]', '덥은[더븐]' 등과 같이 실현된다. 이러한 특성으로 볼 때, '으니'와 통합되어 '덥으니[더브니]'로 실현될 수 있을 듯하나 이 경우에는 항상 '-니'와만 통합된다. 기타 'ㅂ' 불규칙 활용 용언도 마찬가지로 '-니'가 직접 통합된다. 그러므로 이 지역에서 의문법 어미 '-니'는 선행하는 어간의 조건에 관계없이 모두 '-니'의 형태로만 실현된다고 할 수 있다.

44) 표준국어대사전(1999)에서는 '-더니'가 '-이다'의 어간, 용언의 어간 또는 어미 '-으시-', '-었-', '-겠-' 뒤에 바로 붙어 해라할 자리에 쓰여, 과거에 경험하여 새로이 알게 된 사실에 대하여 묻는 종결 어미이며 예스러운 느낌을 준다고 설명하였다. 그러나 표준어 일상 회화에서는 어말에서 '-더니'를 사용하는 경우가 거의 없으며 대신 '-더냐'를 많이 사용한다. 육진방언에서 '-더니'형은 사용 빈도가 높지 않다. 이 형태는 최명옥 외(2002 : 145)에서도 확인된다.

'-니'와 주어의 공기관계를 보면, 예문 (179)와 같이 1인칭, 2인칭, 3인칭을 나타내는 주어와 모두 공기될 수 있어 주어와의 통합관계에서 어떠한 제약도 받지 않는다.

(179) ㄱ. 내가 먹어두 되니? (내가 먹어도 되니?)
ㄴ. 너 어데 가니? (너 어디 가니?)
ㄷ. 아재도 간다니? (이모도 간다니?)

위 예문의 '-니'는 '화자가 명제 내용을 아주낮춤으로 물음'의 의미적 특성을 지니며, 단독적 장면에서는 쓰이지 않고 상관적 장면에서만 쓰인다. 또한 후술하게 될 '-나(-냐)'와 비교할 경우, '-니'는 '-나(냐)'보다 더 친근하고 부드러운 느낌을 준다. 때문에 '-니'에는 '-냐'보다 〔+친근함〕, 〔+부드러움〕의 의미 자질이 더 포함되어 있다고 할 수 있다. 화자와 청자 사이의 관계를 보면 '-니'는 주로 친숙한 사이에 사용되며 손윗사람이 나이가 훨씬 어린 청자에게 혹은 청소년층의 동년배 사이에 물음을 나타낼 때 널리 쓰인다.

### 2.3.2. '-나'

'-나'는 '-니'와 함께 이 지역에서 널리 쓰이는 의문법 어미이다. '-나'는 출현 빈도가 '-니'보다는 낮지만 통사적 특성, 사용 양상 등에 있어서는 대체로 '-니'와 동일하다.[45)]

45) '-나'는 형태상으로는 표준어의 '-나'와 동일하지만 구체 쓰임에서 일정한 차이를 보인다. 표준어의 '-나'는 하게체, 해체의 두 가지 등급으로 모두 사용될 수 있지만 이 지역어의 '-나'는 해라체로만 쓰인다. 또한 표준어의 '-나'는 해체로 쓰일 경우 군대처럼 상하 관계가 분명하고 격식이 중요한 사회에서 많이 쓰이며, 스스로 묻는 경

(180) ㄱ. 너두 가나? (너도 가니?)
ㄴ. 구들 닦나? (장판을 닦니?)
ㄷ. 아직두 사나? (아직도 사니?)

(181) ㄱ. 구들이 따따사나? (방이 따뜻하니?)
ㄴ. 어째 이리 작나? (왜 이리 작니?)
ㄷ. 누기네 밭이나? (누구네 밭이니?)

(182) ㄱ. 너 시걱 쓰구 왔나? (너 밥을 먹고 왔니?)
ㄴ. 너두 놀갰나? (너도 놀겠니?)
ㄷ. 같이 놀더나? (같이 놀더니?)

의문법 어미 '-나'의 설정 여부에 대해서 이병근 외(2003)에서는 '-나'를 독립된 어미로 보지 않고 '-더-'와 '-나'가 융합된 '-더나'를 하나의 어미로 보고 있다. 하지만 이 지역에서는 '-나'가 용언과 계사 어간과 직접 통합하고 '-더-'를 포함한 기타 선어말어미와도 통합이 가능하기 때문에 '-나'를 하나의 어미로 설정하였다.

(183) 집에 같이 가- [ -시- / -었- / -갰- / -더- ] -나?

우 또는 의심을 나타내는 경우에 흔히 쓰인다(서정수, 1994 : 917). 이 지역에서 '-나'가 구어에서는 해라체에 사용되나 문어에서는 하게체에 사용되는 원인에 대해서 고홍희(2003 : 37)에서는 사회의 변화에 따라 상대경어법 등급이 축소되면서 하게체가 구어에서 소실되면서 '-나'도 해라체로 등급이 하락된 것으로 분석하고 있다.

'-나'와 주어의 공기관계를 보면, 예문 (184)와 같이 1인칭, 2인칭, 3인칭을 나타내는 주어와 모두 공기될 수 있어 주어와의 통합관계에서 어떠한 제약도 받지 않는다.

(184) ㄱ. 내가 먹어두 되나? (내가 먹어도 되나?)
ㄴ. 너두 가나? (너도 가나?)
ㄷ. 아재도 가나? (이모도 가나?)

현대 국어에서 '-나'는 다음 예문과 같이 해체와 하게체에 두루 쓰인다 (한길, 2004 : 146~150).

(185) ㄱ. 세상에 이럴 수가 있나?
ㄴ. 자네는 술을 얼마나 마시나?

(185ㄱ)은 '-나'가 해체로 쓰인 것이고, (185ㄴ)은 '-나'가 하게체로 쓰인 것이다. 해체에 쓰인 '-나'는 '화자가 자신의 의혹을 아주낮춤으로 물음'의 의미적 특성을 나타내지만 하게체에 쓰인 '-나'에는 '의혹'의 의미가 파악되지 않는다. 해체의 '-나'는 '의혹'의 의미를 가지기 때문에 단독적 장면에 쓰일 수 있지만, '하게체의 '-나'는 '의혹'의 의미를 가지지 않기 때문에 단독적 장면에 쓰일 수 없다. 다시 말하면 예문 (185ㄱ)이 화자의 혼잣말로 쓰여 단독적 장면으로 이해될 경우, '-나'는 반말에 해당되어 '의혹'의 의미를 갖게 되지만 (186ㄴ)은 화자의 혼잣말로는 결코 쓰이지 않기 때문에 하게체에 해당되며, 여기서는 '의혹'의 의미가 파악되지 않는다. 이로부터 하게체의 '-나'는 '화자가 청자에게 명제 내용을 예사낮춤으로 물음'의 의미적 특성을 가진다는 것을 알 수 있다.

이 지역에서 쓰이는 '-나'는 예문 (185)에서 보는 바와 같이 상관적 장면이나 단독적 장면에 모두 쓰일 수 있다. 특히 이 지역에서는 구어체에서 '자네'라는 호칭을 잘 사용하지 않기 때문에, '-나'는 대부분 해라체에서 나타나고 하게체에서는 나타나지 않는다. 이는 '-나'가 청자 대우 등급에서 표준어와 차이를 보이고 있다는 것을 말해준다. 따라서 이 지역에서 쓰이는 '-나'는 '명제 내용에 대한 화자의 의혹을 반말로 물음'이란 의미적 특성을 가진다. 화자와 청자 사이의 관계를 보면 이 지역에서 쓰이는 '-나'는 동급이거나 아랫사람한테만 사용할 수 있다.[46]

### 2.3.3. '-냐'

해라체의 의문법 종결어미 '-냐'는 '-니', '-나'와 마찬가지로 어떤 정보를 얻기 위한 단순 의문문 종결어미에 속한다. '-냐'는 통사론적 특성에 있어서 '-니', '-나'와 대체로 동일하지만 사용 양상에 있어서 일정한 차이를 보이고 있다.

(186) ㄱ. 너 핵교 아이 <u>가냐?</u> (너 학교 안 가냐?)
ㄴ. 아직두 <u>먹냐?</u> (아직도 먹냐?)
ㄷ. 너 그 여자 <u>아냐?</u> (너 그 여자 아냐?)
ㄹ. 저게 무슨 <u>과실이냐?</u> (저게 무슨 과일이냐?)

46) 경상도 방언의 '-나'는 육진방언의 '-나'와 마찬가지로 해라체 의문법 어미로 기능하지만 통사적 특성과 용법에 있어서 육진방언의 '-나'와 차이를 보인다. 경상도 방언에서 '-나'는 서술어가 용언인 해라체 판정 의문문에만 사용되며, 설명 의문문에는 '-노'가 쓰인다. 그러나 육진방언에서 '-나'는 경상도 방언에서처럼 '-나'와 '-노'의 대립을 보이지 않고 판정, 설명 의문문에 모두 사용되며 다양한 문법 단위와 통합한다. 충북 영동 방언과 강릉 지역 방언에서 해라체로 사용되는 의문법 어미 '-나'는 통사론적 특징이 이 지역어의 '-나'와 대체로 동일하다(고홍희, 2330 : 37을 참조한 것임).

(187) ㄱ. 너네 달래기 하므 누기 더 빠르냐?
(너희 달리기 하면 누가 더 빠르냐?)
ㄴ. 그 약이 쓰겁냐? (그 약이 쓰냐?)
ㄷ. 어째 이리 군숙하냐? (왜 이리 소란스럽냐?)

(188) ㄱ. 선새이두 오신다냐? (산생님도 오신다냐?)
ㄴ. 밭에 김 다 맸냐? (밭의 김을 다 맸냐?)
ㄷ. 언제 다 하갰냐? (언제 다 하겠냐?)
ㄹ. 밥으 다 했더냐? (밥을 다 했더냐?)

'-냐'는 예문 (186~187)과 같이 동사, 형용사, 계사 어간과 모두 통합이 가능하며 어간말 음운론적 환경과 관계없이 모두 '-냐'의 형태로 실현된다. 표준어에서는 동사 어간과 통합할 경우 '-냐'와 '-느냐'가 자유 교체될 수 있지만 이 지역어에서는 '-느냐'가 거의 나타나지 않는다.

'-냐'는 예문 (188)과 같이 주체높임의 '-시-', 과거의 '-았-', 추정의 '-갰-' 그리고 회상의 '-더-'와 모두 통합될 수 있다.

(189) 아매 언제 오- [-시- / -었- / -갰- / -더-] -냐?

'-냐'와 주어의 공기관계를 보면, 예문 (190)과 같이 1인칭, 2인칭, 3인칭을 나타내는 주어와 모두 공기될 수 있어 주어와의 통합관계에서 어떠한 제약도 받지 않는다.

(190) ㄱ. 내가 가두 되냐? (내가 먹어도 되냐?)
ㄴ. 너두 가냐? (너도 가냐?)
ㄷ. 아재도 간다냐? (이모도 간다냐?)

위 예문의 '-냐'는 형태상 표준어의 '-냐'와 동일하지만 용법에 있어서 일정한 차이를 보인다. 표준어에서의 '-냐'는 젊은 층의 화자들도 자연스럽게 사용할 수 있지만 이 지역어의 '-냐'는 노년층의 화자가 젊은 층을 대상으로 사용할 수 있다. 이러한 제약으로 인해 '-냐'는 '-니'나 '-나'보다 사용 빈도가 훨씬 낮으며, 특정 선어말어미가 선행하였을 경우 높음 빈도로 사용되는 '-데', '-야', '-개' 등보다도 사용 빈도가 낮다. '-냐'의 이런 소극적인 쓰임은 '-냐'가 구어체에서 점차 소실되어 가는 단계에 있다고 할 수 있다.

### 2.3.4. '-야'

'-야'는 '-니', '-나', '-냐'와 마찬가지로 그 자체는 부수적인 의미를 나타내지 않는 단순 의문문을 형성한다. 그러나 분포와 쓰임에 있어서 '-니', '-나', '-냐'와 일정한 차이를 보인다.

(191) ㄱ. 비 아직두 오야? (비 아직도 오니?)
ㄴ. 벌써 자야? (벌써 자니?)
ㄷ. 혼자 사야? (혼자 사니?)
ㄹ. 이게 누기야? (이게 누구니?)

(192) ㄱ. 너 요쌔 바쁘야? (너 요즘 바쁘니?)
ㄴ. 물이 깊으야? (물이 깊니?)
ㄷ. 여기서 머야? (여기서 머니?)

(193) ㄱ. 옷이 너무 작재[47]야? (옷이 너무 작지 않니?)
ㄴ. 짐이 너무 많재야? (짐이 너무 많지 않니?)

'-야'는 형태상으로는 표준어에서 계사 어간 '이-'에 통합하여 의문을 나타내는 의문법 어미 '-아'의 이형태인 '-야'와 동일하지만, 통사론적 특성과 쓰임에 있어서 차이를 보이므로 이들은 다른 성격의 것으로 보아야 한다.[48] '-야'의 기원에 대해서 '-냐'에서 'ㄴ'이 탈락하여 형성된 이형태로 상정해볼 수도 있으나(고홍희, 2003 : 48), 사용층이 '-냐'와 현저한 차이를 보이므로 별개의 어미로 봐야 할 것이다.

'-야'는 통사적 특성에서 '-니', '-나', '-냐'와 차이를 보인다. 우선, 동사와의 결합에서 예문 (191)과 같이 모음이나 'ㄹ'말음 어간과는 통합할 수 있으나 자음으로 끝나는 동사 어간과는 통합하지 않는다. 이를테면, '먹-', '웃-'의 경우 매개모음 '으'를 삽입할 수 있을 듯하나, 이 지역에서는 '먹으야', '웃으야'와 같은 표현이 존재하지 않는다. 그러나 형용사의 경우 '깊으야'와 같이 매개모음이 개입한 '-으야'와 통합할 수 있다. 예문 (191~192)에서 보는 바와 같이 '-야'는 동사보다는 형용사, 계사와의 통

47) 이 '-재-'는 역사적으로 '디 아니ᄒᆞ-'가 융합 과정을 거쳐 형성된 선어말어미이다. 종결어미로서의 '-재'는 반말의 의문법 어미 '-재'를 참조.

48) 육진방언의 '-야'는 해라체에, 표준어의 '-야'는 해체에 해당하는 것으로서 청자 대우법 등급에서만 차이를 보이는 듯하다. 그러나 이들은 형태상의 일치일 뿐 같은 성격의 어미로 볼 수 없다. 첫째, 표준어의 '-야'는 해체 종결어미 '-아(어)'의 이형태로서 서술법, 의문법, 명령법, 청유법에 모두 사용될 수 있다. 그러나 이 지역어의 '-야'는 해라체 의문법 어미로만 사용되며 기타 종결어미로는 사용되지 않는다. 둘째, 이 지역어의 '-야'는 동사 어간, 형용사 어간, 선어말어미 '-재'와만 통합할 수 있다. 셋째, 형태상으로도 '-야'는 자음으로 끝나는 형용사의 경우 '-으야' 형태로 실현될 뿐, 기타 이형태를 갖지 않는다. 이러한 점들을 감안할 때, 이 지역어의 '-야'는 표준어의 '-야'와 같은 성격의 것이 아님을 알 수 있다(고홍희, 2003 : 49를 참조함).

합이 훨씬 자연스럽다.

'-야'의 이러한 특징은 선어말어미와의 통합에서도 찾아볼 수 있는데, '-야'는 예문 '-재-'를 제외한 그 어떤 선어말어미와도 통합하지 않는다.

(194) 이 바지 너무 솔- [ -재- / *-었- / *-갰- / *-더- ] -야?

'-야'는 선행하는 문법단위의 종류에 따라 출현 빈도가 다르다. 즉 계사 어간이나 선어말어미 '-재-'가 선행할 경우에는 아주 높은 빈도로 사용되지만, 기타 경우에는 아주 낮은 빈도로 사용되거나 아예 사용되지 않는다.

'-야'와 주어의 공기관계를 보면 예문 (195)와 같이 1인칭, 2인칭, 3인칭을 나타내는 주어와 모두 공기될 수 있어 주어와의 통합관계에서 제약을 받지 않는다.

(195) ㄱ. 나두 가두 되재야? (나도 가도 되지 않니?)
ㄴ. 니 동새 누기야? (너 동생이 누구니?)
ㄷ. 저 사람 어디서 봤재야? (저 사람을 어디서 보지 않았니?)

위 예에서 보듯이 '-야'는 '화자가 명제 내용을 청자에게 아주낮춤으로 물음'의 의미적 특성을 가지며, 단독적 장면에서는 쓰이지 않고 상관적 장면에서만 쓰인다. 화자와 청자 사이의 관계를 보면 가까운 사이의 청소년들이 흔히 사용하는데, 이 경우 화자와 청자는 동급이거나 혹은 청자가 화자보다 아랫사람이어야 가능하다.

### 2.3.5. '-개'

'-개'는 선어말어미 '-겠-'과 의문법 어미 '-니'의 통합형이 축약 과정을 거쳐 형성된 융합형 어미이다. 이 지역에서 '-겠-'의 모음 'ㅔ'는 〔ㅔ〕와 〔ㅐ〕 사이의 발음으로 실현되며, 선행하는 음절 모음에 따라 때로는 〔ㅔ〕에, 때로는 〔애〕에 가까운 발음으로 실현된다. 그러나 융합형으로 나타날 경우 항상 〔개〕로 발음되므로 본고에서는 '-개'로 표기하였다. '-개'는 선행하는 형태소의 성격에 따라 다양한 의문문을 형성한다.

(196) ㄱ. 모까할라 <u>가개?</u> (목욕하러 가겠니?)
ㄴ. 오늘 무슨 옷으 <u>입개?</u> (오늘 무슨 옷을 입겠니?)
ㄷ. 오늘 니 차르 <u>몰개?</u> (오늘 니가 차를 몰겠니?)

(197) ㄱ. 어느게 더 <u>빠르개?</u> (어느 것이 더 빠르겠니?)
ㄴ. 누기게 더 <u>좋개?</u> (누구 것이 더 좋겠니?)
ㄷ. 이게 <u>머이개?</u> (이게 무엇이겠니?)

(198) ㄱ. 벌써 다 <u>먹었개?</u> (벌써 다 먹었겠니?)
ㄴ. 집에 <u>갔댔개?</u> (집에 갔댔겠니?)
ㄷ. 너두 같이 <u>가잲개?</u> (너도 같이 가지 않겠니?)

'-개'는 '-갰-+-니'가 융합 과정을 거쳐 형성된 어미이다. 선어말어미 '-갰-'을 포함하고 있기 때문에 의문을 나타낼 뿐만 아니라 추측이나 의지를 나타내는 복합적 기능을 수행한다.

'-개'의 통사적 특성을 보면, 예문 (196~197)과 같이 동사, 형용사,

계사 어간과 통합할 수 있다. 이 경우 어간말 음운론적 환경의 제약을 받지 않으며 항상 '-개' 형태로만 실현된다. 선어말어미와의 통합관계에서는 예문 (198)과 같이 '-었-', '-댔-', '-쟁-'와 통합이 가능하다.

(199) 벌써 다 먹- [ -시- / -었- / -쟁- / -더- ] -개?

'-개'와 주어의 공기관계를 보면, 예문 (200)과 같이 1인칭, 2인칭, 3인칭을 나타내는 주어와 모두 공기될 수 있어 주어와의 통합관계에서 어떠한 제약도 받지 않는다.

(200) ㄱ. 내 언제 너르 이기개? (내가 언제면 너를 이기겠니?)
ㄴ. 너두 자개? (너도 자겠니?)
ㄷ. 가:두 데리구 가개? (그 애도 데리고 가겠니?)

'-개'는 경우에 따라 다양한 의미적 특성을 지니고 있다. 우선 '화자가 청자의 생각이나 의도를 아주낮춤으로 물음'의 의미를 지니며, 동시에 '화자가 어떤 상황이나 사실에 대하여 그렇지 않을 것이라고 추측하면서 청자의 생각을 묻는' 등의 의미를 지니고 있다. 발화 장면을 보면 상관적 장면에서만 쓰이고 단독적 장면에서는 쓰이지 않는다. 화자와 청자의 상하 관계에서 볼 때, 서술법의 '-개'와는 달리 자기와 동급이거나 자기보다 손아랫사람인 대상에게 사용할 수 있으며 생소한 사이보다는 익숙한 사이에 흔히 쓰인다.

### 2.3.6. '-데'

'-데'는 청자가 과거에 경험한 사실에 대한 물음을 나타내는 어미로서, '-더니'의 보충형에 속한다.

(201) ㄱ. 아직두 자데? (아직도 자더냐?)
ㄴ. 밥으 먹데? (밥을 먹더냐?)
ㄷ. 바람이 불데? (바람이 불더냐?)

(202) ㄱ. 그 남자 키 크데? (그 남자 키가 크더냐?)
ㄴ. 사람이 많데? (사람이 많더냐?)
ㄷ. 수박이 달데? (수박이 달더냐?)
ㄹ. 그 집이데? (그 집이더냐?)

(203) ㄱ. 같이 오신다데? (같이 오신다더냐?)
ㄴ. 스집갔다데? (시집갔다더냐?)
ㄷ. 벌써 가겠다데? (벌써 가겠다더냐?)

위의 예에서 회상의 선어말어미 '-더-'와 의문법의 '-니'가 통합하면 '-데'로 실현되는데, 이 '-데'는 구어체에서 흔히 쓰이는 어미에 속한다. '-데' 역시 '-더-'와 '-니'의 융합으로 볼 수 있으나, 앞에서 설명한 '-개'와는 융합의 원리가 다르다.[49] '-개'에 개재한 선어말어미는 근대국어시기

49) '-데'와 '-개'가 서로 다른 간소화 방식에 의하여 형성된 것임을 고홍희(2003 : 78)에서는 다음과 같은 세 가지 이유를 들어 설명하고 있다. 첫째, '-더니'에서 '-데'가 되려면 '-니'에서 'ㄴ'이 탈락하여야 하는데, '-더-+니→-데'의 경우 기타 융합형의 '-니'가 탈락한 것과 일치하지 않다. 둘째, '-앗/-엇'이 과거의 선어말어미로 문법화된 시기를 대체로 17, 18세기로 보며, 현대국어와 동일한 용법의 선어말어미 '-겠-'의 확립 시기는 19세기 말로 본다. 그러나 '-데'의 경우 선어말어미 '-더-'는 중세국

에 이루어진 것이지만 '-데'에 개재한 선어말어미 '-더-'는 중세국어시기에 이미 존재하고, 근대국어시기에 와서는 간소화 과정을 거친 '-데'가 쓰이기 시작했기 때문이다. 근대국어시기 문헌에 나타나는 '-데'는 모두 서술법으로 쓰인 예로서 서술법 종결형 '-더이다'가 간소화 과정을 거쳐 형성된 것이고 '-더이다'보다 한 등급 낮은 하소체로 기능한다. 현재 이 지역에서 사용되는 '-데'는 해라체에 해당하는데, 이는 이 지역 화자들의 '-데'에 융합된 공손법 선어말어미 '-이-'에 대한 인식이 약화되었기 때문이다. 따라서 '-데'는 이 지역에서 한 등급 더 낮은 해라체로 정착되었고 수행 억양과 의문사에 의하여 의문법으로도 쓰이게 된 것이다. 현재 이 지역에서는 '-데'가 의문법 어미로만 기능할 뿐, 서술법 어미로는 쓰이지 않는다.[50]

'-데'의 통사적 특성을 보면, 예문 (201~202)와 같이 동사, 형용사, 계사 어간과 직접 통합할 수 있다. 이 경우, 어간말 음운론적 환경의 영향을 받지 않으며 항상 '-데'로 실현된다. '-데'는 예문 (203)에서 보는 바와 같이 주체높임의 선어말어미 '-시-'와 통합될 수 있으며, 과거를 나타내는 '-었-', 추정이나 의지를 나타내는 '-갰-'과도 통합이 가능하다.

---

어 문헌에 벌써 존재했다. 셋째, 현재 연변 지역어에는 '-데'에 대응하는 하오체와 합쇼체의 의문법 어미 '-ㅂ(습)데'와 '-ㅂ(습)데까'가 존재한다. 그러나 다른 융합형 어미는 하오체, 합쇼체에 대응하는 종결어미가 존재하지 않는다.

50) '-더'를 포함한 '-데'가 해라체 의문법 어미로 쓰이는 예는 기타 방언에서도 찾아볼 수 있다. 이를테면 전남 북부 방언에서 사용되는 '-디'와 '-데'는 모두 선어말어미 '-더-'를 포함한 해라체 의문법 어미이다. 이기갑(1982)에서는 '-디'와 '-데'는 유사한 기능을 보이지만, '-데'는 '-디'에 비해 분포가 훨씬 제약되고 주로 3인칭 주어의 과거시제에만 사용되는 것이 특이하다고 밝혔다. 하지만 이 지역어의 '-데'는 전남 북부 방언의 '-데'와 형태상 동일하지만 제약이 따르지 않고 그 분포가 훨씬 넓다. 즉, 전남 북부 방언에서 '-디'와 '-데'로 실현되는 의문문 전반이 이 지역어에서는 '-데' 하나로 실현된다.

(204) 아직두 자- [ -시- / -었- / -갰- / -더- ] -데?

'-데'와 주어의 공기관계를 보면, '-데'는 예문 (205)와 같이 1인칭, 2인칭, 3인칭 주어와 모두 공기할 수 있어 주어와의 공기관계에서 제약을 받지 않는다.

(205) ㄱ. 내 것두 싫데? (내 것도 싫더니?)
ㄴ. 니 동새: 맞데? (네 동생이 맞더냐?)
ㄷ. 그 사람이 그리 좋데? (그 사람이 그렇게 좋더냐?)

'-데'는 '청자가 보거나 들은 지난 사실에 대해서 화자가 아주낮춤으로 물음'의 의미적 특성을 가진다. 이는 '-더-'의 기능이 융합되어있는 데 기인한다. 화용론적 특성을 살펴보면 단독적인 장면에서는 쓰이지 않고 상관적 장면에서만 쓰이며 공식적인 장면이 아닌 자연 발화에서 많이 쓰인다. 화자와 청자 사이의 관계를 보면, 친숙한 사이에서 흔히 쓰이며 화자와 청자가 동급이거나 청자가 아랫사람인 경우에 사용할 수 있다.

### 2.4. 반말

반말에 해당하는 의문법 어미에는 '-지', '-ㄴ가', '-으까', '-재'가 있다. 이중에서 '-지', '-ㄴ가', '-으까'는 표준어와 비슷한 유형의 어미이고 '-재'는 방언적 특징을 띤 어미에 속한다.

### 2.4.1. '-지'

의문법 어미로 사용되는 '-지'는 수행 억양에 따라 서술법, 명령법, 청유법 어미로 사용되는 '-지'와 구별된다.

(206) ㄱ. 너네두 그런 말 쓰지? (너희도 그런 말을 쓰지?)
ㄴ. 구들으 닦지? (구들을 닦지?)
ㄷ. 아직도 살지? (아직도 살지?)
ㄹ. 동삼에 춥지? (겨울에 춥지?)
ㅁ. 아매네 메느리지? (할머니네 며느리지?)

(207) ㄱ. 옛날에 아재라고 했지? (옛날에 이모라고 했지?)
ㄴ. 영 밉갰지? (영 밉겠지?)
ㄷ. *아바이네두 그런 말으 하더지? (할아버지도 그런 말을 하지?)

의문법의 '-지' 역시 원래는 '-디'였다가 최근에 들어 구개음화 현상으로 인하여 '-지'로 발음되고 있다. 본고의 조사 과정에서도 비구개음화형을 발견할 수 없었다.

'-지'의 통사적 특성을 보면, 예문 (206)과 같이 동사, 형용사, 지정사 어간과 모두 통합될 수 있다. 이 경우 어간말 음운론적 환경의 영향을 받지 않으며 항상 '-지'로 실현된다. 선어말어미와의 통합관계를 볼 때, 청자가 높임의 대상일 경우 주체높임의 '-시-'와 통합할 수 있으며 과거나 추정의 선어말어미인 '-았-', '-갰-'과도 통합이 가능하다. 하지만 회상의 선어말어미 '-더-'와는 통합할 수 없다.

(208) 동삼에 춥- [ -시- / -었- / -갰- / *-더- ] -지?

주어와의 공기관계에서 '-지'는 주어 인칭의 제약을 받지 않으며 1인칭, 2인칭, 3인칭 주어와 모두 통합이 가능하다.

(209) ㄱ. 내가 가두 되지? (내가 가도 되지?)
ㄴ. 너 혼자 갈 거지? (너 혼자 갈 거지?)
ㄷ. 그 사람이 좋지? (그 사람이 좋지?)

육진방언에서 사용되는 '-지'는 화자가 단순히 어떤 정보를 얻기 위하여 묻는 단순 의문문을 형성하는 것이 아니라, 화자가 어떤 사실에 대하여 긍정적인 생각이나 확신을 갖고 청자에게 묻는 의문문을 형성한다. 따라서 이 지역에서 '-지'는 설명 의문문에는 쓰이지 않고 판정 의문문에만 사용되며 '추정 확인 물음' 혹은 '친근하거나 부드러운 물음'의 의미적 특성을 가진다.[51] 화용론적 측면에서 보면 상관적 장면에서 쓰이며 일반적으로 화자가 청자와 동등한 관계이거나 아랫사람, 혹은 친숙한 관계일 경우에 쓰인다.

51) 이 지역에서 사용되는 '-지'는 표준어의 해체에 해당하는 '-지'와 형태상 동일하나 통사론적 특성과 쓰임에 있어서 일정한 차이를 보인다. 이를테면, 표준어의 '-지'는 어떤 사실을 긍정적으로 서술하거나 묻거나 명령하거나 제안하는 따위의 뜻을 나타내는 종결어미로서 서술, 의문, 명령, 제안 따위로 두루 쓰인다(표준국어대사전, 1999). 또한 표준어의 '-지'는 '언제 오지?', '어딜 가지?' 와 같은 설명 의문문을 형성할 수 있는 데에 반하여, 이 지역어의 의문법 어미 '-지'는 판정 의문문에만 사용된다.

### 2.4.2. '-ㄴ가'

반말체에 해당하는 의문법 어미 '-ㄴ가'는 이 지역어에서 간접 의문문과 직접 의문문, 그리고 화자가 혼잣말을 하는 자문 형식의 의문문에 모두 사용되며, 그중에서도 간접 의문문에 주로 사용된다.

(210) ㄱ. 오늘 핵교 가는가? (오늘 학교 가는가?)
ㄴ. 누기네 쇠: 잡는가? (누구네 소를 잡는가?)
ㄷ. 아직두 노는가? (아직도 노는가?)

(211) ㄱ. 구들이 따따산가? (구들이 따뜻한가?)
ㄴ. 밖이 춥는가? (밖이 추운가?)
ㄷ. 그 집 혼세 오늘인가? (그 집 결혼이 오늘인가?)

(212) ㄱ. 평야: 갔다 왔는가? (평양에 다녀왔는가?)
ㄴ. 집에 있갰는가? (집에 있겠는가?)
ㄷ. 그 집 새가: 집에 있던가? (그 집 딸이 집에 있던가?)

'-ㄴ가'는 화자가 단순히 어떤 정보를 얻기 위하여 묻는 단순한 의미의 의문문을 형성하는 것이 아니라, 추측이나 짐작, 못마땅함 등 다양한 의미의 의문문을 형성한다.

'-ㄴ가'의 통사적 특성에 대해서 살펴보면, '-ㄴ가'는 예문 (210~211)과 같이 동사, 형용사, 지정사 어간과의 통합이 모두 가능하다. 이 경우, 동사 어간 뒤에서는 '-는가'로 실현되고, 형용사 및 계사의 어간 뒤에서는 '-은가'로, '-더-' 뒤에서는 '-던가'로 실현된다. '-ㄴ가'는 선어말어미와의 통합관계에서 특별한 제약을 보이지 않는다. 즉, 예문 (212)와 같이 주체높임의 '-시-', 시제 선어말어미 '-었-', '-갰-', '-더-'와 모두 통합될 수 있다.

(213) 오늘 핵교 가- [ -시- / -었- / -갰- / -더- ] -는가?

주어와의 공기관계에서 '-ㄴ가'는 예문 (214)와 같이 1인칭, 2인칭, 3인칭 주어와 모두 통합될 수 있어 주어 제약을 받지 않는다.

(214) ㄱ. 내가 없어두 되는가? (내가 없어도 되는가?)
ㄴ. 너두 가는가? (너도 가는가?)
ㄷ. 아재도 가는가? (이모도 가는가?)

이 지역어에서 '-ㄴ가'가 주로 반말체에 쓰이는 것과는 달리, 현대 국어에서 '-ㄴ가'는 반말과 예사낮춤에 두루 쓰이고 있다.

(215) ㄱ. 어찌 이대로 살 수 있겠는가?
ㄴ. 자네 아직 할 말이 남았는가?

(215ㄱ)은 '-ㄴ가'가 반말로 쓰인 것이고, (215ㄴ)은 '-ㄴ가'가 예사낮춤으로 쓰인 것이다. 반말의 '-ㄴ가'와 예사낮춤의 '-ㄴ가'는 같은 맥락에서 거의 구분 없이 쓰이기 때문에 쉽게 구별되지 않으나, 의미 분석을 통하여 그 차이점을 식별할 수 있다. '-ㄴ가'가 반말인 경우, 자신의 '의혹'을 강하게 나타내지만 예사낮춤의 경우, '의혹'의 의미가 전혀 나타나지 않는다. 따라서 '의혹'의 의미가 있고 없음에 따라 반말과 예사낮춤의

식별이 가능해진다.

발화 장면에서도 반말의 '-ㄴ가'는 상관적 장면이나 단독적 장면에 모두 쓰일 수 있지만, 예사낮춤의 '-ㄴ가'는 단독적 장면에서는 쓰이지 못하고 상관적 장면에서만 쓰인다. 또한 반말의 '-ㄴ가'는 반어법 어미로 쓰일 수 있지만 예사낮춤의 '-ㄴ가'는 반어법에 쓰일 수 없다.[52]

육진방언에서 쓰이는 '-ㄴ가'는 예문 (215)에서 보는 바와 같이 상관적 장면이나 단독적 장면에서 모두 쓰일 수 있다. 특히 이 지역에서는 구어체에서 '자네'라는 호칭을 잘 사용하지 않기 때문에, '-ㄴ가'는 대부분 반말에서 나타나고 예사낮춤에서는 나타나지 않는다. 이는 '-ㄴ가'가 청자 대우 등급에서 표준어와 차이를 보이고 있다는 것을 말한다. 따라서 이 지역에서 쓰이는 '-ㄴ가'는 '명제 내용에 대한 화자의 의혹을 반말로 물음'이란 의미적 특성을 가진다. 화자와 청자 사이의 관계에서 '-ㄴ가'는 동급이거나 아랫사람한테 사용할 수 있다.

### 2.4.3. '-으까'

표준어에서 추정의 의미를 나타내는 '-을까'는 육진 지역의 음운론적 특성에 따라 'ㄹ'말음이 탈락하여 구어에서 '-으까'로 실현된다. '-으까'는 청자의 존재 여부에 따라 청자를 향한 의문문과 화자 스스로에게 묻는 다양한 의문문을 형성할 수 있다.

52) 예를 들면 '사람이 어디 법만 가지고 사는가?'의 경우, 표면적으로는 긍정의 물음이지만 실제로는 '사람이 법으로만 살 수는 없다.'의 부정의 서술로 이해되는데, 이 경우 '-ㄴ가'는 반말의 어미에 해당한다.

(216) ㄱ. 어느 가매다 안치까? (어느 솥에다 안칠까?)
ㄴ. 먼저 먹으까? (먼저 먹을까?)
ㄷ. 서답으 어디다 너:까? (빨래를 어디에다 널까?)

(217) ㄱ. 그 집 새기 곱으까? (그 집 신부가 예쁠까?)
ㄴ. 그게 헗으까? (그게 쉬울까?)
ㄷ. 이 집이까? (이 집일까?)

(218) ㄱ. 어데 가셨으까? (어디 가셨을까?)
ㄴ. *먼저 먹갰을까?
ㄷ. *그 집 새기 곱더으까?

먼저 '-으까'의 통사적 특성을 살펴보면, '-으까'는 예문 (216~217)과 같이 동사, 형용사, 지정사 어간과 모두 통합할 수 있다.[53] 이 경우 모음이나 유음으로 끝나는 어간 뒤에서는 '-ㄹ까'로 실현되고, 유음을 제외한 자음 뒤에서는 '-으까'로 실현된다. 그리고 문장의 주체가 높임의 대상일 경우 '-시-'와의 통합이 가능하며 '-었-'과도 통합이 가능하다. 하지만 추정의 의미를 나타내는 '-갰-'이나 회상의 '-더-'와는 통합이 불가능하다.

(219) 호분자 어디 가-[-시- / -었- / *-갰- / *-더-]-으까?

53) 이는 '-으까'가 '추정'의 의미적 특성을 포함하고 있는 경우에 한하며, '의도'의 의미를 포함하는 경우에는 행동성 동사와만 통합이 가능하다.

주어와의 공기관계를 보면, '-으까'는 예문 (220)과 같이 1인칭, 2인칭, 3인칭을 나타내는 주어와 모두 공기될 수 있어 주어와의 통합관계에서 어떠한 제약도 받지 않는다.

(220) ㄱ. 내가 먼저 먹으까?
ㄴ. 너도 같이 가까?
ㄷ. 그 집 새기 곱으까?

위의 예에서 제시된 '-으까'는 화용적 맥락에서 청자의 존재 여부에 따라 다음과 같이 여러 가지 의미를 지닌다.

첫째, 청자가 존재할 경우, 화자가 어떤 사실에 대한 청자의 생각이나 의도를 묻는 의문문을 형성한다.

둘째, 청자가 존재하지 않을 경우, 화자 자신이 어떤 사실에 대한 추측이나 짐작을 혼잣말의 형식으로 자문하는 의문문을 형성한다.

그밖에도 '-으까'는 '추정의 물음'이냐, '의도의 물음'이냐에 따라 '화자가 청자에게 명제 내용에 대한 추정을 반말로 물음' 또는 '명제 내용에 대한 화자의 의도를 반말로 물음'의 의미로 해석할 수 있다.[54] 한편 '-으까'는 상관적 장면이나 화자가 혼잣말을 하는 단독적 장면에 모두 쓰일 수 있다.

---

54) 지금까지 '-을까'의 의미에 관한 연구 논저를 살펴보면, 이정민(1975 : 282)에서는 '제어 가능한 행위(controllable act)'의 동사와 관련되어 의지에 관해 묻는 '의지' 의문어미라고 하였으며, 김하수(1979 : 65)에서는 '-을까'의 의미가 보편적으로 '추정'이며 단지 주어가 1인칭이고 동사의 의미자질이 〔+action〕이면 '의도'의 뜻을 지닌다고 하였고, 남기심・고영근(2008 : 358)에서는 '강한 진술을 내포하는 감탄의문문'이라고 하였다. 위의 논저의 견해를 정리하면 '-을까'의 의미는 '추정', '의도', '추정과 의도' 세 가지로 축약될 수 있다.

### 2.4.4. '-재'

표준어의 '-지 않니'에 해당하는 '-재'는 이 지역 구어체에서 널리 사용되는 융합형 어미이다. 확인 의문문을 형성한다는 점에서는 표준어의 '-지' 혹은 '-지 않니'와 비슷하지만 구체적인 의미나 쓰임에서 차이를 보인다.55) 이와 같이 특수한 용법을 보이는 '-재'의 통사적 특성과 의미적 특성에 대하여 구체적으로 살펴보면 다음과 같다.

(222) ㄱ. 이젠 가두 되재? (이젠 가도 되지 않니?)
ㄴ. 그거 있재? (그거 있지 않니?)
ㄷ. 너무 멀재? (너무 멀지 않니?)
ㄹ. 이게 가네 집이재? (이게 걔네 집이지 않니?)

(223) ㄱ. 혼자 다 드셨재? (혼자 다 드셨지 않니?)
ㄴ. *군숙해 죽갰재?
ㄷ. *앒이 잘 보이더재?

위의 '-재'는 '디 아니-+-오'의 준말이다. 즉, '디 아니-+-오'가 음절 축약을 거쳐 '-대니오'가 되고 '-대니오'가 다시 구개음화와 비음 탈락을 거쳐 '-재이오'가 된 것이다. 이 '재이오'는 실제 발화에서 '이오'가 절단되어 '-재'의 형태로 나타난다. 곧, '-재'는 '-디+아니+오 > 대니오 > 재니 > 재이 >재'의 변화 과정을 거쳐 형성된 것으로 상정할 수 있다.56)

55) '-재'의 대우 등급은 하오체로 상정해볼 수도 있지만, 구체적인 쓰임에서 '-지'와 비슷한 양상을 보이므로 반말체 어미로 설정하였다.

56) '-재'의 형성 과정에 대하여 고홍희(2003 : 86)에서는 선어말어미 '-재-'와 의문법 어미 '-니'가 통합되어 형성된 '-재니'가 다시 융합 과정을 거쳐 '-재'가 된 것으로 보았다. 여기서 선어말어미 '-재-'는 중세 국어의 '-디 아니ᄒᆞ-'가 축약된 형태를 가리킨다.

'-재'는 예문 (222)와 같이 동사, 형용사, 계사 어간과 통합이 가능하다. 이 경우 어간말 음운론적 환경의 제약을 받지 않으며 항상 '-재' 형태로만 실현된다. '-재'는 예문 (223)과 같이 문장의 주체가 높임의 대상일 경우, 주체높임의 '-시-'와의 통합이 가능하며 과거를 나타내는 '-었-'과도 통합이 가능하다. 하지만 추정이나 의지를 나타내는 '-갰-'이나 회상을 나타내는 '-더-'와는 통합이 불가능하다.

(224) 집에 있- [ -시- / -었- / *-갰- / *-더- ] -재?

주어와의 공기관계를 보면, 예문 (225)와 같이 1인칭, 2인칭, 3인칭 주어와 모두 공기할 수 있어 주어 제약을 받지 않는다.

(225) ㄱ. 나두 가두 되재?
ㄴ. 너네두 촌수르 쓰재?
ㄷ. 거기서는 애호박이라구 하재?

위 예의 '-재'는 일반적으로 화자가 이미 알고 있는 어떤 사실에 대해여 특별히 강조하여 나타내려고 할 때 사용된다. 화용론적 측면에서 보면 상관적 장면이나 혼잣말을 하는 경우에 모두 쓰일 수 있다. 화자와 청자의 관계를 보면 일반적으로 친근한 관계이거나 익숙한 관계일 경우에 쓰일 수 있다.[57]

## 2.5. 요약

이상으로 이 지역의 구어체에 나타나는 의문법 종결어미를 대상으로 그 형태를 밝히고 종결어미와 서술어와의 통합관계, 주어와의 공기관계 그리고 의미적 특성을 두루 살펴보았다. 지금까지 살펴본 의문법 종결어미의 통사적 특성과 의미적 특성 등을 하나의 표로 정리하면 다음과 같다.

〈표 18〉 의문법 종결어미의 통사적·의미적 특성

| 청자 대우 등급 | 어미 | 통사 특성 | | | | | | | | | | 의미 특성 |
|---|---|---|---|---|---|---|---|---|---|---|---|---|
| | | 서술어 | | | 선어말어미 | | | | 주어 | | | |
| | | 동사 | 형용사 | 계사 | -사- | -았- | -갰- | -더- | 1인칭 | 2인칭 | 3인칭 | |
| 합쇼체 | -음두/-슴두 | + | + | + | + | + | + | + | + | + | + | 단순 의문 |
| | -읍덤두/-습덤두 | + | + | + | + | + | - | - | - | + | + | 확인 의문 |
| | -읍지/-습지 | + | + | + | + | + | + | - | - | + | + | 판정 의문 |
| | -읍니까/-습니까 | + | + | + | + | + | + | + | + | + | + | 단순 의문 |
| | -읍데까/-습데까 | + | + | + | + | + | + | - | + | + | + | 확인 의문 |
| 하오체 | -오/-소 | + | + | + | + | + | + | - | + | + | + | 단순 의문 |
| | -읍데/-습데 | + | + | + | + | + | + | - | + | - | + | 확인 의문 |

57) '-재'는 이 지역에서 종결어미뿐만 아니라 선어말어미로도 쓰인다. 예를 들면 ㄱ. 앞이 잘 배우재오. (앞이 잘 보이지 않소.) ㄴ. 아바이네 집에 있쟀슴두? (할아버지네 집에 있잖습니까?) ㄷ. 눈으 치재서 어떻게 가니? (눈을 치지 않아서 어떻게 가니?) 등이다. 선어말어미의 '-재'는 '-지'와 '-않-'이 융합되어 형성된 '-잖'과 비슷한 기능을 한다고 볼 수 있다.

| 해라체 | -니 | + | + | + | + | + | + | + | + | + | + | 단순 의문 |
|---|---|---|---|---|---|---|---|---|---|---|---|---|
| | -나 | + | + | + | + | + | + | - | + | + | + | 단순 의문 |
| | -냐 | + | + | + | + | + | + | + | + | + | + | 단순 의문 |
| | -야 | + | + | + | + | + | + | + | + | + | + | 단순 의문 |
| | -개 | + | + | + | + | + | + | + | + | + | + | 단순 의문 |
| | -데 | + | + | + | + | + | + | - | + | + | + | 단순 의문 |
| 반말 | -지 | + | + | + | + | + | + | - | + | + | + | 판정 의문 |
| | -ㄴ가 | + | + | + | + | + | + | + | + | + | + | 간접 의문 |
| | -으까 | + | + | + | + | + | - | - | + | - | + | 추정 의문 |
| | -쟤 | + | + | + | + | + | - | - | + | + | + | 확인 의문 |

## 3. 명령법 종결어미

명령법은 화자가 청자에 대해서 어떠한 일을 하기를 요구하는 문장종결법이다. 현대 국어에서는 청자 대우 등급이나 혹은 그 문장이 전달하는 의미에 따라 명령법 어미를 하위분류한다.[58] 이 경우 화자가 청자보다 윗사람일 경우에는 청자에 대한 '시킴'으로 나타나고, 청자가 화자보

58) 이종희(2004)에서는 명령법 종결어미를 그 기능에 따라 시킴, 요청, 허락으로 하위분류하였다. 〔시킴〕은 청자를 고려하지 않고 청자에게 요구가 있는 것이고, 〔요청〕은 청자를 고려하고 청자에게 요구가 있는 것, 〔허락〕은 청자를 고려하고 청자에게 요구가 없는 것으로 구별하였다.

다 윗사람일 경우에는 청자에 대한 '시킴'이 아닌 '바람(간청)'으로 나타난다. 본고에서는 명령법 종결어미를 청자높임의 등급에 따라 합쇼체, 하오체, 해라체, 반말로 하위분류하여 그들의 통사적·의미적 특성에 대해서 살펴보기로 한다.

육진 지역에서 나타나는 명령법 종결어미는 다음과 같다.

〈표 19〉 명령법 종결어미 목록

| 청자 대우 등급 | 어미 형태 |
|---|---|
| 합쇼체 | -읍소, -으꽈니/-스꽈니 |
| 하오체 | -오/-소, -으께 |
| 해라체 | -어(아)라 |

### 3.1. 합쇼체

명령법 종결어미 가운데서 합쇼체에 속하는 어미들로는 '-읍소', '-으꽈니/-스꽈니'가 있다.

#### 3.1.1. '-읍소'

표준어의 '-으십시오'에 해당하는 어미로 이 지역에서는 '-읍소'가 쓰인다.

(226) ㄱ. 우리 집에서 뉴하구 갑소. (우리 집에서 주무시고 가십시오.)
ㄴ. 여기 와 앉읍쏘. (여기 와서 앉으십시오.)
ㄷ. 좀 보끄지 맙소. (좀 보채지 마십시오.)

(227) ㄱ. *내일 몹시 앓읍소.
ㄴ. *영 곱읍소.

'-읍소'는 '-옵(읍/습)-'과 명령법 어미 '-소'가 결합한 형태이다. '-옵(읍/습)-'이 다른 형태와 통합할 때 서술형이나 의문형의 경우, 어간말음의 음운론적 환경에 따라 '-읍'과 '-습'으로 교체되면서 나타난다. 하지만 명령형이나 청유형에서는 '-읍'이 아닌 '-습'의 형태로 나타나는 것이 일반적인데, 이와 같은 현상은 이 방언에서도 예외가 아니다.

'-읍소'의 형태적 특성을 보면, 예문 (226~227)과 같이 〔+행동성〕 동사에만 통합되며 그 밖의 용언 어간과는 통합하지 못한다.59) 이 제약은 모든 명령법 종결어미의 공통적인 특성에 해당한다. 그리고 '-읍소'는 주체높임의 '-시-'를 제외한 다른 선어말어미와 통합이 불가능하다. 과거 시제의 선어말어미 '-었-'이나 회상의 선어말어미 '-더-'와 통합하지 못하는 이유는, '명령'이라는 행위가 이미 행해진 사건에 대해서는 논리적으로 불가능하기 때문이다. 또한 추정이나 의지를 나타내는 '-겠-'과도 통합이 불가능한데, 이는 '추정'이나 '의지'가 행동과 관련되는 '명령'과는 무관한 요소이기 때문이다.60)

59) 한길(2004 : 222)에서는 명령형에 통합될 수 있는 용언이 동사더라도 행동자의 능동적 행동을 나타내는 행동성 동사만이 가능하고 비행동성 동사는 통합될 수 없는 제약이 따른다고 하였다. 여기서 행동성 동사는 Chafe(1970)에서 분류한, 행동자의 능동을 나타내는 행동성(action) 동사, 상태 변화를 나타내는 과정성(process) 동사, 상태를 나타내는 상태성(state) 동사를 말한다.

60) 고성환(2003 : 87)에서는 '-겠-'을 시제 형태소가 아닌 인식 형태소로 파악하면서 '-겠-'을 시제 형태소로 볼 수 없는 이유에 대해서 다음과 같이 서술하고 있다. 가령 '-겠-'을 시제 형태소로 보게 되면 이들이 명령문에 실현되지 못하는 이유를 설명하기가 어렵게 되는데, 이는 명령이 발화시 이후나 적어도 발화시와 동시적으로 이루어지는 것이라고 했을 때, 이들이 명령문의 서술어에 통합되어 나타날 수 없는 논

(228) 날래 시각 쓰- [ -시- / *-었- / *-갰- / *-더- ] -읍소.

주어와의 공기관계를 보면, '-읍소'는 예문 (229)와 같이 2인칭 주어와만 통합할 수 있다.

(229) ㄱ. *내가 장마당에 갑소.
ㄴ. *자네가 장마당에 갑소.
ㄷ. 아바이두 장마당에 갑소.
ㄹ. *그 사람이 장마당에 갑소.

명령의 화행은 화자가 원하는 어떤 행위를 청자가 수행하게끔 시도하는 것이다. 따라서 명령문의 주어는 논리상 발화 장면에 있는 2인칭만이 가능하다. 예문 (229ㄱ)이 성립되지 않는 것은 화자가 자신에게 명령한다는 것이 특별한 전제가 없으면 불가능하기 때문이고, 예문 (229ㄹ)이 성립되지 않는 것은 발화 장면에 있지 않은 대상을 명령 수행의 주체로 삼았기 때문이다.

또한 '-읍소'는 합쇼체에 해당하는 주어와만 통합이 가능하다. (229ㄴ)과 (229ㄷ)은 2인칭 주어라는 점에서 동일하지만 '-읍소'가 가지고 있는 '아주높임'의 의미적 특성 때문에 주체가 아주높임의 대상인 (229ㄷ)은

리적인 이유를 찾기 어렵기 때문이다. 때문에 '-겠-'을 시제 형태소가 아닌 인식 형태소로 보아야만이 그것이 명령문의 서술어에 통합될 수 없는 이유를 밝힐 수 있게 된다.

'-읍소'와 공기할 수 있으나, 주체가 아주높임의 대상이 아닌 (229ㄴ)은 '-읍소'와 공기할 수 없다. 이처럼 '-읍소'는 주어 어휘 선택에서도 제약을 받는다.

'-읍소'는 '화자가 청자에게 명제 내용을 수행할 것을 아주높임으로 시킴'의 의미적 특성을 지닌다.61) 이러한 '-읍소'의 의미적 특성은 단독적인 장면에서는 쓰이지 않고 상관적 장면에서만 쓰이는 제약을 초래한다. 화자와 청자 사이의 관계를 보면 일반적으로 청자가 손윗사람일 경우, 혹은 화자와 청자 모두 어른인 경우에 쓰인다.

### 3.1.2. '-으꽈니/-스꽈니'

'-으꽈니/-스꽈니'는 '-읍소'보다 더 정중한 표현에 속하며 흔히 'ㄴ'이 탈락한 '-으꽈이/-스꽈이'의 형태로 나타난다. 다른 방언에서는 보이지 않는 특이한 형태로 이 지역의 특성을 잘 보여준다. 노년층에서 많이 사용되며 젊은층들은 잘 사용하지 않는다.

(230) ㄱ. 날래 식사 <u>하:꽈이.</u> (얼른 식사하십시오.)
ㄴ. 좀 <u>웃으까이.</u> (좀 웃으십시오.)
ㄴ'. 좀 <u>웃스까이.</u> (좀 웃으십시오.)
ㄷ. 서답으 내다 <u>너:까이.</u> (빨래를 내다가 너십시오.)

(231) ㄱ. *그리 <u>좋으까이.</u>
ㄴ. *너무 <u>아프까이.</u>

61) 이 경우, '-읍소'가 아주높임을 나타낸다는 점에서 청자에 대한 '시킴'보다는 '바람'으로 해석하는 것이 더 적합할 듯싶다.

'-으꽈니/-스꽈니'의 기원에 대해서는 앞에서 기술한 '-으꿔니/-스꿔니'와 마찬가지로 '-읍/-습+꿔니'의 변화 과정을 거친 것으로 가정할 수 있다.62)

명령법 어미에 속하는 '-으꽈니/-스꽈니'는 예문 (230)에서 보는 바와 같이 〔+행동성〕 동사와만 통합할 수 있고, 그 밖의 용언 어간과는 통합하지 못한다. 이 경우 모음이나 유음으로 끝나는 어간 뒤에서는 '-으꽈니(으꽈이)'가 통합된다. 특이한 것은 예문 (232)과 같이 자음으로(유음 제외) 끝나는 어간 뒤에서는 '-으꽈니(으꽈이)', '-스꽈니(스꽈이)'가 수의적으로 실현된다는 점이다.

(232) ㄱ. 웃으꽈니(웃으십시오), 웃스꽈이(웃으십시오)
　　　ㄴ. 깁으꽈니(깁으십시오), 깁스꽈이(깁으십시오)

위 예는 '-스꽈니'가 불완전 분포 어미임을 시사해 준다. 정승철(2002 : 205)에서 지적했듯이 완전 분포 어미란 선행하는 요소의 음운론적 부류에 따른 출현 제약을 보이지 않는 어미를 가리키며, 불완전 분포 어미란 선행 요소의 음운론적 부류에 따른 출현 제약을 보이는 어미를 가리킨다. 이에 따르면 '-으꽈니'는 완전 분포 어미이고 '-스꽈니'는 불완전 분포 어미가 된다. 따라서 '-으꽈니/-스꽈니'에서 '-으꽈니'가 사용 환경을 확대한 것으로 보인다.

선어말어미와의 통합관계를 보면, '-으꽈니/-스꽈니'는 주체높임의

62) 황대화(1986 : 116)에서는 '-스꿔니'가 '-습거니'에서 기원한 것으로 보고 있다. 즉 종결어미 '-거니'에 청자높임의 '-습-'이 첨가된 뒤, '-습'의 /ㅂ/이 탈락된 것으로 보았다.

'-시-'와는 통합이 가능하나 '-시-'를 제외한 다른 선어말어미와는 통합이 불가능하다. 이는 명령문이 가지는 의미적 특성에 의한 것으로 볼 수 있다.

(233) 날래 식사 하:- [ -시- / *-었- / *-겠- / *-더- ] -꽈이.

'-으꽈니/-스꽈니'가 주체높임의 '-시-'와 통합할 경우, 예문 (234)와 같이 대부분 '-ㅂ시-'의 형태로 실현되는데 이는 청자에 대한 극존칭이라 할 수 있다.

(234) ㄱ. 빨래르 넙:시까이. (빨래를 너십시오.)
ㄴ. 이때 갑:시까이. (이때 가십시오.)
ㄷ. 들어옵:시까이. (들어오십시오.)

또한 주어와의 공기관계에 있어서 명령법의 의미적 특성으로 인하여 2인칭 주어와만 통합할 수 있으며, 주어 어휘 선택에 있어서도 아주높임에 해당하는 주어와만 통합이 가능하다.

(235) ㄱ. *내가 서답으 너:까이.
ㄴ. *자네가 서답으 너:까이.
ㄷ. 아매 호분자 가꽈이.
ㄹ. *그 사람 호분자 가꽈이.

예문 (235ㄱ)이 성립되지 않는 것은 화자가 자신에게 명령한다는 것이 특별한 전제가 없으면 불가능하기 때문이고, 예문 (235ㄹ)이 성립되지 않는 것은 발화 장면에 있지 않은 대상을 명령 수행의 주체로 삼았기 때문이다.

(235ㄴ)과 (235ㄷ)은 2인칭 주어라는 점에서 동일하지만 '-으꽈니/-스꽈니'가 가지고 있는 '아주높임'의 의미적 특성 때문에, 주체가 아주높임의 대상인 (235ㄷ)은 '-으꽈니/-스꽈니'와 공기할 수 있으나, 주체가 아주높임의 대상이 아닌 (235ㄴ)은 '-으꽈니/-스꽈니'와 공기할 수 없다. 이와 같이 '-으꽈니/-스꽈니'는 주어 어휘 선택에서도 제약을 받는다.

'-으꽈니/-스꽈니'는 '화자가 청자에게 명제 내용을 수행할 것을 아주높임으로 시킴'의 의미를 가진다. 이 경우 '시킴'으로 해석이 가능한 이유는 '-으꽈니/-스꽈니'가 대체로 노년층 사이(동급)에서 쓰이기 때문이다. 하지만 서로 익숙한 사이에서 아랫사람이 윗사람에게 쓸 수 있는데, 이와 같은 경우는 '시킴'이 아닌 '바람'이나 '간청'으로 볼 수 있다. 한편 모든 명령법 어미와 마찬가지로 '-으꽈니/-스꽈니' 역시 단독적인 장면에서는 쓰이지 않고 상관적 장면에서만 쓰인다.

### 3.2. 하오체

육진방언의 하오체에 속하는 명령법 어미에는 '-오/-소', '-으께'가 있다.

#### 3.2.1. '-오/-소'

명령법에 나타나는 '-오/-소'는 통사적 특성이나 의미적 특성에서 서술법, 의문법의 '-오/-소'와 차이를 보인다.

(236) ㄱ. 우티르 마이 주오. (옷을 많이 주오.)
ㄴ. 지금 수끼 굽소. (지금 옥수수 굽소.)
ㄷ. 애기네 날래 이불 터오. (며느리 얼른 이불을 터오.)

'-오/-소'는 예문 (236)과 같이 〔+행동성〕 동사와는 통합될 수 있으나 그 밖의 용언 어간과는 통합하지 못하는 제약이 있다. 이 경우 모음이나 유음으로 끝나는 어간 뒤에서는 '-오'가 통합되고, 유음을 제외한 자음 어간 뒤에서는 '-소'가 통합된다. 선어말어미와의 통합관계를 보면, '-오/-소'는 주체높임의 '-시-'와는 통합이 가능하나 '-시-'를 제외한 다른 선어말어미와는 통합이 불가능하다.

(237) 날래 식사 하- [ -시- / *-었- / *-겠- / *-더- ] -오/-소.

주어와의 공기관계에 있어서도 '예사높임'을 나타내는 제약 때문에 2인칭 주어와만 통합할 수 있고, 주어 어휘 선택에 있어서도 아주높임에 해당하는 주어와만 통합이 가능하다.

(238) ㄱ. *내가 서답으 너오.
ㄴ. 자네가 서답으 너오.
ㄷ. *아매 호분자 가오.
ㄹ. *그 사람 호분자 가오.

예문 (238ㄱ)이 성립되지 않는 것은 화자가 자신에게 명령한다는 것이 특별한 전제가 없으면 불가능하기 때문이고, 예문 (238ㄹ)이 성립되지 않는 것은 발화 장면에 있지 않은 대상을 명령 수행의 주체로 삼았기 때문이다.

(238ㄴ)과 (238ㄷ)은 2인칭 주어라는 점에서 동일하지만 '-오/-소'가 가지고 있는 '예사높임'의 의미적 특성 때문에 주체가 예사높임의 대상인 (238ㄴ)은 '-오/-소'와 공기할 수 있으나, 주체가 예사높임의 대상이 아닌 (238ㄷ)은 '-오/-소'와 공기할 수 없다.

'-오/-소'는 '화자가 청자에게 명제 내용을 수행할 것을 예사높임(혹은 예사낮춤)으로 시킴'의 의미로 해석할 수 있지만, 서로 익숙한 사이에서 아랫사람이 윗사람에게 쓸 수 있는데, 이 경우는 '시킴'이 아닌 '바람'으로 볼 수 있다.[63] 모든 명령법 어미와 마찬가지로 '-오/-소' 역시 단독적인 장면에서는 쓰이지 않고 상관적 장면에서만 쓰이는 제약이 있다.

### 3.2.2. '-으께'

표준어의 명령법 어미 '-게'는 이 지역에서 '-으께'로 실현된다.

(239) ㄱ. 쌀으 <u>안치께.</u> (쌀을 안치오.)
ㄴ. 고도에르 <u>굽으께.</u> (고등어를 굽소.)
ㄷ. 여기서 <u>노:께.</u> (여기서 노오.)
ㄹ. 여기다 <u>노으께.</u> (여기에다 놓소.)

'-게'의 기원에 대해서는 대체로 선어말어미 '-거-'와 관련된 것으로 보는 것과 연결어미 '-게'가 종결어미로 발전한 것으로 보는 두 가지 견해가 있다.[64] '-게'를 선어말어미 '-거-'와 관련된 것으로 보는 견해는 다시

---

63) '-오/-소'의 화용론적 특성은 4.1.2.를 참조.

'-거이다>-게이다>-게다>-게'와 같은 형성 과정을 거친 것으로 보는 것과, '-거-'가 종결어미 '-(으)이'와 결합하여 형성된 것으로 보는 견해로 나뉜다.65) 한편, 연결어미 '-게'가 종결어미로 발전한 것으로 보는 견해는 현대 국어의 '-게'가 '절-연결어미' 구성에서 후행절이 생략됨으로써 연결어미에서 종결어미로의 이행이 가능했던 것으로 보고 있다.66) 국어에서 '-게 하' 구문의 동사 'ᄒᆞ→하-'가 생략되는 것이 그다지 드문 현상이 아니라는 점에서 '-게'가 연결어미에서 종결어미로 이행했을 가능성이 크다.67) 이 지역에서 나타나는 '-으께'에 대해서도 기원적으로 '-읍/습-+게'로 보는 견해와 '-읍/습-+궤'로 보는 두 가지 견해가 있다. '-읍/습-+게'의 경우 '-읍게'는 명령형 어미 '-게'의 높임표현으로서 이 지역에서 쓰

64) 전자에는 이현희(1982), 이영경(1992), 장윤희(2002)등이 있고 후자에는 이승희(2004)가 있다.

65) 이승희(2004 : 119)에서는 '-게'-를 선어말어미 '-거-'와 관련된 것으로 보기 어려운 이유를 다음과 같은 세 가지로 서술하고 있다. 첫 번째, 종결어미 '-(으)이'가 결합된 것이든 혹은 축약과 절단을 겪은 것이든 간에 '-니, -데, -리' 등은 평서형이라는 점을 생각할 때, '-게'가 이들과 동일한 과정을 거쳐 형성되었다면 이것만 유독 명령형이 된다는 점을 설명하기 어렵다. 두 번째, 명령형 어미 '-게'의 이형태로 '-에'가 나타나지 않는다는 사실도 선어말어미 '-거-'와의 연관성을 의심하게 만든다. 왜냐하면 확인법의 선어말어미는 결합하는 용언이 타동사인지 비타동사인지에 따라 '-거-'와 '-어-'로 교체하는 것이 상당히 규칙적으로 나타나기 때문이다. 따라서 명령형 어미 '-게'가 '-거-'를 포함하고 있다면 이형태로 '-에'도 나타나는 것이 자연스러울 것이나 명령형의 '-에'는 나타나지 않는다. 세 번째, 명령형 어미 '-게'가 성립된 시기가 19세기라는 점도 문제가 된다.

66) 예를 들면 '-게 ᄒᆞ(여)라', '-게 ᄒᆞ소'에서 'ᄒᆞ-' 이하가 생략됨으로써 '-게'가 형성된 경우를 말한다.

67) 이러한 가설에 대해서 고광모(2006 : 75)에서는 그 가능성을 배제하고 있다. 그 이유는 보조동사 'ᄒᆞ-'가 생략되는 것이 가능했을 수 없고, 보조적 연결어미 '-게'가 문장 끝에 놓여 자주 쓰였을 가능성이 없기 때문이다. 연결어미로부터 발달한 종결어미들이 많이 있지만, 보조적 연결어미가 종결어미로 변화했을 가능성은 없다고 봐야 하기 때문이다. 즉, 문장 끝에 놓여 자주 쓰여야 종결어미로 변화할 수 있을 터인데 보조적 연결어미는 문장 끝에 놓일 기회가 없기 때문이다.

이는 합쇼체의 '-읍소'와 대립구도를 이룬 것으로 보고, 국어 문법사에서 일어난 '-소>-게'의 변화가 육진방언에서 청자높임을 달리하여 대립하고 있는 것으로 분석한다. 이와 반면에 '-읍/습-+궤'는 '-궤'의 실체를 밝히기 어려운 문제점이 있다.

다음으로 '-으께'의 통사적 특성을 살펴보면, '-으께'는 예문 (239)와 같이 용언 가운데서도 〔+행동성〕 동사와만 통합이 가능하며 그 밖의 용언이나 지정사 어간과는 통합되지 못한다. 이 경우 모음이나 유음으로 끝나는 어간 뒤에서는 '-께'와 통합되고 유음을 제외한 자음 어간 뒤에서는 '-으께'가 통합된다.

선어말어미와의 통합관계를 보면, '-으께'는 주체높임의 '-시-'와는 통합이 가능하나 '-시-'를 제외한 다른 선어말어미와는 통합이 불가능하다.

(240) 날래 식사 하- [ -시- / *-었- / *-겠- / *-더- ] -께.

또한 주어와의 공기관계에 있어서도 '예사높임'을 나타내는 제약 때문에 2인칭 주어와만 통합할 수 있으며, 주어 어휘 선택에 있어서도 예사높임에 해당하는 주어와만 통합이 가능하다.

(241) ㄱ. *내가 서답으 너께.
ㄴ. 자네가 서답으 너께.
ㄷ. *아매 호분자 가께.
ㄹ. *그 사람 호분자 가께.

예문 (241ㄱ)이 성립되지 않는 것은 화자가 자신에게 명령한다는 것이 특별한 전제가 없으면 불가능하기 때문이고, 예문 (241ㄹ)이 성립되지 않는 것은 발화 장면에 있지 않은 대상을 명령 수행의 주체로 삼았기 때문이다.

(241ㄴ)과 (241ㄷ)은 2인칭 주어라는 점에서 동일하지만 '-으께'가 가지고 있는 '예사높임'의 의미적 특성 때문에 주체가 예사높임의 대상인 (241ㄴ)은 '-으께'와 공기할 수 있으나, 주체가 예사높임의 대상이 아닌 (241ㄷ)은 '-으께'와 공기할 수 없다.

'-으께'는 '화자가 청자에게 명제 내용을 수행할 것을 예사높임으로 시킴'의 의미를 지닌다. 일반적으로 화자와 청자가 동등한 관계이거나 청자가 아랫사람일 경우에 쓰이지만 서로 익숙한 사이에서는 아랫사람이 윗사람에게 쓸 수도 있다. 이와 같은 경우는 '시킴'이 아닌 '바람'으로 해석하는 것이 적절하다.68) 그리고 모든 명령법 어미와 마찬가지로 '-으께' 역시 단독적인 장면에서는 쓰이지 않고 상관적 장면에서만 쓰인다.

### 3.3. 해라체 : '-어(아)라'

해라체의 명령법 어미에는 '-어(아)라'와 그의 변종인 '-거라', '-너라'가 있다. '-어(아)라'의 통사적・의미적 특성은 표준어의 그것과 큰 차이가 없는데 구체적으로 살펴보면 다음과 같다.

68) 예를 들면 친족관계에서 '아재두 같이 가께'(조카-이모)와 같은 경우이다.

(242) ㄱ. 너느 아래거리 가서 <u>자라.</u> (너는 아랫목에 가서 자라.)
ㄴ. 서답으 <u>씿어라.</u> (빨래를 해라.)
ㄷ. 나가서 요: <u>털어라.</u> (나가서 담요를 털어라.)

명령법의 '-어(아)라'는 앞의 환경에 따라 그 형태를 달리한다. 어간말의 형태음소의 모음이 'ㅏ'나 'ㅗ'인 어간 뒤에서는 '-아라'로 실현되며, 어간말의 형태음소의 모음이 'ㅏ'나 'ㅗ' 이외의 모음인 어간 뒤에서는 '-어라'로 실현된다.

'-어(아)라'는 서술어와의 통합에서 여러 가지 제약을 보인다. 우선, '-어(아)라'는 예문 (242)와 같이 〔+행동성〕 동사 어간에만 통합되며 그 밖의 용언 어간에는 통합되지 않는다. 또한 주체높임의 '-시-'와 통합될 수 없는데, 그 이유는 명령의 '-어라'가 쓰인 문장에서 주체가 화자이기 때문이다. 곧 동일인을 청자로서는 아주 낮추면서 문장의 주체로서는 높일 수 없기 때문이다. 그뿐만 아니라 다른 선어말어미와도 통합될 수 없는 제약이 따르는데, 이는 명령법 어미들의 일반적 특성이라 할 수 있다.

(243) 아래거리 가서 자- [ *-시- / *-었- / *-겠- / *-더- ] -어(아)라.

주어와의 공기관계에 있어서도 2인칭의 주어와만 통합할 수 있다. 이 경우 예문 (244)와 같이 주어의 인칭뿐만 아니라 주어의 어휘 선택에도 제약을 따르게 되어 아주낮춤에 해당하는 어휘들과만 공기한다.

(244) ㄱ. 네가 서답으 씻어라.
ㄴ. *자네가 서답으 씻어라.
ㄷ. *어머니께서 서답으 씻어라.

'-어(아)라'는 어간의 형태론적 조건에 따라 '-너라'와 '-거라'로 실현되는데, 이 경우 서술어 어간이 '오-'이면 '-너라'로, '가-'이면 '-거라'로 실현된다. '-너라'와 '-거라'는 수의적으로 실현되는 변이형에 속한다.69)

(245) ㄱ. 옷으 하나 더 끼대입구 가거라. (옷을 하나 더 껴입고 가거라.)
ㄴ. 니 날래 니거라. (너 얼른 가거라.)
ㄷ. 거저 오너라. (그냥 오거라.)
ㄹ. 그 지러이 가져오너라. (그 간장을 가져오너라.)

'-어(아)라'는 '화자가 청자에게 아주낮춤으로 명제 내용을 시킴'으로 해석할 수 있다. 또한 화자가 청자를 강하게 의식하는 상관적 장면에서만 쓰이고, 청자를 의식하지 않는 단독적 장면에서는 쓰이지 않는다.70) 화자와 청자 사이의 관계를 보면, 화자와 청자가 동급이거나 혹은 화자가 청자보다 윗사람일 경우에 쓰인다.

---

69) '-너라'와 '-거라'는 '-어라'와 그 쓰임에서 차이를 보인다. 양인석(1976 : 131)에서 "명령형에서 명령자와 수명자간의 간격이 가장 큰 것이 '-너라'와 '-거라'이다. 이들은 부모가 어린 자식에게, 또는 어른이 어린애에게, 주인이 아주 손아래인 하인에게 따위에서 쓸 수 있는 것으로, 화자의 입장을 격조 높인 말씨이다"라고 지적한바와 같이 '-너라'와 '-거라'는 화자가 성인이며 청자가 어린이나 나이 차이가 많은 경우에 한하여 쓰이는 점에서 '-어라'와 는 약간의 차이를 보이기도 한다.

70) 단독적 장면에 쓰이는 경우에는 '명령'의 의미보다는 '기원이나 소망'을 나타내게 된다. (ㄱ) 오늘만 같아라. (ㄴ) 바람이나 좀 불어라. (ㄱ, ㄴ)과 같은 경우는 특정의 청자를 전제하지 않은 화자의 혼잣말로 화자의 바람이나 기원을 나타낸다.

### 3.4. 요약

이상으로 육진방언의 구어체에 나타나는 명령법 종결어미를 대상으로 그 형태를 밝히고 종결어미와 서술어와의 통합관계, 주어와의 공기관계 그리고 의미적 특성을 두루 살펴보았다. 지금까지 살펴본 명령법 종결어미의 통사적 특성과 의미적 특성을 표로 정리하면 다음과 같다.

〈표 20〉 명령법 종결어미의 통사적·의미적 특성

| 청자 대우 등급 | 어미 | 통사 특성 | | | | | | | | | | 의미 특성 |
|---|---|---|---|---|---|---|---|---|---|---|---|---|
| | | 서술어 | | | 선어말어미 | | | | 주어 | | | |
| | | 동사 | 형용사 | 계사 | -시- | -았- | -갰- | -더- | 1인칭 | 2인칭 | 3인칭 | |
| 합쇼체 | -읍소 | + | - | - | + | - | - | - | - | + | - | 바람, 시킴 |
| | -으꽈니/-스꽈니 | + | - | - | + | - | - | - | - | + | - | 바람, 간청 |
| 하오체 | -오/-소 | + | - | - | + | - | - | - | - | + | - | 시킴, 바람 |
| | -읍게 | + | - | - | + | - | - | - | - | + | - | 시킴, 바람 |
| 해라체 | -어(아)라 | + | - | - | - | - | - | - | - | + | - | 시킴 |

## 4. 청유법 종결어미

청유법은 다른 사람에게 자기와 어떤 행동을 함께할 것을 청하는 문장 종결법이다. 따라서 청유법의 주체는 화자와 청자가 포함된 '우리'이며, '화자의 행동 수행 의지'와 '청자의 행동 수행 요구'라는 의미가 내포되어 있다.

최현배(1937 : 867)에서는 청유법을 '맞은편을 꾀어서 저와 함께 무슨 움직임을 하자 하는 뜻을 나타내는 것'으로 정의하였고, 고영근(1976 : 124)에서는 청유법을 '화자가 상대방에게 공동으로 행동할 것을 제안하는 것'으로 정의하였다. 그리고 서정수(1994 : 290)에서는 청유법을 '말하는 이가 듣는 이에게 함께 행동하기를 바라는 태도를 드러내는 서법'으로 정의하면서 그 특징으로 '행동자가 말하는이나 듣는이의 한편에만 한정되지 않고 양자가 공동행위자로 된다는 점'을 들고 있다.[71] 윤석민(2000 : 221)에서는 청유법을 공동법이라 하고 '화자가 청자에게 자신은 문장에 담긴 행동을 실행할 의향이 있음을 전달하고 동시에 청자도 그러한 행동을 실행할 것을 요구하는 문장종결법'으로 정의하였다. 이상의 논의에서 보는 바와 같이, 청유법은 '화자의 수행 요구'와 '화자, 청자의 공동 수행'이라는 두 가지 의미가 담겨져 있음을 알 수 있다.

육진방언에 나타나는 청유법도 현대 국어 청유법의 두 가지 기본 의미를 전제로 하고 있다. 다만 현대 국어에서 청유법 종결어미가 여러 등급에 따라 다양하게 나타나는 것과는 달리[72], 이 지역에서는 아주 단순하

71) 청유법은 일찍부터 독립된 서법 범주로서, 행동성 동사와 어울린다는 점 그리고 시제적으로 무표라는 점 등에서 명령법과 유사하지만 대우 등급에 따른 독자적인 형태를 지니고 있는 점에서 명령법과 구분된다고 논의하고 있다.

72) 서정수(1994 : 290)에서는 청유법 종결어미로 기본형 '-자'와 '-자꾸나', '-세', '-ㅂ시다', '-으십시다' 등을 들었고, 윤석민(2000 : 224)에서는 국어의 청유법 종결어미로 '-자', 'ㅈ-자꾸나', '-세', '-ㅂ시다', '-어/아', '-지', '-라자', '-라자꾸나', '-라세', '-랍시다' 등을 들고 있다. 이처럼 국어의 청유형 종결어미는 대우 등급에 따라 다양하게 나타나고 있다. 이러한 견해와는 달리, 한길(2004 : 446)에서는 국어의 청유법에는 합쇼체의 종결어미가 존재하지 않는데, 그 까닭은 "꾀임월의 임자말은 말할이와 들을이가 되는데 말할이가 자신을 포함하는 임자말로 등장하는 사람을 아주 높이는 것은 우리말에서 자신을 높이지 않는 일반성에 비추어 어긋나기 때문"이라고 하였다.

게 나타난다.

이 지역에서 나타나는 청유법 종결어미는 다음의 표와 같다.

〈표 21〉 청유법 종결어미 목록

| 청자 대우 등급 | 어미 형태 |
|---|---|
| 합쇼체 | -깁소 |
| 하오체 | -기오 |
| 해라체 | -자 |

### 4.1. 합쇼체 : '-깁소'

'-깁소'는 이 지역에서 흔히 쓰이는 청유법 어미로서, '-깁소' 외에 '-겝소'로도 나타난다.

(246) ㄱ. 아바이, 같이 가깁소. (할아버지, 같이 가십시다.)
ㄴ. 어머이, 고도에르 구버먹깁소. (어머니, 고등어를 구워먹읍시다.)
ㄷ. 나두 같이 놀깁소. (저도 같이 놉시다.)
ㄹ. 저기다 옇깁소. (저기다 넣읍시다.)

(247) ㄱ. *아매두 앓깁소.
ㄴ. *같이 좋깁소.

'-깁소'의 기원에 대해서는 '-게 ᄒᆞ-'의 명령형인 '-게 ᄒᆞᆸ소-'에서 'ᄒᆞ'가 탈락함으로써 형성된 것으로 볼 수 있다(고광모, 2006 : 69). 국어사 사동구성의 명령형이 청유를 나타낼 수 있고, '-게 ᄒᆞ-'와 같은 구성에서 'ᄒᆞ'

의 탈락이 자주 일어난다는 점에서 이러한 가정은 어느 정도 설득력을 가진다. 따라서 '-겝소'는 '-게-+-ㅂ소'로 분석이 가능하다. 실제로 이 지역에서는 '-겝소'가 흔히 '-깁소'의 형태로 나타나는데, 이와 같은 형태의 변화는 'ㅔ>ㅣ'와 같은 고모음화에 의한 것으로 분석된다.

'-깁소'는 어간말의 음운론적 환경과 상관없이 언제나 '-깁소'로 실현된다. 통사적 특성을 보면, 예문 (246)과 같이 〔+동작성〕 동사에만 통합되며 다른 용언에는 통합되지 못하는데, 이는 청유법 어미의 일반적 특성이기도 하다.

또한 '-깁소'는 그 어떤 선어말어미와도 통합되지 못한다. '-깁소'가 주체높임의 '-시-'와 통합하지 못하는 이유는, 청유문의 주어가 청자와 화자를 포함하는데 우리말에서 화자가 자신을 높이는 경우가 정상적인 발화에서는 없기 때문이다. 한편 '-깁소'는 과거 시제의 선어말어미 '-었-'이나 회상의 선어말어미 '-더-'와 통합하지 못하는데 이는 '청유'라는 행위가 이미 행해진 사건에 대해서는 논리상 가능하지 않기 때문이다. 또한 '-깁소'에는 추정이나 의지가 포함되기 때문에 같은 의미를 지닌 '-갰-'과도 통합이 불가능하다. 따라서 '-깁소'와 선어말어미의 통합관계는 다음과 같이 정리할 수 있다.

(248) 아바이, 같이 가- [ *-시- / *-었- / *-갰- / *-더- ] -깁소.

'-깁소'와 주어와의 공기관계를 보면 '-깁소'는 예문 (249)와 같이 1인칭, 2인칭 주어와만 통합할 수 있다.

(249) ㄱ. 나두 화투치기 같이 하깁소.
ㄴ. *너두 화투치기 하깁소.
ㄷ. 아바이두 화투치기 하깁소.
ㄹ. *그 사람두 화투치기 하깁소.

청유의 화행은 화자가 원하는 어떤 행위를 청자가 공동으로 수행하게끔 시도하는 것이다. 따라서 청유문의 주어는 논리상 1인칭과 2인칭만이 가능하다. 예문 (249ㄹ)이 성립되지 않는 것은 발화 장면에 있지 않은 대상을 청유 수행의 주체로 삼았기 때문이다.

또한 '-깁소'는 2인칭 주어 가운데서도 아주높임에 해당하는 주어와만 통합이 가능하다. (249ㄴ)과 (249ㄷ)은 2인칭 주어라는 점에서 동일하지만 '-깁소'가 가지고 있는 '아주높임'의 의미적 특성으로 주체가 아주높임의 대상인 (231ㄷ)은 '-깁소'와 공기할 수 있으나, 주체가 아주높임의 대상이 아닌 (249ㄴ)은 '-깁소'와 공기할 수 없다.

'-깁소'는 '화자가 청자에게 명제 내용을 공동으로 하기를 아주높임으로 제안함'으로 해석할 수 있다. '-깁소'는 청자와 같이 어떤 행동을 공동으로 실행하려는 것이므로, 화자가 청자를 강하게 의식하는 상관적 장면에서만 쓰일 수 있으며 단독적 장면에서는 쓰이지 않는 제약이 따른다. 화자와 청자 사이의 관계를 보면, 화자는 별다른 제약을 받지 않지만 청자는 단지 노년층이여야 하는 제약이 따른다.

## 4.2. 하오체 : '-기오'

예사낮춤의 청유법 어미 '-기오'는 '-기오' 외에도 '-게오', '-게요' 등 형태로 나타난다.

(250) ㄱ. 구지 한번 신어 보기오. (신발 한번 신어 봅세.)
ㄴ. 온쩌낙 숫끼 삶아먹기오. (오늘 저녁 옥수수 삶아먹읍세.)
ㄷ. 담배를 같이 말기오. (담배를 같이 맙세.)

(251) ㄱ. * 나두 싫기오.
ㄴ. * 아바이두 춥기오.

'-기오'의 기원은 '-깁소'와 동일한 방법으로 분석할 수 있다. 곧, '-기오'는 '-게 ᄒᆞ-'의 명령형인 '-게 ᄒᆞ오-'에서 'ᄒᆞ'가 탈락된 것으로 볼 수 있다(고광모, 2006 : 69). 따라서 '-게오'는 '-게-오'로 분석이 가능하다. 실제로 이 지역에서는 '-게오'가 흔히 '-기오'의 형태로 나타나는데, 이 변화는 'ㅔ > ㅣ'와 같은 고모음화에 의한 것으로 분석된다.

'-기오'는 어간말의 음운론적 환경과 상관없이 언제나 '-기오'로 실현된다. 통사적 특성을 보면, 예문 (250)과 같이 〔+동작성〕 동사에만 통합되며 다른 용언에는 통합되지 못하는데, 이는 청유법 어미의 일반적 특성이기도 하다.

'-기오' 역시 그 어떤 선어말어미와도 통합되지 못한다. '-기오'가 주체높임의 '-시-'와 통합하지 못하는 이유는, 청유문의 주어가 청자와 화자를 포함하는데 우리말에서 화자가 자신을 높이는 경우가 정상적인 발화에서는 없기 때문이다. 한편 '-기오'는 과거 시제의 선어말어미 '-었-'이나 회상의 선어말어미 '-더-'와 통합하지 못하는데 이는 '청유'라는 행위가 이미 행해진 사건에 대해서는 논리상 가능하지 않기 때문이다. 또한 '-기오'에는 추정이나 의지가 포함되기 때문에 같은 의미를 지닌 '-갰-'과도 통합이 불가능하다. 따라서 '-기오'와 선어말어미의 통합관계를 정리하면 다음과 같다.

(252) 같이 놀- [ *-시- / *-었- / *-갰- / *-더- ] -기오.

'-기오'와 주어의 공기관계를 보면 '-기오'는 예문 (253)과 같이 1인칭, 2인칭 주어와만 통합할 수 있다.

(253) ㄱ. 나두 화투치기 <u>하기오.</u>
ㄴ. 아재두 화투치기 <u>하기오.</u>
ㄷ. *아바이두 화투치기 <u>하기오.</u>
ㄹ. *그 사람두 화투치기 <u>하기오.</u>

청유의 화행은 화자가 원하는 어떤 행위를 청자가 공동으로 수행하게끔 시도하는 것이다. 따라서 청유문의 주어는 논리상 발화 장면에 있는 1인칭, 2인칭만 가능하다. 예문 (253ㄹ)이 성립되지 않는 것은 발화 장면에 있지 않은 대상을 명령 수행의 주체로 삼았기 때문이다. '-기오'는 2인칭 주어 가운데서도 예사높임에 해당하는 주어와만 통합이 가능하다. (253ㄴ)과 (253ㄷ)은 2인칭 주어라는 점에서 동일하지만 '-기오'가 가지고 있는 '예사높임'의 의미적 특성으로 주체가 예사높임의 대상인 (253ㄴ)은 '-기오'와 공기할 수 있으나, 주체가 아주높임의 대상인 (253ㄷ)은 '-기오'와 공기할 수 없다.

'-기오'는 '화자가 청자에게 명제 내용을 공동으로 하기를 예사높임으로 제안함'으로 해석할 수 있다. '-기오'는 청자와 같이 어떤 행동을 공동으로 실행하려는 것이므로, 화자가 청자를 강하게 의식하는 상관적 장면에서만 쓰일 수 있으며 단독적 장면에서는 쓰이지 않는 제약이 따른다. 화자와 청자 사이의 관계를 보면 화자와 청자가 동급인 경우, 화자가 청자보다 윗사람인 경우, 화자가 청자보다 아랫사람인 경우 등을 포함한다.73)

### 4.3. 해라체 : '-자'

'-자'는 해라체의 청유법 어미에 나타나는 종결어미로서 표준어의 그것과 크게 차이가 없다.

(254) ㄱ. 서답으 <u>거두자.</u> (빨래를 거두자.)
ㄴ. 술으 <u>붓자.</u> (술을 붓자.)
ㄷ. 구들에 <u>놓자.</u> (온돌에 놓자.)
ㄹ. 같이 <u>놀자.</u> (같이 놀자.)

(255) ㄱ. *나두 <u>아프자.</u>
ㄴ. *허애두 <u>덥자.</u>

73) 이 경우는 '-오/-소'의 쓰임과 비슷하다.

'-자'는 '-져>-쟈>-자'의 과정을 겪어 형성된 종결어미이다. '-져'는 고대국어 이래 거의 형태 변화 없이 근대국어까지 이어지다가, 16세기에 전반적인 어미 양성화 현상을 경험하면서 '-쟈'로 나타나고, 다시 현대국어의 '-자'로 이어진다(장윤희, 2002 : 342).

'-자'는 어간말의 음운론적 환경과 상관없이 언제나 '-자'로 실현된다. '-자'의 통사적 특성을 보면, 예문 (254)와 같이 〔+동작성〕 동사에만 통합되며 다른 용언에는 통합되지 못하는데, 이 역시 청유법 어미의 일반적 특성에 속한다.

'-자'는 그 어떤 선어말어미와도 통합되지 못한다. '-자'가 주체높임의 '-시-'와 통합하지 못하는 이유는 '-자'가 가지고 있는 아주낮춤의 의미적 특성 때문이다. 곧, 청유문의 주체가 화자와 청자인데, 동일한 주체를 대상으로 서로 다른 대우 등급을 동시에 사용할 수 없기 때문이다. 또한 '-자'는 과거 시제의 선어말어미 '-었-'이나 회상의 선어말어미 '-더-'와 통합하지 못하는데 이는 '청유'라는 행위가 이미 행해진 사건에 대해서는 논리상 가능하지 않기 때문이다. 또한 '-자'에는 의지가 포함되기 때문에 같은 의미를 지닌 '-갰-'과도 통합이 불가능하다. 따라서 '-자'와 선어말어미의 통합관계를 정리하면 다음과 같다.

(256) 서답으 거두- [ *-시- / *-었- / *-갰- / *-더- ] -자.

한편 '-자'는 주어와의 공기관계에서도 1인칭, 2인칭 주어와만 통합할 수 있는 제약이 따른다.

(257) ㄱ. 쌀으 내가 씻자.
ㄴ. 너두 같이 놀자.
ㄷ. *삼추이 화투치기 하자.
ㄹ. *그 사람두 화투치기 하자.

청유의 화행은 화자가 원하는 어떤 행위를 청자가 공동으로 수행하도록 시도하는 것이다. 따라서 청유문의 주어는 논리상 발화 장면에 있는 1인칭, 2인칭만 가능하다. 예문 (257ㄹ)이 성립되지 않는 것은 발화 장면에 있지 않은 대상을 명령 수행의 주체로 삼았기 때문이다. '-자'는 2인칭 주어 가운데서도 아주낮춤에 해당하는 주어와만 통합이 가능하다. (257ㄴ)과 (257ㄷ)은 2인칭 주어라는 점에서 동일하지만 '-자'가 가지고 있는 '아주낮춤'의 의미적 특성 때문에 주체가 아주낮춤의 대상인 (257ㄴ)은 '-자'와 공기할 수 있으나, 주체가 높임의 대상인 (257ㄷ)은 '-자'와 공기할 수 없다.

'-자'는 '화자가 청자에게 명제 내용을 공동으로 하기를 아주낮춤으로 제안함'으로 해석할 수 있다. '-자'는 청자와 같이 어떤 행동을 공동으로 실행하려는 것이므로, 화자가 청자를 강하게 의식하는 상관적 장면에서만 쓰일 수 있으며 단독적 장면에서는 쓰이지 않는 제약이 따른다. 화자와 청자 사이의 관계를 보면 화자와 청자가 동급인 경우, 화자가 청자보다 웟사람인 경우에 쓰인다.

## 4.4. 요약

이상으로 이 지역에서 구어체에 나타나는 청유법 종결어미를 대상으로 그 형태를 밝히고 종결어미와 서술어와의 통합관계, 주어와의 공기관계 및 의미적 특성에 대해서 두루 살펴보았다. 지금까지 살펴본 청유법 종결어미의 통사적 특성과 의미적 특성을 표로 정리하면 다음과 같다.

〈표 22〉 청유법 종결어미의 통사적·의미적 특성

| 청자 대우 등급 | 어미 | 통사 특성 | | | | | | | | | | 의미 특성 |
|---|---|---|---|---|---|---|---|---|---|---|---|---|
| | | 서술어 | | | 선어말어미 | | | | 주어 | | | |
| | | 동사 | 형용사 | 계사 | -시- | -았- | -갰- | -더- | 1인칭 | 2인칭 | 3인칭 | |
| 합쇼체 | -깁소 | + | - | - | - | - | - | - | + | + | - | 공동 수행 |
| 하오체 | -기오 | + | - | - | - | - | - | - | + | + | - | 공동 수행 |
| 해라체 | -자 | + | - | - | - | - | - | - | + | + | - | 공동 수행 |

# 제5장 결론

이 글에서는 함경북도 육진방언에서 나타나는 종결어미에 대한 연구를 통해 육진방언의 종결어미 목록을 제시하고, 종결어미들의 통사적·의미적 특성에 대해 살펴보았다. 지금까지 다루어진 내용들을 요약하여 정리하면 다음과 같다.

2장의 종결어미 연구에 관한 기본 논의에서는 육진방언 종결어미의 문법적 특성과 의미를 살펴보기 위한 이론적 문제를 다루었다. 2.1.에서는 현대 국어 종결어미가 국어의 어미 체계와 전체 문장 구성에서 차지하는 지위를 확인하고 종결어미 연구의 중요성에 대하여 논의하였다. 다음 2.2.에서는 종결어미와 관련된 주요 범주인 문장종결법과 청자대우법에 대하여 살펴보았다. 구체적으로 문장종결법, 청자높임법과 관련된 선행 연구들에 대한 검토를 통하여 기존 분류 체계의 차이점과 문제점을 분석하고, 이를 바탕으로 육진방언의 특성에 맞는 새로운 분류 기준을 제시하였다. 이를 바탕으로 육진방언의 문장종결법을 서술법, 의문법, 명령법, 청유법으로 분류하고 청자높임법을 합쇼체, 하오체(예사낮춤 포함), 해라체, 반말로 분류하였다. 이와 같은 분류는 아주높임과 아주낮춤은 잘 분화되었으나, 예사높임과 예사낮춤이 잘 분화되지 않은 이 지역 방언의 실정에 맞는 분류 방법이라 할 수 있다.

제3장은 육진방언의 종결어미 체계의 확립과 형태적 특성에 대한 논의이다. 먼저 기존 논의에 대한 검토를 통해 육진방언의 종결어미 목록의 변화 양상 및 변화 원인에 대하여 논의하였다. 다음으로, 3.2.에서는 이 지역 종결어미를 단일 형태와 복합 형태로 나누어 구체적인 형태 분석을 진행하고, 이 지역 종결어미의 형태적 특성에 대하여 살펴보았다.

제4장에서는 문장종결법과 청자높임법에 의해 분류된 종결어미를 대상으로 종결어미와 서술어와의 통합관계, 선어말어미와의 통합관계, 그리고 주어와의 공기관계를 살펴보고 종결어미가 문장의 여러 구성 요소와의 통합 과정에서 받는 제약에 대하여 논의하였다. 아울러 종결어미의 의미적·화용론적 특성에 대해서도 살펴보았는데 이 논의들을 정리하면 다음과 같다.

4.1.은 서술법 어미의 통사와 의미에 대한 논의이다. 육진방언의 서술법 어미에는 기타 방언에서 찾아볼 수 없는 특이한 형태들이 많이 나타나는데 '-으꾸마/-스꾸마', '-으꿔니/-스꿔니', '-읍데/-습데', '-읍지/-습지', '-읍네/-습네', '-재이쿠', '-쟤니리' 등이 그 예들이다. 이런 형태들에 대한 통사와 의미 분석을 통해 그들의 사용 양상, 통사 특성, 통사 제약 및 의미 특성을 구체적으로 살펴보았다. 분석 결과, 이 지역에서 나타나는 특수한 형태들은 이 지역에서 생산적으로 사용되는 '-읍/-습'과 같은 잔재형들과 관련이 있었다. 그 밖에 기타 방언에서도 나타나는 형태에 대해서 같은 형태의 종결어미가 서로 다른 지역에서 어떻게 사용되는지, 어떤 차이점을 지니고 있는지에 대해서도 살펴보았다.

4.2.는 의문법 어미의 통사와 의미에 대한 논의이다. 서술법 어미와 마찬가지로 이 지역 방언에는 다른 지역에서는 쓰이지 않는 어미가 많이 나타난다. 대표적인 예로 '-음두/-슴두'를 들 수 있는데, '-음두/-슴두'는 서술법의 '-으꾸마/-스꾸마'와 함께 이 지역의 가장 전형적인 종결어미이다. '-음두/-슴두'는 이 지역에서 조동사로 쓰이다가 점차 종결어미로 변화되는 과정을 거쳐 현재 종결어미로 자리 잡게 되었다. 이 밖에 이 지역의 의문법에 나타나는 어미인 '-오/-소', '-읍데/-습데', '-나/-니/-냐', '-ㄴ가', '-재', '-개' 등에 대해서도 그들의 통사와 의미를 분석하고 표준어와의 차이에 대해서 살펴보았다.

4.3.은 명령법 어미의 통사와 의미에 대한 논의이다. 우선 이 지역에서 나타나는 특수한 형태인 '-읍소', '-으꽈니/-스꽈니', '-읍게' 등을 대상으로 구체적인 논의를 진행하였다. '-으꽈니/-스꽈니'와 같은 경우, 서술법에서 나타나는 '-으꿔니/-스꿔니'와의 차이점을 규명하였다. 그리고 서술법, 의문법, 명령법에 두루 쓰이는 '-오/-소'에 대해서도 구체적으로 기술하였다.

4.4.는 청유법 어미의 통사와 의미에 대한 논의이다. 청유형 어미에는 '-깁소', '-기오', '-자'의 세 가지 형태만 나타나는데, '-깁소', '-기오'는 통사적 구성인 '-게 합소'와 관련이 있다. 또한 육진방언의 청유법 어미를 표준어와 비교해 보면, 수량에서 큰 차이를 보이는데 이것은 이 지역의 청유법 어미가 다른 어미 혹은 다른 지역보다 덜 발달되었기 때문이다.

이와 같이 제4장에서는 육진방언의 종결어미를 대상으로 그들의 통사와 의미에 대해서 살펴보았다. 구체적으로 서술어와의 통합관계, 선어말어미와의 통합관계, 주어와의 공기관계 및 여러 요소들과의 통합과정에서 받는 제약에 대해서 살펴보았고, 아울러 종결어미의 의미적 특성과 화용적 특성에 대해서도 살펴보았다. 그리고 각 문장종결법의 요약 부분에서는 종결어미의 통사와 의미 특성을 도표로 정리하여 제시하였다.

이 글은 현재 함북 육진 지역에서 실제 사용되고 있는 종결어미에 대한 고찰을 통하여, 이 지역 종결어미의 통사적 특성과 의미·화용론적 특성을 살펴보았다는 데에 의의가 있다. 특히 탈북자를 대상으로 실제 조사 과정을 거쳐 수집한 자료라는 점에서, 본고는 어느 정도 자료적 가치가 있을 것으로 예상된다.

이 글에서 자세하게 논의하지 못한 내용이라면 하나는 이 지역에서 나타나는 일부 특수한 형태에 대하여 그 어원을 정확히 밝히지 못한 것이고, 다른 하나는 육진방언이나 표준어에 모두 나타나는 형태들에 대해서 두 방언의 비교를 통하여 그 차이점을 규명하려고 하였으나, 일부 형태는 그 어원의 동일 여부에 대한 정보가 부족하여 이 글에서 구체적으로 다루지 못했다는 점이다. 따라서 이러한 문제점들은 앞으로의 연구에서 필자가 계속 보완해 나가야 할 과제로 남겨둔다.

## 참고문헌


강신항, 「안동방언의 경어법」, 『난정 남광우 박사 화갑기념 논문집』, 일조각, 1980.

강민영, 『안동방언의 종결어미 연구』, 경북대학교 석사학위논문, 2002.

강은국, 『남북한의 문법 연구』, 박이정, 2008.

강희숙, 『 음운변이 및 변화에 관한 사회언어학적 연구－전남 장흥 방언을 중심으로』, 전북대학교 박사학위논문, 1994.

강희숙, 「'오>우' 변화와 언어적 화석」, 『국어문학 33』, 국어문학회, 1998.

강희숙, 「언어 변화와 언어 유지의 원리」, 『국어문학 34』, 국어문학회, 1999.

강희숙, 「전남방언 담화 표지 고찰－종결 담화 표지를 중심으로」, 『언어정보와 사전편찬 27』, 연세대학교 언어정보연구원, 2011, 43-67.

고광모, 「상대 높임의 조사 '-요'와 '-(이)ㅂ쇼'의 기원과 형성 과정」, 『국어학 36』, 국어학회, 2000, 259-282.

고광모, 「반말체의 등급과 반말체 어미의 발달에 대하여」, 『언어학 30』, 한국언어학회, 2001, 3-27.

고광모, 「'-겠-의 형성 과정과 그 의미의 발달」, 『국어학 39』, 국어학회, 2002.

고광모, 「중부방언과 남부방언의 '-소/오'계 어미들의 역사－명령법을 중심으로」, 『한글 253』, 한글학회, 2002, 135-167.

고광모, 「명령법 어미 '-게'의 기원과 형성 과정」, 『한글 257』, 한글학회, 2002.

고광모, 「'-게 ᄒᆞ-'로부터 발달한 종결어미들」, 『언어학 46』, 한국언어학회, 2006, 61-79.

고성환, 『국어 명령문에 대한 연구』, 역락, 2003.

고송무, 「제정 러시아에서의 한국어 및 한국연구」, 『한글 169』, 한글학회, 1980.

고영근, 「現代國語의 終結語尾에 대한 構造的 硏究」, 『어문연구 10』, 서울대 어학연구소, 1974, 118-157.

고영근, 「현대국어의 문체법에 대한 연구」, 『어학연구 12-1』, 서울대 어학연구소, 1976, 17-53.

고영근, 『국어형태론연구』, 서울대출판부, 1989.

고영근,『역대한국어문법의 통합적 연구』, 서울대출판부, 2001.
고영근,『북한의 문법 연구와 문법 교육』, 박이정, 2004.
고영근·구본관,『우리말 문법론』, 집문당, 2008.
고은숙,『국어 의문법 어미의 역사적 연구』, 고려대학교 박사학위논문, 2008.
고은숙,「국어의 문장 종류에 관한 역사적 고찰−평서문, 의문문, 명령문을 중심으로」,『한국어학 46』, 한국어학회, 2010, 1-45.
고창운,『서술씨끝의 문법과 의미』, 박이정.
고홍희,『연변지역 한국어 의문법 연구』, 한국정신문화연구원 박사학위논문, 2003.
고홍희,「연변 지역어 해라체 의문법 어미에 대한 일고찰−'-아(어)', '-았(었)대', '-개'를 중심으로」,『국어학회·한국방언학회 공동학술대회 발표자료집』, 2012, 208-220.
곽충구,「'노한소사전'의 국어학적 가치」,『관악어문연구 12』, 서울대학교 국어국문학과, 1987, 27-63.
곽충구,『함경북도 육진방언의 음운론』, 서울대학교 박사학위논문, 1991.
곽충구,「북한방언에 대한 연구 성과와 과제」,『인문과학 10』, 경북대 인문과학연구소, 1994, 263-294.
곽충구,「동북방언」,『새국어생활 8-4』, 국립국어연구원, 1998, 75-94.
곽충구,「재외동포의 언어 연구」,『어문학 69』, 한국어문학회, 2000, 1-41.
곽충구,「육진방언의 현황과 연구과제」,『한국학논집 34』, 한양대, 2000, 1-22.
곽충구,「중앙아시아 고려말의 역사와 그 언어적 성격」,『관악어문연구 29』, 서울대 국어국문학과, 2004, 127-168.
곽충구·박진혁·소신애,『중국 이주 한민족의 언어와 생활』, 태학사, 2008.
구종남,「국어 융합형 부가의문문의 구조와 의미」,『언어 17-2』, 한국언어학회, 1992, 285-312.
권재일,「경북방언의 문장종결조사 {이}에 대하여」,『인문과학연구 1』, 대구대학교 인문과학연구소, 1982, 219-235.
권재일,「현대국어의 강조법 연구−〔종결어미〕류 결합의 경우」,『우리말글 1』, 우리말글학회, 1983, 23-48.
권재일,「현대국어의 약속문 어미 연구」,『우리말글 2』, 우리말글학회, 1984.
권재일,『한국어 통사론』, 민음사, 1992.
권재일,『한국어 문법의 연구』, 박이정, 2001.
권재일,『구어 한국어의 의향법 실현방법』, 서울대출판부, 2004.
권재일,『중앙아시아 고려말의 문법』, 서울대출판문화원, 2010.

김갑준, 『조선어문장론연구』, 평양 : 과학백과사전종합출판사, 1988.
김건희, 「명령형 어미 '-어라'의 형용사 결합에 대하여」, 『어문학 110』, 한국어문학회, 2010, 137-161.
김광수, 『조선어 계칭의 역사적 고찰』, 역락, 2001.
김동식, 「否定 아닌 否定」, 『언어 6-2』, 한국언어학회, 1986, 99-116.
김민수, 『국어문법론연구』, 통문관, 1960.
김민수, 『국어문법론』, 일조각, 1972.
김병건, 「서술법 씨끝의 변화 유형 연구-근대국어를 중심으로」, 『한말연구 28』, 한말연구학회, 2011, 5-24.
김병제, 『조선어 방언학 개요(상)』, 평양 : 사회과학원출판사, 1959.
김병제, 『조선어 방언학 개요(중)』, 평양 : 사회과학원출판사, 1965.
김서형, 「육진방언의 종결어미 연구」, 『어문논집 48』, 민족어문학회, 2003, 93-125.
김석득, 『우리말 형태론』, 탑출판사, 1992.
김수경, 『조선어 문법 : 어음론, 형태론』, 평양 : 교육도서출판사, 1954.
김수태, 「종결어미 '-니'의 기능과 의미」, 『우리말연구 15』, 우리말학회, 2004, 53-78.
김수태, 「'-느-'와 종결어미의 융합」, 『우리말연구 16』, 우리말학회, 2005.
김수태, 『마침법 씨끝의 융합과 그 한계』, 박이정, 2005.
김순희, 『중국 현대조선어의 문장종결법 연구』, 충북대학교 박사학위논문, 2012.
김영욱, 『문법형태의 역사적 연구』, 박이정, 1995.
김영욱, 『문법형태의 연구 방법』, 박이정, 1997.
김영황, 『조선어 방언학』, 평양 : 김일성종합대학출판사, 1982.
김옥화, 「융합형의 분석과 종결어미 목록」, 『우리말 글 42』, 우리말글학회, 2008, 1-20.
김용경, 「높임의 토씨 '요'에 대한 연구」, 『한말연구 3』, 한말연구학회, 1997.
김용구, 『조선어리론문법』, 한국문화사, 1960.
김웅배, 『전남 방언의 서법 연구』, 전남대학교 박사학위논문, 1988.
김창섭, 『한국어 형태론 연구』, 태학사, 2008.
김춘자, 『함경남도 삼수지역어의 음운론』, 역락, 2008.
김태균, 「함경북도 종성군 방언(자료)」, 『경기어문학 2』, 경기대 국어국문학과, 1981, 239-258.
김태균, 「咸北 六邑 方言 硏究」, 『경기어문학 3』, 경기대 국어국문학과, 1982.
김태균, 『함경북도방언사전』, 경기대 출판부, 1986.
김태엽, 『영일 지역어의 종결어미 연구』, 계명대학교 박사학위논문, 1992.

김태엽, 「국어 종결어미의 형태론적 해석」, 『현대문법연구 13』, 1998, 231-252.
김태엽, 『국어 종결어미의 문법』, 국학자료원, 2001.
김하수, 「'ㄹ까'의 의미와 통사적 특징」, 『외국어로서의 한국어교육 4-1』, 연세대학교 한국어학당, 1979, 55-77.
김홍실, 『평북 초산지역어의 종결어미 연구』, 서울대학교 박사학위논문, 2009.
나은미, 「한국어 종결어미 '-ㅂ시다'의 의미」, 『이중언어학 20』, 이중언어학회, 2002, 93-110.
남기심, 『국어 완형보문법 연구』, 탑출판사, 1973.
남기심, 「국어의 공시적 기술과 형태소 분석」, 『배달말 7-1』, 배달말학회, 1982.
남기심·고영근, 『표준국어문법론』, 탑출판사, 1985.
남기심, 『현대국어 통사론』, 태학사, 2001.
남명옥, 「함경북도 육진방언의 평서형 종결어미」, 『방언학 14』, 한국방언학회, 2011, 63-84.
남명옥, 「중국 조선어의 한어기원 한자어의 의미 고찰」, 『한국어 의미학 35』, 한국어 의미학회, 2011, 123-143.
남명옥, 「육진방언의 의문형 종결어미에 대한 일고찰」, 『조선어연구 11』, 연변언어연구소, 2012, 123~135.
남명옥, 「육진방언의 친족어 연구」, 『중국조선어문 2012-2』, 길림성민족사무위원회, 2012, 23-31.
노대규, 『국어의 감탄문 문법』, 보성문화사, 1983.
렴종률, 『조선말 역사 문법』, 역락, 1982.
목정수, 『한국어 문법론』, 월인, 2003.
목정수, 「한국어 종결어미의 반복 순서 제약과 인칭의 문제」, 『어문논집 37』, 중앙어문학회, 2007, 69-88.
문순덕, 「제주방언 반말체 첨사의 담화기능」, 『영주어문 5』, 영주어문학회, 2003, 71-86.
문숙영, 「방언 문법과 국어학」, 『국어학회·한국방언학회 공동학술대회 발표자료집』, 2012, 110-127.
박경래, 「중국 연변 정암촌 방언의 상대경어법」, 『이중언어학 23』, 이중언어학회, 2003, 43-65.
박나리, 「국어 평서문 종결어미의 서법의미에 대하여—격식체와 비격식체의 비교대조를 중심으로」, 『이화어문논집 18』, 이화어문학회, 2000, 321-346.
박넬리, 「육진방언의 특징」, 『비교문화연구 제11집 2호』, 비교문화연구소, 1997.

박영준, 「종결어미 '-지'에 대하여」, 『한국어학 1』, 한국어학회, 1994, 249-266.
박영준, 「국어 반말 종결어미의 역사성」, 『어문논집 35』, 안암어문학회, 1996.
박재연, 『한국어 반말체 종결어미 연구』, 서울대학교 석사학위논문, 1998.
박재연, 『한국어 양태 어미 연구』, 태학사, 2006.
박창해, 『한국어구조론 3』, 연세대학교 한국어학당, 1964.
방채암, 『연변지역어의 한국어 종결어미 연구』, 대구대학교 석사학위논문, 2009.
배주채, 「고흥방언 활용어미의 형태음운론」, 『성심어문논집 18・19』, 성심어문학회, 1997, 31-53.
배주채, 「고흥방언의 장형부정문」, 『애산학보 20』, 애산학회, 1997, 109-143.
배주채, 「'잖' 구문에 대하여」, 『정신문화연구 25』, 한국학중앙연구원, 2002.
서상준, 『현대 국어의 상대높임법』, 전남대출판부, 1996.
서정목, 『국어 의문문의 연구』, 탑출판사, 1987.
서정목, 「한국어 청자 대우 등급의 형태론적 해석(1)」, 『국어학 17』, 국어학회, 1988, 97-152.
서정목, 「한국어 청자대우의 형태론적 해석(2)－'오오체'에 대한 기술과 설명」, 『기곡 강신항 선생 회갑기념 국어학논문집』, 1990, 555-584.
서정목, 「국어 경어법의 변천」, 『한국어문 2』, 한국정신문화연구원, 1993.
서정목, 「현대한국어 하오체 어미의 형태론적 연구」, 『형태론 3-2』, 박이정, 1996.
서정목, 「국어 방언 문법 차이의 기술과 설명 방향」, 『언어와 정보 사회 5』, 서강대학교 언어정보연구소, 2004, 1-26.
서정수, 「현대국어의 대우법연구」, 『어학연구 8-2』, 서울대학교 어학연구소, 1976.
서정수, 『존대법 연구』, 한신문화사, 1984.
서정수, 『국어문법』, 뿌리깊은 나무, 1994.
서태룡, 「국어의 명령형에 대하여」, 『국어학 14』, 국어학회, 1985, 437-461.
서태룡, 『국어활용어미의 형태와 의미』, 탑출판사, 1988.
서태룡, 「국어 활용어미의 체계화 방법」, 『문법 1』, 태학사, 1991.
서태룡, 「국어의 어미와 통사규칙」, 『국어학의 새로운 인식과 전개(김완진 선생 회갑기념논총)』, 민음사, 1991, 676-698.
서태룡 외, 『문법 연구와 자료－이익섭선생 회갑 기념 논총』, 태학사, 1998.
성기철, 『현대국어 대우법 연구』, 개문사, 1985.
소강춘, 「중국 무주촌 지역어의 음운론적 연구」, 『교육논총 12-2』, 전주대 교육문제연구소, 1998, 187-212.
소강춘, 「연변지역어의 음운론적 연구」, 『언어학 7-2』, 대한언어학회, 1999.

소신애, 『연변 훈춘지역 조선어의 진행중인 음변화 연구－구개음화 현상을 중심으로』, 서강대학교 석사학위논문, 2002.

소신애, 「음변화의 진행 과정－연변 훈춘지역 조선어의 구개음화를 중심으로」, 『언어 28』, 한국언어학회, 2003, 405-426.

소신애, 『음운론적 변이와 변화의 상관성－함경북도 육진방언을 중심으로』, 서강대학교 박사학위논문, 2005.

손세모돌, 「'-잖-'의 의미, 전제, 함축」, 『국어학 33』, 국어학회, 1999.

손희하, 『새김어휘연구』, 전남대학교 박사학위논문, 1991.

손희하·위평량, 「구림 지역어의 변화」, 『호남문화연구 28』, 전남대 호남문화연구소, 2001, 95-115.

손희하, 「장성 지역어의 음운」, 『석화 정재완 교수 정년 기념 논총, 석화 정재완 교수 정년 기념 논총 간행 위원회』, 2002, 509~525.

손희하, 「19세기 후반 전주 지역어의 한 모습-지역어의 가치와 주변부 언어학의 재발견」, 『2009년도 여름 우리말학회 전국학술발표대회』, 2009.

송창선, 「국어 형태소와 관련된 몇 가지 문제」, 『언어과학연구 57』, 언어과학회, 2011, 175-196.

안명철, 「國語의 融合 現象」, 『국어국문학 103』, 국어국문학회, 1990, 121-137.

안주호, 『한국어 명사의 문법화 현상 연구』, 연세대학교 박사학위논문, 1996.

안주호, 「종결어미 '-ㄹ게'의 통사적·의미적 정보」, 『새국어교육 63』, 한국국어교육학회, 2002, 101-119.

양정호, 「국어사와 방언－중세국어 어말어미 '-디'를 중심으로」, 『국어학회·한국방언학회 공동학술대회 발표자료집』, 2012, 122-134.

엄춘영, 『연변방언의 조사와 어미 연구』, 충남대학교 박사학위논문, 2010.

염광호, 『종결어미의 통시적 연구』, 박이정, 1998.

오선화, 「함경도 방언의 담화 표지 '응'과 '야'의 고찰」, 『방언학 8』, 한국방언학회, 2008, 97-121.

오선화, 「연변지역어의 종결어미 '-재(제)'에 대한 일고찰」, 『국어학회·한국방언학회 공동학술대회 발표자료집』, 2012, 199-207.

우순조, 「국어 어미의 통사적 지위」, 『국어학 30』, 국어학회, 1997, 225-256.

위진·손희하, 「주거 공간 어휘의 통시적 연구(1)－전남 장흥 지역어 '부삭, 정제'를 중심으로」, 『한국언어문학 54집』, 2005, 23~42.

위진·손희하, 「전남 장흥 지역 주거 공간 어휘」, 『호남문화연구 36』, 전남대학교 호남학연구원, 2005, 61-91.

위진・손희하, 「전남 방언 “실경”과 “살강”에 대한 음운론적 분석」, 『한국언어문학 57』, 한국언어문학회, 2006, 63-86.

유현경, 「어미 ‘-다고’의 의미와 용법」, 『배달말 31』, 배달말학회, 2002.

유송영, 「국어 청자 대우법에서의 힘(power)과 유대(solidarity)(1)—특히 청자 대우를 중심으로」, 『국어학 24』, 국어학회, 1994, 291-318.

윤석민, 「문장종결법」, 『문법 연구와 자료』, 태학사, 1998, 359-394.

윤석민, 『현대국어의 문장종결법 연구』, 집문당, 2000.

윤용선, 「국어 대우법의 통시적 이해」, 『국어학 47』, 국어학회, 2005, 321-541.

윤은경, 「한국어 양태 표현 연구—종결어미 ‘-(으)ㄹ래, -(으)ㄹ게’를 대상으로」, 『언어와 문화 2-2』, 한국언어문화교육학회, 2006, 41-63.

윤평현, 「한국어 접속어미의 의미—가정의 의미특성을 가진 접속어미를 중심으로」, 『한국어학 17』, 한국어학회, 2002, 111-134.

윤평현, 「‘혼불’의 상징어 고찰」, 『현대문학이론연구 20』, 현대문학이론학회, 2003, 5-46.

윤평현, 『현대국어 접속어미 연구』, 박이정, 2005.

윤평현, 『국어의미론』, 역락, 2008.

이건희, 「명령어 어미 ‘-어라’의 형용사 결합에 대하여」, 『어문학 110』, 한국어문학회, 2010, 137-161.

이기갑, 『우리말 상대높임 등급 체계의 변천 연구』, 서울대학교 언어학과 석사학위논문, 1978.

이기갑, 「전남 북부 방언의 상대높임법」, 『언어학 5』, 한국언어학회, 1982.

이기갑, 『전라남도의 언어지리』, 탑출판사, 1986.

이기갑, 「한국어 방언들 사이의 상대높임법 비교 연구」, 『언어학 21』, 한국언어학회, 1997, 185-217.

이기갑・김주원・최동주・연규동・이헌종, 「중앙아시아 한인들의 한국어 연구」, 『한글 247』, 한글학회, 2000, 5-72.

이기갑, 『국어 방언 문법』, 태학사, 2003.

이기갑, 「국어 방언 연구의 새로운 길-구술 발화」, 『어문논총 49』, 한국문학언어학회, 2008, 1-21.

이기갑, 「동남 방언의 담화표지 “고마”」, 『우리말연구 25』, 우리말학회, 2009.

이동화, 「성주지역어의 종결어미 연구」, 『한민족어문학 12』, 한민족어문학, 1985, 173-185.

이병근・곽충구, 『방언』, 태학사, 1998.

이상규・안귀남, 『한국어 방언학』, 학연사, 2007.
이상복, 「'요'에 대한 연구」, 『연세어문학 7-8』, 연세대 국어국문학과, 1976.
이 숙, 「서술종결어미 '-단다'의 형성과 의미기능 분석」, 『우리어문연구 39』, 우리어문학회, 2011, 209-239.
이승재, 「융합형의 형태분석과 형태의 화석」, 『주시경학보 10』, 1992.
이승재, 『방언 연구-자료에서 이론으로』, 태학사, 2004.
이승희, 『국어의 청자높임법에 대한 통시적 연구』, 서울대학교 박사학위논문, 2004.
이승희, 「명령형 종결어미 '-게'의 형성에 대한 관견」, 『국어학 44』, 국어학회, 2004, 109-131.
이영민, 「확인문 '-지'의 범주 확인을 위하여」, 『국어학 38』, 국어학회, 2001.
이유기, 「현대국어 문장종결형식의 구조－청유문 종결형식의 형성과정을 중심으로」, 『한국사상과 문화 30』, 한국사상문화학회, 2005, 61-90.
이유기, 「현대국어 문장종결형식의 언표내적 효력」, 『한국사상과 문화 28』, 한국사상문화학회, 2005, 297-327.
이윤구, 「반말어미의 형태 분석(2)－무주지역어를 중심으로」, 『우리말 글 15』, 우리말글학회, 1997, 133-164.
이윤하, 「문말 첨사의 통사, 의미적 특징에 대하여」, 『국어학 34』, 국어학회, 1999, 59-86.
이윤하, 『현대국어의 대우법 연구』, 서울대학교 박사학위논문, 1999.
이은섭, 『현대 국어 의문사의 문법과 의미』, 태학사, 2005.
이익섭, 「국어 경어법의 체계화 문제」, 『국어학 2』, 국어학회, 1974, 39-63.
이익섭・임홍빈, 『국어문법론』, 학연사, 1983.
이익섭, 『방언학』, 민음사, 1984.
이익섭, 「국어 경어법의 체계화 문제」, 『문법 1』, 태학사, 1991.
이익섭・이상억・채완, 『한국의 언어』, 신구문화사, 1997.
이익섭・채완, 『국어문법론강의』, 학연사, 2003.
이재성, 『국어의 시제와 상에 대한 연구』, 연세대학교 박사학위논문, 2000.
이정복, 「상대경어법」, 『(이익섭 선생 회갑 기념 논총)문법 연구와 자료』, 태학사, 1998, 329-357.
이정민, 「국어의 보문화에 대하여」, 『어학연구 11-2』, 서울대학교 어학연구소, 1975, 277-288.
이정애, 『국어 화용 표지의 연구』, 월인, 2002.
이정훈, 『조사와 어미 그리고 통사구조』, 태학사, 2008.

이종희, 『국어 종결어미의 의미체계 연구』, 연세대학교 박사학위논문, 2004.
이지양, 『국어의 융합현상』, 태학사, 1996.
이진호, 『음운 교체 양상의 변화와 공시론적 기술』, 서울대학교 박사학위논문, 2002.
이진호, 『국어 음운론 강의』, 삼경문화사, 2005.
이진호 역주, 『한국어 방언 연구』, 전남대학교출판부, 2009.
이진호, 『한국어의 표준발음과 현실발음』, 아카넷, 2012.
이혁화, 「경북 서부방언의 종결어미 '-어여'」, 『한국어학 37』, 한국어학회, 2007, 335-360.
이혁화, 「경북 서부방언의 상대경어법」, 『정신문화연구 30』, 한국학중앙연구원, 2007, 251-278.
이현규, 「국어 형태 변화의 원리」, 『민적문화연구총서 18』, 영남대 민족문화연구소, 1995, 2-48.
이현희, 『국어의 의문법에 대한 통시적 연구』, 서울대학교 석사학위논문, 1982.
이현희, 「국어 종결어미의 발달에 대한 관견」, 『국어학 11』, 국어학회, 1982.
이희승, 『새고등문법』, 일조각, 1957.
이희승, 『새 중등 문법』, 일조각, 1964.
이희자, 「어미 및 어미형태류의 하위 범주 문제-어미·조사의 한국어 사전 편찬 연구 1」, 『국어학 28』, 국어학회, 1996, 335-393.
이희자, 「종결어미의 의미 특성과 그 사전 기술 방법론에 대하여」, 『텍스트언어학 6』, 한국텍스트언어학회, 1999, 301-330.
임규홍, 「국어 담화 표지 {인자}에 대한 연구」, 『담화와 인지 2』, 담화와 인지 언어학회, 1996, 1-20.
임규홍, 「경상방언 종결형 어미 '-ㄴ기라'에 대한 연구」, 『배달말 42』, 배달말학회, 2008, 39-67.
임동훈, 「현대국어 경어법의 체계」, 『국어학 47』, 국어학회, 2006, 287-319.
임동훈, 「한국어 서법과 양태 체계」, 『한국어 의미학 26』, 한국어의미학회, 2008, 211-249.
임동훈, 「한국어의 문장 유형과 용법」, 『국어학 60』, 국어학회, 2011, 323-359.
임홍빈, 『북한의 문법론연구』, 한국문화사, 1997.
임홍빈, 『국어 문법의 심층 1』, 태학사, 1998.
임홍빈, 『한국어 구문 분석 방법론』, 한국문화사, 2002.
임홍빈, 『우리말에 대한 성찰』, 태학사, 2005.
임홍빈, 『한국어의 주제와 통사 분석 주제 개념의 새로운 전개』, 서울대출판부, 2008.

장경기, 「국어의 부정의문문과 전제」, 『어학연구 22-1』, 서울대 어학연구소, 1986, 19-40.

장경기, 「국어 부정의문문의 통사적 연구」, 『언어 26-1』, 한국언어학회, 2001, 185-208.

장윤희, 『중세국어 종결어미에 대한 통시적 연구』, 서울대학교 박사학위논문, 1998.

정순기・리금일, 『조선어 문법 편람』, 박이정, 2001.

정승철, 「국어 활용어미의 방언 분화」, 『국어학 39』, 국어학회, 2002, 201-220.

정용호, 『함경도 방언 연구』, 평양 : 교육도서출판사, 1988.

정원수, 「부정형태 '잖(찮)에 대하여」, 『국어국문학 100』, 국어국문학회, 1988.

정인승, 「우리말의 씨가름에 대하여」, 『한글 125』, 한글학회, 1956, 32-43.

정진구, 『安東方言의 終結語尾에 對한 硏究』, 서강대학교 박사학위논문, 1994.

정향란, 『中國 延邊 龍井 地域 韓國語의 曲用과 活用에 대한 硏究』, 인하대학교 박사학위논문, 2008.

전영옥, 「한국어 담화 표지의 특징 연구」, 『화법연구 4』, 한국화법학회, 2002.

전학석, 『함경도방언의 음조에 대한 연구－회령, 경성, 함주 지방말의 음조를 중심으로』, 태학사, 1993.

전학석, 『조선어방언학』, 연변대학출판사, 1996.

전학석, 『함경도방언의 음조에 대한 연구』, 흑룡강조선민족출판사, 1998.

전학석, 「연변 방언」, 『새국어생활 8-4』, 국립국어연구원, 1998, 153-180.

채옥자, 『중국 연변지역 조선어의 음운연구』, 태학사, 2005.

최규수, 「한국어 용언 종결형의 문법 정보 표시 방법」, 『한글 295』, 한글학회, 2012, 5-33.

최규일, 「'-요'에 관한 총체적 연구」, 『한국어 의미학 12』, 한국어 의미학회, 2003, 171-226.

최명옥, 「서남경남방언의 부사화접사 '-아'의 음운현상」, 『국어학 4』, 국어학회, 1976.

최명옥, 「어미의 재구조화에 대하여」, 『국어학의 새로운 인식과 전개(김완진 선생 회갑기념논총)』, 민음사, 1991, 238-251.

최명옥, 「동남방언과 동북방언의 대조연구」, 『국어학 연구의 새 지평』, 태학사, 1997, 585-630.

최명옥, 「방언」, 『새국어생활 8-3』, 국립국어연구원, 1998, 193-202.

최명옥, 「中國延邊地域의 韓國語 硏究」, 『한국문화 25』, 서울대학교 한국문화연구소, 2000, 17-62.

최명옥, 「과거시제 어미의 형성과 변화」, 『진단학보 94』, 진단학회, 2002.

최명옥・곽충구・배주채・전학석, 『함경북도 북부지역어 연구』, 태학사, 2002.
최명옥, 『현대한국어의 공시형태론 : 경주지역어를 실례로』, 서울대학교출판문화원, 2008.
최명옥, 「평안북도 운전지역어의 서법에 대하여」, 『방언학 11』, 한국방언학회, 2010, 207-250.
최전승, 「해라체의 종결어미 '-ㄹ다'와 예사낮춤의 '-ㄹ세/-ㄹ시/-시'의 형성과 방언적 발달」, 『선청어문 24』, 서울대 국어교육과, 1996.
최전승, 『한국어 방언의 공시적 구조와 통시적 구조』, 역락, 2004.
최재희, 『한국어 문법론』, 태학사, 2004.
최학근, 『국어방언학』, 형설출판사, 1973.
최현배, 『우리말본』, 경성 : 연희전문출판부, 1937.
최현배, 『우리말본(최종판)』, 정음문화사, 1971.
최형용, 『국어 단어의 형태와 통사』, 태학사, 2003.
한 길, 『국어종결어미 연구』, 강원대학교 출판부, 1991.
한 길, 『현대 우리말의 높임법 연구』, 역락, 2002.
한 길, 『현대 우리말의 마침씨끝 연구』, 역락, 2004.
한 길, 『현대 우리말의 형태론』, 역락, 2006.
한두복, 「륙진방언연구(개요)」, 『조선어학 2』, 1962.
한영목, 「충남방언의 통사론적 연구」, 『어문연구 32』, 충남대 문리과대학 어문연구회, 1999, 63-85.
한영순, 『조선어방언학』, 평양 : 김일성종합대학출판사, 1967.
한진건, 『륙진방언연구』, 역락, 2003.
허경행, 『한국어 복합종결어미 연구』, 박문사, 2010.
허경행, 「'-을게'와 '-을래'의 의미」, 『언어와 문화 7』, 한국언어문화교육학회, 2011, 215-233.
허철구, 「국어 어미의 형태통사론적 특성과 기능범주의 투사」, 『우리말연구 16』, 우리말학회, 2005, 71-98.
허 웅, 『우리옛말본』, 샘문화사, 1975.
허 웅, 『20세기 우리말의 형태론』, 샘문화사, 1995.
허 웅, 『20세기 우리말의 통어론』, 샘문화사, 1999.
황대화, 『동해안 방언연구』, 평양 : 김일성종합대학출판사, 1986.
황대화, 『조선어 동서방언 연구』, 평양 : 과학백과사전종합출판사, 1999.
황대화, 『1960년대 육진방언 연구(자료편)』, 역락, 2011.

황적륜, 「한국어 대우법의 사회언어학적 기술」, 『언어와 언어학 4』, 외국어대학교 언어연구소, 1976, 110-133.

宣德五・趙習・金淳培, 『조선어방언조사보고』, 연변인민출판사, 1990.

小倉進平, 「함경남북도방언」, 『조선어 17-19』, 조선교육연구회, 1927, 1-34.

King J.R.P., 「An Introduction to Soviet Korea」, 『Language Reseach 23』, Seoul National Univ, 1987.

King J.R.P., Russian Sources on Korean Dialects, 『Doctoral dissertation, Harvard University』, 1991.

King J.R.P & 연재훈, 「중앙아시아 한인들의 언어-고려말」, 『한글 217』, 한글학회, 1992, 83-134.

# 찾아보기

## ㄱ



## ㄷ

### ㅁ



### ㅂ

## ㅅ

## ㅇ

## ㅈ

## ㅊ



## ㅌ

## ㅍ



## ㅎ

저자 **남명옥**(南明玉)

중국 길림성 도문시 출생
중국 동북사범대학 정치학과 법학사(1997)
중국 동북사범대학 정치학과 법학석사(2003)
한국 전남대학교 국어국문학과 문학석사(2009)
한국 전남대학교 국어국문학과 문학박사(2012)
현재 중국 길림공상대학 한국어학과 부교수

주요 논저
「연변 조선어의 친족어 연구」(2009)
「함경도방언의 "-둥/-두"에 대한 고찰」(2011)
「함경북도 육진방언의 평서형 종결어미」(2011)
「중국 조선어의 한어기원 한자어에 대한 고찰」(2011)
「육진방언의 의문형 종결어미에 대한 고찰」(2012)
「육진방언의 친족어 연구」(2012)
「한자와 한국어의 자형구조 비교분석」(2012)
「중국 학생을 대상으로 한 한국어 교수법 연구」(2013)
「중국 장춘지역의 한국어교육 실태 및 개선방안」(2013)

## 함경북도 육진방언의 종결어미

**초판 인쇄** 2014년 12월 23일
**초판 발행** 2014년 12월 30일

**지은이** 남명옥
**펴낸이** 이대현
**편 집** 권분옥
**펴낸곳** 도서출판 역락
서울시 서초구 동광로 46길 6-6 문창빌딩 2층
전화 02-3409-2058(영업부), 2060(편집부)
팩시밀리 02-3409-2059
이메일 youkrack@hanmail.net
역락블로그 http://blog.naver.com/youkrack3888
등록 1999년 4월 19일 제303-2002-000014호

ISBN 979-11-5686-149-2 93710
정 가 19,000원

* 파본은 구입처에서 교환해 드립니다.